Matze Hielscher
Die Akademie meines Lebens

MATZE HIELSCHER

DIE AKADEMIE MEINES LEBENS

PERSPEKTIVEN VON ZIEMLICH AUSSERGEWÖHNLICHEN MENSCHEN UND EINEM HUND

Mit 19 Schwarz-Weiß-Abbildungen

PIPER

Mehr über unsere Autorinnen, Autoren und Bücher:
www.piper.de

Von Matze Hielscher liegen im Piper Verlag vor:
Die Schule meines Lebens
Die Akademie meines Lebens

Unser Versprechen für mehr Nachhaltigkeit
Klimaneutrales Produkt
FSC®-zertifiziertes Papier
Hergestellt in Europa

FSC
www.fsc.org
MIX
Papier | Fördert gute Waldnutzung
FSC® C083411

ISBN 978-3-492-06395-1

Gesetzt aus der Arno Pro und der Interstate
Satz: psb, Berlin
Litho: Lorenz & Zeller, Inning am Ammersee
Druck und Bindung: CPI books GmbH
Printed in the EU

»Du siehst die Dinge nicht, wie sie sind,
Du siehst die Dinge, wie du bist.«

Derek Sivers

Inhalt

EINE EINLADUNG

Das neue Jahr hatte gerade erst angefangen, aber es knallte mir schon mit voller Wucht vor die Füße. Den geplanten Urlaub hatte uns das Auswärtige Amt ausgeredet, die Auszeit wurde von unvorhergesehenen Terminen geschluckt. Meiner Familie fiel im Lockdown die Decke so richtig auf den Kopf. Die Firma hatte das erste Coronajahr zwar wirtschaftlich überlebt, aber meine Kollegen und Kolleginnen waren emotional komplett runtergebrannt. Und dann war da noch die Außenwelt. Immer, wenn ich schaute, was jenseits meiner Welt passierte, brüllte mir ein Geschehnis-Tsunami aus verhärteten Meinungen, hirnrissigen Verschwörungstheorien und panischen Überschriften entgegen. Einerseits wusste ich, dass es mir im Vergleich zu den Menschen, die ihre Liebsten oder ihre Existenz verloren hatten, noch gut ging, andererseits musste auch ich die Tür nach außen schließen, gut verriegeln und versuchen, möglichst wenig davon an mich ranzulassen.

Seit Monaten hatte ich keine Sonne gesehen. Die einfachsten Fragen konnte ich nicht mehr beantworten. Zum Beispiel: Wie geht's dir, Matze? Wann treffen wir uns mal? Und sonst so? Ich hatte mich viel zu lange nicht mehr bei Freundinnen und Freunden oder bei meiner Familie gemeldet. Ich war von allem überfordert. Wo war er, der ausgeglichene Matze? Der saß am Schreibtisch und starrte vor sich hin, während in ihm der Wunsch wuchs, dass das Leben doch bitte wieder etwas

unkomplizierter werden sollte. Obwohl ich Veränderungen zumeist offen entgegentrete, hatte ich eine große Sehnsucht, dass es sich wieder leicht, sich bitte wieder einfach anfühlen sollte.
Im Frühjahr fuhr ich für ein paar Tage aufs Land. Ich musste raus, ich musste allein sein. Mein Smartphone, das längst Bildschirmzeiten jenseits aller Rechtfertigungsmöglichkeiten erreicht hatte, ließ ich zu Hause. Auch meinen Laptop und sämtliche anderen internetfähigen Geräte. In meinem Rucksack war ein Buch, in das ich schreiben, eins, das ich lesen konnte, und ein paar Klamotten. Schön einfach.
Am dritten Morgen zog ich mir meine Laufschuhe an und lief los. Durch den knorrigen Wald, den ich schon kannte, vorbei am Fluss, über die Landstraße zum See, einmal Hallo sagen und wieder zurück. Ich war so in Gedanken versunken, dass ich die Abzweigung zu meiner Unterkunft verpasste. Egal. Ich lief weiter, schließlich konnte ich mich am Seeufer orientieren und würde einfach die nächste Möglichkeit zurück nehmen. Doch die kam und kam nicht, und so bog ich ungeduldig irgendwann ab, lief über eine Anhöhe und landete im Wald. Ich versuchte die Himmelsrichtung, aus der ich ursprünglich gekommen war, zu erahnen. Zwischen den Bäumen entdeckte ich endlich ein paar Autos. Super, das musste die Landstraße sein, die mich zurückführen würde. Ich lief minutenlang weiter, nichts kam mir bekannt vor. Endlich hielt ein Auto, abgehetzt fragte ich nach dem Gutshof. Die Fahrerin schaute mich mitleidig an und zeigte in die Richtung, aus der ich und sie gerade gekommen waren. Ich sollte immer geradeaus und an der zweiten Möglichkeit dann links laufen. »Aber es ist wirklich sehr weit.«
Und das war es. Ich hatte mich komplett verlaufen. Mein Kopf versuchte, meinen Fehler nachzuvollziehen, unmöglich in diesem Moment und vor allem sinnlos. Ich ärgerte mich über

mich selbst, darüber, dass ich nicht aufgepasst hatte, dass ich kein Handy mitgenommen hatte, aber vor allem darüber, dass ich ohne Handy anscheinend gar nicht mehr in der Lage war, mich zu orientieren. In fucking Brandenburg!

Nach ein paar Hundert Metern, vielleicht war es auch ein Kilometer, flogen diese Gedanken nach und nach davon. Ich nahm die Situation stoisch an, lief nur noch vor mich hin, und es stellte sich etwas ein, was ich ganz lange nicht mehr gefühlt hatte: eine Befreiung, eine Akzeptanz der Situation und meiner selbst. Ab und zu überholte mich ein Auto, und irgendwann war ich so high vom Laufen, dass ich die Arme ausbreitete und ein paar Meter mit geschlossenen Augen rannte.

Ich musste an ein Gespräch mit Ferdinand von Schirach denken, das ich vor einem Jahr in meinem Podcast *Hotel Matze* geführt hatte. Der Autor sagte ganz am Ende, dass es die einfachen Antworten nicht gibt und dass es sie auch nie gegeben hat. Ich konnte mir noch so sehr wünschen, dass das Leben wieder weniger kompliziert würde – es würde nicht passieren. Der Philosoph Markus Gabriel bringt es auf den Punkt, indem er sagt: »Du musst dein Leben verkomplizieren.« Man braucht sich gar nicht anzustrengen, man kann die immer größer werdende Komplexität im Außen nicht verringern. Und dann fiel mir noch die Ökonomin Maja Göpel ein, mit der ich eine Woche vor meiner Auszeit geredet hatte. Sie spricht von der Ambiguitätstoleranz, vom Aushalten der inneren Widersprüche.

Und aushalten, das musste ich jetzt auch. Nach über zweieinhalb Stunden war ich wieder zurück am Gut Wendgräben. Ich war fix und fertig, aber so froh darüber, dass ich mich verlaufen hatte. Dieser zu einem Vormittag ausgedehnte Morgen zählt zu den schönsten Stunden des ganzen Jahres 2021. Ich hatte mich lange nicht mehr so leicht gefühlt.

In den folgenden Monaten strebte ich bewusst danach, gerade in meinem Podcast häufiger Zeit mit Menschen zu verbringen, die meine Perspektive erweiterten. Mein Anspruch war es schon immer, möglichst nah an meine Gäste heranzukommen. Das wollte ich noch vertiefen. Statt meinem Wunsch nach Vereinfachung nachzugeben, hielt ich fortan nach Perspektiven Ausschau, die meinen Vorhang zur Welt möglichst weit aufziehen sollten. Die Gespräche wurden länger, vielseitiger und tiefgründiger. Nach manchen Begegnungen fühlte es sich so an, als wäre ich mit dem jeweiligen Gast an jenem Morgen gemeinsam im Wald gewesen, denn auf ganz ähnliche Weise fühlte ich mich erschöpft und gleichzeitig energetisiert. Ich habe nie mein Abitur gemacht, Universitäten und Akademien habe ich immer nur am Tag der offenen Tür und bei Partys von innen gesehen. Aber ich stelle mir vor, dass gute Seminare und Vorträge genauso sind, wie ich es oft im *Hotel Matze* erlebe.

Ich bin Matze Hielscher, bei Buchabgabe 42 Jahre alt, und lebe mit meiner Familie in Berlin. Meine Schulzeit verlief alles andere als optimal. Der schönste Tag in meiner Jugend war der letzte Schultag, das sagen viele, aber ich bin dabei geblieben. Ich war dann elf Jahre Bassist bei der Band Virginia Jetzt!, habe nach der Trennung das Medienhäuschen *Mit Vergnügen* mitgegründet und 2016 meinen Interview-Podcast *Hotel Matze* gestartet. Während eines Sabbaticals stellte ich fest, dass die Gäste zu den besten Lehrerinnen und Lehrern meines Lebens gehören. Durch sie habe ich so viel über die Welt, die Menschen, die Kunst, das Leben und über mich selbst erfahren. Die Kinderrechtsaktivistin Marian Adleman sagte einmal: »You can't be, what you can't see.« Ich sehe am deutlichsten durch andere Menschen, was möglich scheint, ich sehe in ihnen Wegweiser, Warnschilder und Utopien. Vor zwei Jahren ist aus den

Erkenntnissen und Notizen mein erstes Buch *Die Schule meines Lebens* entstanden.
Wie damals habe ich mich zum Beginn dieses Jahres zurückgezogen, die vielen Gespräche noch einmal angehört und mich gefreut, tiefer einzutauchen, zu reflektieren und neu zu erkunden, denn vieles fing an zu verblassen, und einiges hatte ich sogar schon vergessen. Beim Abhören der Gespräche habe ich einen Tick bei mir entdeckt. Immer dann, wenn ich ein tiefes »Mmmh« von meiner Seite gehört habe, konnte ich mir einen Marker setzen, ich wusste, da war ein Erkenntnisgewinn.
Genau diese Erkenntnisgewinne sind der Grund, warum die Gespräche im *Hotel Matze* so wertvoll für mich sind und warum mich der Podcast auch nach 200 Gesprächen überhaupt nicht langweilt. Im Gegenteil, ich habe sogar das Gefühl, dass es jetzt erst richtig interessant wird.
In diesem Buch sammle ich die Erkenntnisse der letzten zwei Jahre, die für mich die eindrücklichsten neuen Perspektiven eröffnet haben. Es sind Begegnungen, die mir den Menschen als verdammt kompliziertes Wesen nähergebracht haben. Es sind Begegnungen mit dem Tod, der Natur, mit dem Glauben, der Liebe, der Kunst, mit Pferden, einem Hund und meinen eigenen Verhaltensweisen und Mustern. Die Menschen, von denen sie kommen, sind ziemlich außergewöhnliche und komplexe Wesen. Sie stehen im Scheinwerferlicht, weil ihr Talent, ihre Ambitionen und eine gewisse Portion Glück sie dahin gebracht haben. Es sind aber keine Übermenschen, das merkt man, wenn man das Vergnügen hat, mit ihnen ein paar Stunden im imaginären Hotelzimmer oder an der Hotelbar zu verbringen. Sie sind alle wahnsinnig unterschiedlich, und doch haben sie eine große Gemeinsamkeit: ihren Zweifel. Ihren Zweifel gegenüber dem eigenen Schaffen, den eigenen Gedanken und dem Istzustand der Welt. Nichts von dem, was sie

sagen, scheint unverrückbar. Es sind keine endgültigen Aussagen. Was du hier liest, ist nur ein Erkenntnisstand, jeweils vom Tag unserer Begegnung.
Früher wollte ich meine Gespräche möglichst zeitlos führen, das war in den letzten zwei Jahren nicht möglich. Die ersten Gespräche führte ich zu Beginn der Pandemie, die letzten fanden während des Krieges zwischen Russland und der Ukraine statt, und dazwischen bleibt die Klimakrise. Die Herausforderungen unserer Zeit schieben sich wie tektonische Platten übereinander, so beschreibt es mir Claudia Roth. Das hinterlässt Spuren bei meinen Gästen, bei mir und auch in den Kapiteln dieses Buchs. Von den 100 Gesprächen aus den letzten zwei Jahren habe ich die ausgewählt, die bei mir die größte Resonanzerfahrung erzeugt haben. Ich habe mich bemüht, möglichst wenig in das Gesagte einzugreifen, weil ich nicht nur wichtig finde, was jemand sagt, sondern auch, wie jemand etwas sagt. Manches musste ich verkürzen, in eine andere Reihenfolge bringen, und natürlich spricht auch niemand druckreif.

Dieses Buch ist eine Einladung, dich mit meinen Gästen und mir ans Fenster zu stellen. Lass uns uns gemeinsam in den Glasscheiben spiegeln, dann ganz nah herantreten und schauen, was da draußen zu sehen ist. Manches wird dir gefallen, anderes nicht. Und wenn es richtig gut läuft, dann treten wir gemeinsam vor die Tür und gehen uns eine Runde verlaufen.

Schön, wenn du dabei bist.
Dein Matze

FERDINAND VON SCHIRACH

ÜBER SEIN VERSPRECHEN

Fünfzehn Minuten vor unserem Termin steht Ferdinand von Schirach vor dem Hotel-Studio und sieht ein bisschen überfordert aus. In seiner Hand hält er ein großes Smartphone, was überhaupt nicht zu ihm passen will. Ich öffne die Tür, begrüße ihn herzlich, er grüßt herzlich zurück: »Herr Hielscher, Ihr Hotel hat ja gar kein Klingelschild. Ich wollte gerade wieder fahren.«

Normalerweise würde man sich jetzt die Hand geben, doch die erste Coronawelle ist gerade vorbei, so gibt es keinen Handschlag mehr, aber immer ein bisschen Unbeholfenheit zu Beginn eines jeden Treffens. Ich halte die Faust hin, weiß aber schon, dass das so gar nicht passt. Es ist, wie so vieles zurzeit, eine Übersprungshandlung. Herr von Schirach tritt einen Schritt zurück, legt die Hände vor der Brust übereinander und verbeugt sich in japanischer Manier. Ja, so kann man es auch machen.

Es ist ziemlich heiß an diesem Tag. Von Schirach trägt den Anzug, den er meistens bei öffentlichen Auftritten trägt. Er ist dunkelblau und unauffällig, und ich frage mich, ob er einem überhaupt auffallen würde, wäre er nicht der berühmte Autor. Zwei Stunden haben wir für den Termin vereinbart. Von Schirach weiß überhaupt nicht, was man so lange zu besprechen haben könnte, und dabei gibt es da ja wirklich einiges: Seine Erzählbände *Verbrechen, Schuld, Strafe* sowie die Romane *Der Fall Collini* und *Tabu* sind internationale Best-

seller geworden. Sein Theaterstück *Terror* zählt zu den weltweit erfolgreichsten Dramen unserer Zeit. Von Schirach schreibt in klaren, scharfen, kurzen Sätzen über jene Abgründe, die von einem Polizeiband abgesperrt werden müssen. Ein Vater, der seine Frau in Stücke zerlegt, eine Schwester, die ihren Bruder ertränkt. Dabei verurteilt von Schirach nie, schreibt über die Täter immer als Menschen. Er steht mit seiner Zigarette am Rand, ein bisschen entrückt von allem.
Doch da widerspricht er mir gleich zu Beginn unseres Gesprächs: »Entrückt stimmt nicht.« Seinen Platz sieht er zwischen den Stühlen. »Ich bin ganz gern allein, aber ich bin nicht einsam. Das sind zwei verschiedene Kategorien.«

Ich habe von Ferdinand von Schirach erfahren, wie er schreibt, warum er Angst vor Verarmung hat und was sein Versprechen ist.

SCHREIBEN IST DAS EIGENTLICHE

Ferdinand von Schirach verkörpert den Schriftsteller, wie ich ihn mir früher in der Schule vorgestellt habe. Rauchend, Kaffee trinkend, sehr langsam und bedacht sprechend und sich nur um eine Sache drehend: das Schreiben. In *Kaffee und Zigaretten*, meinem Lieblingsbuch von ihm, steht, dass das Schreiben das Eigentliche ist. Dieser eine Satz sagt im Grunde alles. Aber ich will mehr wissen.
»Meinen Sie damit eine Berufung?«
»Wenn man das Schreiben erklärt, wird es immer ein bisschen schwierig. Aber im Grunde genommen ist es so: Wenn Sie schreiben und das ernsthaft tun, dann geht es nur mit viel Disziplin. Das heißt, dass Sie feste Zeiten brauchen, in denen

Sie schreiben, nicht nach Uhrzeit feste, aber Sie brauchen eine gewisse Anzahl an Stunden, die Sie schlicht am Schreibtisch sitzen. Und bei mir sind das am Tag zwischen drei und vier Stunden, und in dieser Zeit schreibe ich etwa eine DIN-A4-Seite.«

Von dieser einen DIN-A4-Seite war schon häufiger zu lesen. Es ist so schön simpel, und man denkt sich, klar, dass müsste ich doch auch hinbekommen, so eine Seite. Aber es ist mehr, denn sonst wäre es sicher nicht das Eigentliche.

»Diese Zeit, in der Sie schreiben, ist das Intensivste, was Sie am Tag erleben«, fährt von Schirach fort. »Denn dieses Schreiben bringt Sie in eine Geschichte und regt in Ihnen Gehirnareale an, mit denen Sie sonst nicht viel zu tun haben. Deswegen wird man so leicht süchtig danach. Nach diesen dreieinhalb oder vier Stunden ist das vorbei, und alles andere, was danach kommt, ist sehr viel blasser. Und das ist schwierig. Denn ein Schriftsteller macht trotzdem dieselben Dinge, er geht abends essen oder trifft jemanden, und es ist ganz nett. Aber das ist alles nur die Zeit zwischen dem Schreiben. Letztlich ist das Schreiben sein Zuhause. Obwohl es oft unfassbar anstrengend ist, obwohl er sich oft ärgert, weil er den ganzen Tag keinen einzigen guten Satz hinbekommt, obwohl er an irgendeiner Kleinigkeit verzweifelt – es ist trotzdem sein Zuhause, in das er immer wieder zurückkehrt.«

DER STRAFVERTEIDIGER UND DER SCHRIFTSTELLER

Von Schirachs Karriere als Schriftsteller begann ungewöhnlich spät, mit 45 Jahren. Doch es war schon seine zweite Karriere. Bevor Schirach in den Literaturhimmel aufstieg, arbeitete er als Strafverteidiger in Berlin. Auf den ersten Blick sind das

zwei vollkommen unterschiedliche Berufe. Auf der einen Seite der bissige Anwalt, auf der anderen der sensible Schriftsteller. Aber diese beiden Berufe haben eine Sache gemeinsam, nämlich das Geschichtenerzählen.
»Ein Verteidiger erzählt die Geschichte seines Mandanten. Er erzählt, wie es zu dem Mord an seiner Frau gekommen ist. Und er schildert es so, dass die Richter die Geschichte dieses Mannes verstehen. Dass sie verstehen, wer er ist, warum er das getan hat und wie es dazu gekommen ist. Der Angeklagte wird natürlich trotzdem am Ende verurteilt, weil er seine Frau umgebracht hat. Er kann 15 Jahre kriegen oder lebenslänglich oder auch nur fünf Jahre ins Gefängnis kommen. Das hängt nicht zuletzt von der Geschichte des Verteidigers ab, denn das ist es, was er im Grunde genommen macht: Er erzählt Geschichten. Und ein Schriftsteller tut genau das Gleiche. Der Richter über dessen Geschichten sind allerdings nicht die fünf Richter vor Gericht, sondern es ist der Leser. Und der sagt im besten Falle: ›Diese Geschichte gefällt mir, die verstehe ich, sie berührt mich in irgendeiner Weise.‹ Und dieses Berühren ist das Gleiche, was Strafverteidiger vor Gericht tun müssen. Richter verurteilen milder, wenn sie die Geschichte rührt.«
Rund 600 Menschen hat von Schirach verteidigt. Oder anders gesagt: 600 Geschichten hat er vor Gericht erzählt.

DIE ANGST VOR DER VERARMUNG

Anfangs versuchte Ferdinand von Schirach noch, beides zu machen. Tagsüber arbeitete er als Strafverteidiger, nachts schrieb er. Die ersten Interviews fanden in seiner Kanzlei zwischen Aktenordnern statt. Nach einer Lesung brach er in einer Hotellobby zusammen. Da wusste er, dass er nicht mehr beides sein kann. Der Grund dafür, dass es erst dazu kommen musste und auch, dass er erst recht spät mit dem Schreiben anfing, war die Angst, dass er als Schriftsteller verarmen würde.

» Die meisten Menschen haben ein Urvertrauen, dass schon irgendwie alles gut gehen wird. Bei mir ist es eher andersrum: Es wird auf jeden Fall schiefgehen. «

»Ich hatte Depressionen, und ein Teil von Depressionen ist immer Verarmungsangst. Das ist einfach so. Ich habe es damals nicht gewusst. Man glaubt, dass diese Ängste real begründet sind und dass man zwangsläufig verarmen würde, wenn man diesen Beruf, der einem jetzt Freude macht und der einen erfüllen würde, ergreift. Davon war ich eine ganze Weile überzeugt. Erst viel später habe ich verstanden, dass es diesen Zusammenhang zwischen Depression und Verarmungsangst gibt. Ich habe das heute noch. Ich habe heute noch oft Sorge, dass morgen früh kein Mensch mehr irgendwas lesen möchte oder ins Theater gehen möchte oder einen Film anschauen möchte, der irgendetwas mit mir zu tun hat. Dann ist es vorbei, und ich muss unter der Brücke schlafen. Das ist immer da. Aber mittlerweile weiß ich damit umzugehen.«

Sein Fazit scheint zu sein, dass er nun Tag und Nacht Schriftsteller ist. Jedes Jahr kommt ein Buch von ihm raus, manchmal auch zwei. Nach seinen erfolgreichen Theaterstücken und den Verfilmungen seiner Bücher schreibt er nun auch Drehbücher für Serien.

DIE LEBENSLINIEN

Bei vielen Gästen – nicht bei allen – habe ich das Gefühl, dass sie in diesem Augenblick beruflich genau das machen, was sie machen müssen, dass sie genau da sitzen, wo sie sitzen müssen. Man kann sich keinen anderen Platz für sie vorstellen. In solchen Momenten frage ich mich, wie vorgezeichnet ein Leben sein kann, ob es so etwas wie eine Landkarte gibt, deren Wege wir entschlüsseln und gehen müssen. Was denkt Ferdinand von Schirach darüber?
»Im Grunde genommen ist es doch so, dass wir unsere Lebenslinien nicht erkennen, während wir etwas tun, sondern immer erst im Nachhinein, in der Rückschau. Heute kommt es mir so vor, als wäre die Zeit, in der ich als Anwalt gearbeitet habe, nur einer der schon beschriebenen Zwischenschritte zwischen dem Eigentlichen, also dem Schreiben. Ich habe vorher geschrieben, und ich schreibe jetzt. Die Zeit als Anwalt war interessant, ich möchte das überhaupt nicht missen! Ich habe sehr viel gelernt, viele tolle Menschen kennengelernt und interessante Erkenntnisse gewonnen, aber es ist nicht das Wesentliche gewesen.«
Sicher, es ist einfacher zu sagen, dass man das machen sollte, was einen erfüllt, wenn man selbst etwas macht, was einen erfüllt und das einem gleichzeitig seinen Lebensunterhalt einbringt. Dieses Privilegs sind wir uns beide während des Gesprächs bewusst. Trotzdem empfiehlt von Schirach, sich

nicht nach dem Geld zu richten: »Wenn man jung ist und seinen beruflichen Weg beginnt, entscheidet man sich oft dafür, etwas zu machen, mit dem man Geld verdient. Tatsächlich zeigt das Leben, dass es genau umgekehrt ist: Wenn Sie das tun, was Sie gern tun möchten, bei dem Sie merken, das können Sie auch ganz gut, und es ist mehr Berufung als Beruf, dann kommt das Geld automatisch.«

WANN EMPFINDEN SIE IHRE ARBEIT ALS GELUNGEN?

Am Anfang unseres Gesprächs saßen wir noch an dem großen Tisch, an dem ich mit allen Gästen sitze. Ich hatte mir vorher schon gedacht, dass es für den Dauer-Raucher nicht leicht werden wird. Nach 30 Minuten war es so weit: Wir zogen zum Fenster um. In einer Hand hält von Schirach nun das Mikrofon, in der anderen fast ununterbrochen eine Zigarette. Draußen laufen Menschen vorbei und sehen uns im Fenster sitzen. Seine Zigaretten holt er aus einem Etui, er benutzt ein schweres Feuerzeug, um sie anzuzünden, vermutlich hat er es schon viele Jahre in seiner Tasche. In den Dokumentationen über ihn sieht man ihn in Zwischenszenen immer irgendwo stehen und rauchen oder ganz, ganz langsam gehen. Alles, was er macht, macht er extrem bedacht, manchmal hat man das Gefühl, er selbst sei eine Romanfigur, ein Schriftstellerdarsteller, verkleidet wie ein Autor vom Anfang des 20. Jahrhunderts, wie Mann, Kästner oder Brecht. Jetzt weiß ich auch, warum sein Smartphone nicht zu ihm passt.
Ich schaue auf meinen Fragenzettel: »Wann hatten Sie als Schriftsteller zum ersten Mal das Gefühl, dass Sie das gut können, dass Ihnen das gelingt?«
»Das habe ich bis heute nicht.«

»Das war natürlich klar, dass diese Antwort kommt.«
»Nein, nein. Das ist keine Bosheit. Ich habe jetzt, glaube ich, elf Bücher geschrieben, und ich würde sagen, in jedem Buch sind zwei, drei richtig tolle Sätze.«
Er macht eine Pause und blickt aus dem Fenster. Dann fasst er zusammen, was einen Schriftsteller seiner Meinung nach ausmacht: »Wenn Sie ganz in sich ruhen und ein glücklicher, zufriedener Mensch sind, können Sie kein Schriftsteller sein, denn dann haben Sie kein Bedürfnis, eine Welt zu erfinden. Die meisten Menschen, die Kunst auf einem professionellen Niveau herstellen – nehmen Sie Lars Eidinger, Anselm Kiefer, nehmen Sie Benjamin von Stuckrad-Barre –, all diese Leute sind mit ihrem Blick auf die Welt und mit ihrer Existenz und mit dem, was sie ausmacht, im Grunde nicht zufrieden. Man versucht in einem Buch, wahrhaftig zu sein. Man versucht, die Dinge zu erklären. Man versucht, sich selbst mit diesem Buch die Welt klarer zu machen. Aber es gelingt nicht, also schreibt man das nächste Buch. Aber man ist nie ganz zufrieden. Diesen Fall gibt es nicht.«
Die Unzufriedenheit ist der Motor, da helfen auch keine zehn Millionen verkaufte Bücher. Er erzählt von seinem Freund Anselm Kiefer, der, obwohl er schon so viel hergestellt hat, immer noch auf der Suche nach dem einen vollendeten Werk ist. »Und diese Vollendung von etwas, dieser Augenblick, der dann verweilen soll, weil alles einmal perfekt ist – nach dem strebt man, aber den kriegt man nie hin. Wenn Sie es ernsthaft betreiben und nicht Töpferkunst machen – nichts gegen Töpferkunst, aber wenn es etwas mehr ist –, werden Sie niemanden finden, der über sein eigenes Werk sagt: ›Das ist wirklich gelungen.‹«

SIE MÜSSEN SICH SELBST BERÜHREN

Am Tag vor unserem Gespräch habe ich mit Benjamin von Stuckrad-Barre telefoniert. Ferdinand von Schirach und er kennen sich sehr gut, sie sind Freunde. Benjamin erzählte mir, dass von Schirach sofort den Laptop aufklappt und weiterschreibt, wenn Benjamin bei einem Treffen nur mal kurz auf die Toilette muss. Meistens sitzt von Schirach im Kaffeehaus Manzini, seit Beginn der Pandemie ist sein Stammplatz draußen unter einem Heizpilz.

»Man muss wirklich für den Leser schreiben. Wenn man genau nachdenkt, welche Kriterien es für Kunst gibt, dann kommt man relativ schnell drauf, dass es nicht darum geht, die schönsten Worte zu benutzen oder den gedrechseltsten Satz. Es geht darum, dass Worte wahr sein müssen, dass sie dreidimensional sein müssen, dass sie ein eigenes Gewicht haben. Wie ›Wasser‹ oder ›Sommer‹ oder ›Wagen‹. Das einzige Kriterium, um das es geht, ist, dass die Worte den Menschen berühren. Alles andere ist zweitrangig. Alles andere kann ganz schön sein, kann interessant sein oder auch blöd, aber das Berühren eines Menschen, das ist es, worum es geht. Wenn Sie jemanden nicht berühren mit dem, was Sie machen, taugt es nichts. Und ob es das tut, ist relativ einfach herauszufinden: Es muss einen selbst berühren. Wenn Sie das Gefühl haben, diese Geschichte ist eine belanglose Geschichte, sie berührt mich überhaupt nicht, ich empfinde nichts, während ich sie lese oder sie schreibe, hat sie keinen Sinn. Das ist der wesentliche Punkt. Aber wie schafft man es, dass sie jemanden berührt? Nicht so, wie Sie glauben. Wenn Sie schreiben, dass eine junge Frau sehr lange weint, sich regelrecht die Augen aus dem Kopf heult, berührt das keinen Menschen. Wenn Sie aber beschreiben, warum das so ist, kann es jemanden berühren.«

WAS IST IHR VERSPRECHEN?

Über sich selbst reden möchte Herr von Schirach ungern. Während andere Gäste Beispiele aus ihrem eigenen Leben nutzen, um das Gesagte zu verbildlichen, nutzt er die Weltgeschichte. Ich ärgere ihn ein bisschen und nenne ihn »Ferdinand von Beispiel«. Ein wenig näher will ich ihm aber doch kommen und spreche ihn auf die ersten Zeilen in »Kaffee und Zigaretten« an. Es ist sein bisher persönlichstes Buch.

The woods are lovely, dark and deep
but I have promisses to keep
and miles to go before I sleep
and miles to go before I sleep.

Diese Zeilen stammen aus dem Gedicht »Stopping by Woods on a Snowy Evening« von Robert Frost und stehen da, davon kann man bei von Schirach ausgehen, nicht grundlos. Ich möchte wissen, was sein Versprechen ist.

»Wenn man mit so einem Namen wie meinem geboren wurde, dann fängt man sehr früh an, sich damit auseinanderzusetzen, was man alles nicht will und was im Leben keinen Platz haben soll.«

Sein Großvater Baldur von Schirach war einer von Hitlers engsten Vertrauten. Als Kind wusste Ferdinand nicht, was sein Opa verbrochen hat, die Familie sprach nicht darüber. Erst im Internat und aus den Geschichtsbüchern hat er erfahren, dass sein Großvater als Gauleiter in Wien 60.000 Juden deportieren ließ.

»Sie haben sicher schon gemerkt, dass es für mich nicht einfach ist, über mich selbst zu sprechen. Aber vielleicht kann ich es so sagen: Wenn meine Bücher überhaupt eine Bedeutung haben sollten, dann ist es die, dass ich immer versuche, die Würde des Menschen zu wahren. Und deshalb sind meine Geschichten auch so geschrieben, wie sie geschrieben sind. Weil ich tatsächlich die Würde des Menschen für die entscheidendste Erfindung der Menschheit halte. Ein Mensch darf nicht zu einem Objekt gemacht werden, er bleibt immer ein Subjekt, und er bleibt immer menschlich, wenn Sie es so einfach sagen wollen. Und das ist das Versprechen, das ich persönlich erfüllen möchte. Denn die Würde oder die Forderung nach Würde ist ja nichts anderes als ein Versprechen an die Menschheit.«

Vermutlich ist das zu küchenpsychologisch, doch vielleicht versucht er mit seinen vielen Büchern, dem Namen »von Schirach« noch eine andere Bedeutung zu geben. Ich ärgere mich, dass ich ihm diese Frage nicht gestellt habe.

IN KLEINEN SCHRITTEN

Zum Ende eines jeden Gesprächs frage ich meine Gäste, was sie auf eine große Plakatwand am Alexanderplatz für alle sichtbar schreiben würden. Ferdinand von Schirach, der vorher so überlegt und langsam gesprochen hat, schießt regelrecht seinen Leitsatz heraus: »Die Würde des Menschen ist unantastbar.« Normalerweise wäre das Gespräch damit beendet, aber von Schirach spricht weiter: »Das bedeutet nämlich, dass wir alles, was wir in der normalen Politik machen, nur in ganz kleinen Schritten machen können, weil diese Schritte korrigierbar sein müssen. Wir wissen nicht, ob diese Schritte die richtigen sind. Sie sind widerlegbar. Wir können nicht einfach wie in einer russischen Revolution sagen, wir machen jetzt einen großen Kommunismus, diese Generation muss leiden, damit

es der nächsten Generation besser geht. Die Idee stammt im Grunde von Sokrates. Er war es, der wusste, dass wir praktisch nichts wissen und dass wir deshalb anders handeln müssen, nämlich nicht mit großen Paukenschlägen, sondern eben mit kleinen Schritten. Das würde ich mir alles auf diesem Plakat wünschen. Dass es sinnvoll ist, mit Vernunft zu handeln und nicht mit Empörung oder mit irgendwelchen abstrusen Verschwörungstheorien.«
Man bekommt eine Idee, wie Ferdinand von Schirach früher vor Gericht gesprochen hat. Ich frage ihn, ob er nachvollziehen kann, dass die Verschwörungstheorien durch Corona sichtbarer geworden sind. Und natürlich kann er: »Wir suchen in unserem Leben ja immer nach einer einfachen Lösung. Die Welt ist unendlich komplex. Unsere Gesellschaft ist vielschichtig, da ist nichts Homogenes, sie driftet auseinander, das macht sie auch so spannend. Aber im Grunde genommen wünschen wir uns immer jemanden, der sagt: ›Nein, in Wirklichkeit ist alles ganz einfach.‹ Aber es gibt keine einfachen Antworten. Die Welt wird immer komplexer, die Antworten werden immer komplizierter. Und so wird die Sehnsucht nach einer einfachen Antwort für alles immer größer, sie ist geradezu unermesslich. Und darum ist Bill Gates an allem schuld oder Sorows oder die Deep State. Ich kann das verstehen, aber es ist natürlich Quatsch. Das gibt es nicht. Die einfachen Antworten gibt es nicht.« Das war der Schlussakkord. Und leise hinterher. »Das schneiden Sie natürlich alles raus.«

Vierzehn Zigaretten hat Ferdinand von Schirach in den drei Stunden geraucht, die er im Hotel war. Weil ich keinen Aschenbecher hatte, musste eine Tasse zweckentfremdet werden. Beim zweiten Treffen im Hotel, welches ein Dreivierteljahr später stattfindet, bringt er sich seinen eigenen Aschenbecher mit.

Ich begleite ihn noch zum Auto. Statt in einen Oldtimer, der so gut ins Bild dieses Schriftstellers passen würde, steigt Ferdinand von Schirach in einen winzigen Smart. Genauso wenig, wie es die einfachen Antworten gibt, gibt es auch die einfachen Bilder.

Das Gespräch fand im Mai 2020 statt.

FARIN URLAUB

ÜBER LEICHTIGKEIT

Man muss aufpassen, was man träumt, denn manchmal wird es wahr. Als Farin Urlaub noch sehr jung war, kam er von einem Ferienlager aus Schweden mit zwei Lebensträumen zurück. Erstens wollte er die Welt bereisen, und zweitens wollte er Musiker werden.

»Mein Traum war es, irgendwann auf der Bühne zu stehen und meine Lieder vorzusingen, und unten stehen Leute und finden die gut. Dieser Traum ist so unfassbar in Erfüllung gegangen, so über alle Maßen, über alles, was man sich selbst hätte ausmalen können.« Und weil das so ist, gibt es für ihn keinen Grund, sich über etwas in seinem Leben zu beschweren.

Farin Urlaub ist Sänger von Die Ärzte. Eine Band, die sich selbst als die beste Band der Welt bezeichnet und die die erste Lieblingsband meines Lebens war. Die Wände meines Kinderzimmers in Südbrandenburg hingen voll mit Postern der drei Mitglieder, und obwohl ich christlich erzogen wurde, gab es auch für mich nur einen Gott: Bela Farin Rod. Und ein Drittel Gott darf ich heute treffen.

Vor zwei Wochen ist das 13. Studioalbum der Ärzte *Hell* erschienen. Anders als bei anderen Interviews gab es im Vorfeld regen Austausch mit dem Label. Worüber ich sprechen möchte, wollte die Promoterin wissen, und sie wollte auch besprechen, worüber Farin Urlaub nicht sprechen möchte und worüber wiederum sehr gerne – am allerliebsten sowieso nur über das neue

Album. Dazu muss man wissen: Farin gibt selten Interviews, über sein Privatleben weiß man quasi nichts, und Podcasts sind noch komplettes Neuland für ihn. Das mit dem neuen Album wurde allerdings so oft betont, dass ich etwas tricksen musste: Eigentlich sollte das Gespräch schon zwei Wochen früher und damit kurz vor Album-Release stattfinden. Aus Erfahrung weiß ich, dass Künstler und Künstlerinnen besonders dann viel über ihr Werk sprechen wollen. Meine Vermutung war, dass das Album sowieso ein Erfolg werden würde und ein Interview nach Veröffentlichung thematisch wesentlich entspannter abläuft. Ich habe also geflunkert und behauptet, dass ich zum angefragten Aufnahmetermin nicht in Berlin bin – auf die Gefahr hin, dass das Interview mit meinem Jugendhelden dann gar nicht stattfinden könnte, aber mit der Hoffnung, dass, sollte es klappen, Farin dann viel lockerer sein würde.

Der Plan ging auf. Farin grinst mich offen an. Wir treffen uns in den Räumlichkeiten der Ärzte-eigenen Plattenfirma *Hot Action Records*. Wir kennen uns bisher nicht, aber er teilt mir gleich seine ehrliche Freude mit, dass das Album an der Charts-Spitze eingestiegen ist. Mich überrascht dieser Erfolg gar nicht, ich merke aber, dass er für Farin Urlaub überhaupt nicht selbstverständlich ist. Zur Feier des Tages trägt er die gleichen Klamotten wie auf nahezu allen Fotos, die man von ihm finden kann: eine praktische dunkle Allzweckhose mit Seitentaschen und einen schwarzen Pullover. In seinen Kleiderschrank lohnt sich der Blick nicht, aber in sein Herz.

Ich habe von Farin Urlaub erfahren, wie er seine Leichtigkeit bewahrt, warum es cool ist zu warten und was man machen sollte, wenn die eigenen Träume in Erfüllung gegangen sind.

WAS MACHST DU SO BERUFLICH?

An einer Hotelbar wird man Farin Urlaub eher nicht antreffen, er zeltet lieber oder schläft direkt unter freiem Himmel, wenn er ferne Länder besucht und seinem Künstlernamen alle Ehre macht. Aber einmal angenommen, man würde ihn auf einer Reise an einer Hotelbar antreffen und wüsste nicht, was er beruflich macht, was würde er auf diese typisch deutsche Frage antworten?

»In diesen Fällen sage ich, dass ich Messebauer bin. Als Messebauer kommt man viel rum, arbeitet drei Monate intensiv und hat dann Pause.« Ein bisschen stolz erzählt er, dass er Freunde in der Welt hat, die überhaupt nicht wissen, welchen Beruf er ausübt. Dieses Doppelleben scheint sehr wichtig für ihn zu sein. Das geht doch schon mal gut los mit meinem Posterhelden.

FÜR WEN SCHREIBST DU DEINE SONGS?

Die Ärzte gibt es seit 39 Jahren. Farin hat über tausend Songs geschrieben. Bestimmt kennst du »Du willst mich küssen«, »Zu spät«, »Westerland«, »Schrei nach Liebe«, »Lasse reden«. Man könnte mich nachts wecken, und ich könnte zwei Dutzend Ärzte-Songs auswendig singen.

»Für wen schreibst du deine Songs?«, frage ich.

»Wir schreiben die Songs meistens getrennt voneinander. Das Publikum, das wir uns dabei vorstellen, sind immer die beiden anderen Bandmitglieder. Wir überlegen nicht: Wie könnte das im Radio laufen? Oder: Wie finden die Fans das, wenn wir das live spielen? Es geht nur um den Moment, wenn wir uns diese Demos zum ersten Mal gegenseitig vorspielen, und diesen Blick, der dann manchmal kommt und der auszudrücken scheint: Du hast doch nicht mehr alle Tassen im Schrank! Nur dafür machen wir das. Es ist das Allerwichtigste, dass wir uns überraschen.« All die lustigen, euphorischen, leisen, lauten und gemeinen Lieder, die Hunderttausende von Menschen auswendig singen können, wurden dafür geschrieben, dass die zwei anderen in der Band die Augen weit aufreißen, weil sie bestenfalls überrascht darüber sind, was sie da hören. Dies zählt sicher zu den schönsten *Für wen machst du das?*-Antworten, die ich je gehört habe.

SEID IHR FREUNDE ODER WAS?

In der Konstellation Bela-Farin-Rod spielen die Ärzte seit 1993, die Freundschaft zwischen Schlagzeuger Bela B und Farin währt noch länger als die Bandgeschichte. Anfangs teilten sich die beiden sogar eine WG. Heute bezeichnen sie sich als Freunde, Ehepartner, Geschäftspartner und Gang. »Manchmal verstehen Bela und ich uns so blind, dass es schon furchteinflößend ist, und manchmal streiten wir uns so, dass es noch viel furchteinflößender ist. Wir wissen genau, wo unsere Schwachstellen liegen. Wenn Bela mich verletzen will, braucht er wirklich nur einen Satz zu sagen, und ich bin an der Decke. Und umgekehrt natürlich genauso.«

»Gehört es zum Alter dazu, dass man irgendwann diese Sätze nicht mehr sagt, die den anderen auf die Palme bringen?«, frage ich.

»Das würde ich mir wünschen, dass wir immer so cool und vernünftig und respektvoll wären. Aber es gibt leider immer noch Momente, in denen wir uns nicht im Griff haben.«

Als es nach dem vorvorletzten Album *Auch* zu Streitereien

in der Band kam, haben Bela und Farin über Jahre nicht miteinander gesprochen. Für Farin schien das Kapitel »Die Ärzte« tatsächlich beendet. Er erzählt, ohne ins Detail zu gehen, dass es beim Zerwürfnis im Grunde um Kleinigkeiten ging – wie in einer Ehe, bei der eine zum 3000sten Mal nicht richtig zugeschraubte Zahnpastatube Auslöser der Scheidung sein kann. Wie groß die Freundschaft der beiden im Kern jedoch ist, wurde in dieser Zeit auch deutlich: »Selbst als wir eigentlich nicht mehr miteinander gesprochen haben, kam alle paar Monate von Bela eine SMS: ›Also, wir reden zwar nicht, aber ich muss dir das jetzt schicken, weil du der Einzige bist, der versteht, wie lustig das ist.‹ Und dann folgte entweder ein Foto oder irgendeine Anekdote. Und ich habe es total verstanden und natürlich auch zurückgeschrieben. Aber dann war auch wieder Funkstille.«

Ich muss an meine ältesten Freunde denken. Die größte Qualität ist, dass wir miteinander sein können, ohne viel zu reden. Es ist manchmal nur ein Blick, maximal ein kurzer Satz, der gar nicht weiter ausgeführt werden muss, um verstanden zu werden. Es gibt einen gewaltigen Unterschied zwischen »Ich habe dir nichts mehr zu sagen« und »Ich brauche dir gar nichts zu sagen«.

Bela und Farin sind nun darauf bedacht, längere Pausen und Freiräume einzuhalten, auch damit sie sich weiterhin gegenseitig überraschen können. Während dieser langen Funkstille hat Farin zwar täglich Musik gemacht, aber keine Handvoll Lieder geschrieben – sein Gegenüber hat gefehlt.

WIE ENTSTEHEN DEINE SONGS?

Ich habe eine große Faszination dafür, wie Dinge entstehen. Natürlich interessiert mich ganz besonders, wie einer der talentiertesten Songschreiber des Landes seine Songs schreibt.
»Ich habe keinen Fernseher. Wenn ich mich irgendwo hinsetze, steht eigentlich auch immer meine klassische Gitarre daneben, und dann spiele ich. Das ist ein richtiger Automatismus. Manchmal spiele ich zielgerichtet, weil ich denke, ich hatte gestern, letzte Woche, vor drei Monaten eine Idee, an der will ich jetzt weiterarbeiten, aber meistens spielen die Finger einfach automatisch etwas, und ich gucke ins Leere. Und manchmal kommt irgendetwas dabei raus. Es ist komplett zufällig, was ich da spiele. Die Finger machen einfach, und irgendwann wacht mein Ohr aus dieser Schockstarre auf und sagt: Hey, das war jetzt eine schöne Tonfolge. Und die versuche ich später zu reproduzieren.«
Das Interessante daran ist für mich diese unveränderte Simplizität. Viele Kreative verändern ihre Routinen, Musiker und Musikerinnen wechseln die Instrumente oder die Orte, um neue Impulse zu finden. Nicht so Farin Urlaub. Im Alter von acht Jahren fand er eine Akustikgitarre auf dem Sperrmüll, und etwas später fing er an, Songs zu komponieren. Das Prinzip ist noch immer das Gleiche. Und noch etwas ist erstaunlich: Die Songs, in denen ich mich als junger Teenager erkannt fühlte, von denen ich dachte, dass der Sänger ja das Gleiche wie ich erlebt haben musste, diese Songs handeln gar nicht von Farin.
»Das sind alles lyrische Ichs. Ob das jetzt irgendwo ganz tief in mir vergraben ist oder ob ich mir das alles nur aus den Fingern sauge, weiß ich ehrlich gesagt nicht.«
Kurz irritiert mich das. Fühle ich mich betrogen, hinters Licht geführt? Ich schaue Farin an, der schaut ein bisschen ent-

schuldigend, grinst dabei aber auch ein wenig. Dem kann man nicht böse sein. Ich erinnere mich an die Gefühle beim Hören damals, an das Berührtwerden, und darum geht es doch in der Kunst. Nein, auch ich kann ihm nicht böse sein.

LASS DAS BESTE LIEGEN!

Von vielen Kreativen kenne ich es, dass sie, wenn sie der Außenwelt etwas Selbstgeschaffenes präsentieren, das Allerbeste vom Besten zeigen wollen. Farin hat da ein anderes Konzept: Um Schreibblockaden zu vermeiden und sich selbst regelmäßig mit Erfolgserlebnissen zu belohnen, lässt er bei jeder Produktion ein paar richtig gute Songs liegen. So hat er, wenn er wieder anfängt, für ein nächstes Album zu schreiben, schon einen Hit parat und kommt damit besser in einen Fluss. Ich glaube, jeder kennt diese Flow-Zustände, in denen man alles drum herum vergisst und die man immer herbeisehnt. Doch damit es fließt, muss man erst einmal reinkommen – das fällt meistens schwer, und durch diese »Vorratssongs« fällt es Farin wiederum leicht: »Ein erstes gutes Lied ist dann schon so gut wie fertig, dabei habe ich dann meist schon so viele weitere Ideen, dass mir das zweite, das dritte, das vierte und das zehnte Lied viel leichterfallen.«

Wenn er bei einem Song nicht weiterkommt, vergräbt er sich nicht darin, sondern wechselt zum nächsten. Meistens arbeitet er an mehreren Songs gleichzeitig – was auch eher ungewöhnlich ist. Farin traut sich kaum zu sagen, wie schnell manche seiner Hits entstehen. Seit Jahren arbeitet er nach diesem Prinzip, irgendwann hat er festgestellt, dass Ernest Hemingway das genauso gemacht hat. Künstler und Künstlerinnen werden oft nicht ernst genommen, wenn sie nicht leiden, wenn sie nicht hart arbeiten. Die Ärzte arbeiten hart daran, dass es sich leicht anfühlt. Im Schunder-Song heißt es: »Du bist immer dann am besten, wenn's dir eigentlich egal ist.« Aus dieser Leichtigkeit wächst ihr großer Erfolg. Das ist ihr Kern.

DU BRAUCHST EIN HOBBY!

Gleich zu Beginn unseres Gesprächs hat Farin mit großer Überzeugung und absolut glaubhaft vermittelt, dass er keinen Grund hat, sich zu beschweren. Seine beiden Lebensträume – wir erinnern uns, Musiker werden und die Welt bereisen – haben sich so was von übererfüllt.

»Ich muss schon lange nichts mehr machen und kann mir trotzdem ein Auto leisten, auch ein Elektroauto. Ich kann kaufen, was, und reisen, wohin ich will. Ich muss dafür nicht mehr arbeiten. Wenn ich es trotzdem mache, dann nur, weil ich Bock drauf habe. Und das ist total schön, wer kann das schon von sich behaupten?«

Tja, wer kann das schon von sich behaupten? Dennoch sehen wir bei Menschen, deren kühnste Träume sich ebenso übererfüllt haben, dass sie völlig verspannt immer weiterrennen, immer mehr wollen und nicht satt werden. Man sollte sich nicht nur fragen, wie sich Träume erfüllen lassen, sondern auch, was man macht, wenn es passiert ist. Es gibt nichts Traurigeres als Träume, die sich erfüllen, aber nicht den Träumer. Warum ist das so?

»Ich habe das Gefühl, wenn Leute zu wenig Interessen haben, sind sie eher unglücklich, als wenn sie sich für ganz viele Sachen interessieren. Vielleicht ist das alles auch nur Ablenkung, aber bei mir ist es ein regelrechter Motor, ganz viel Neues auszuprobieren, weil ich so unfassbar neugierig bin: Wie fühlt es sich an? Wie ist es da? Was ist das für ein Autor? Wie funktioniert dieser Film? Ich will das alles wissen, sehen und verstehen. Viele Leute haben das gar nicht. Die interessieren sich nicht für die Welt um sie herum. Die interessieren sich vor allem für sich selbst. Und ich interessiere mich gar nicht so für mich.«

Was für eine schöne These: Menschen sollten sich mit neuen Dingen beschäftigen oder ein Hobby haben, das nichts mit der Arbeit zu tun hat, um zufriedener zu sein. Denn wenn man etwas nur für sich macht, einfach weil es Spaß bringt, zu spielen und zu entdecken, dann kann man damit sein Leben auflockern und erleichtern. Vielleicht sollten verspannte Millionäre einfach mal ein Makramee flechten. Vielleicht sollte ich das auch mal machen.

» Viele Leute haben das gar nicht. Die interessieren sich nicht für die Welt um sie herum. Die interessieren sich vor allem für sich selbst. Und ich interessiere mich gar nicht so für mich. «

DER GRÖSSTE LUXUS

Nun könnte man denken, dass dieser grundzufriedene Farin keine Träume mehr hat. Doch so ist es ganz und gar nicht. Die Träume sind nur um einiges kleiner geworden. Als er mir erzählt, was in seinem Leben das Luxuriöseste überhaupt ist, muss ich grinsen: »Ich habe immer Dinge, auf die ich mich freuen kann. Das sind oft Reisen, nicht immer, aber wirklich oft. Wenn ich dann gerade irgendwas mache, worauf ich gar keine Lust habe, denke ich daran, dass in zwei Monaten was richtig Tolles kommt. Ich habe relativ früh im Leben festgestellt, dass es echt toll ist, wenn man abends schlafen geht und am nächsten Tag was Schönes vorhat – das kann eine Kleinigkeit sein, zum Beispiel, dass das Mickey-Mouse-Heft rauskommt – irgendetwas, worauf du dich freuen kannst.«

Statt etwas gleich zu kaufen, was er sich sicher leisten könnte, wartet er. »Ich habe mir immer Ziele gesetzt. Jetzt mal ein ganz blödes Beispiel: Ich will mir eine Kamera kaufen. Die Kamera kostet, weil es eine ganz besondere Kamera ist, 5000 Euro. Die kaufe ich mir aber nur, wenn ich das X-Fache von diesem Betrag verdient habe – so wird die Kamera zur Belohnung. Wenn es sein muss, warte ich anderthalb Jahre bis zur Erfüllung dieses Traums. Erstens hat sich dann manchmal der Wunsch schon erledigt, was ganz toll ist, weil man merkt, dass es doch nicht so dringend war. Zweitens habe ich dadurch nie das Gefühl, dass ich zu viel für etwas ausgegeben habe. Und drittens, sich auf etwas zu freuen, ist viel schöner, als immer direkt belohnt zu werden. Will ich haben, klick, gekauft. So möchte ich nie werden – jemand, der so ist, ist mir ganz unsympathisch. Auch wenn ich es mir vielleicht leisten könnten, nee, ich warte. Warten ist cool.«

Vor mir sitzt also der vielleicht ausgeglichenste, berühmteste

Sänger des Landes. Einen letzten Entspannungstest muss er aber noch bestehen.
Ich frage: »Wie steht es mit deiner Angst vor dem Tod?«
»Ich bin entspannt. Ich hoffe, dass ich gesund alt werde, weil es noch viele Dinge gibt, die ich sehen will. Aber die Liste wird kürzer, und irgendwann kann ich auch gehen. Also, alles ist gut. Kein großes Problem hier.«

Und jetzt kann ich gehen und Farin auch. Wir verabschieden uns so herzlich, wie wir uns begrüßt haben. Auf dem Parkplatz vor dem Büro stehen viele Autos, Farin Urlaub fährt mit dem kleinsten davon. Zu Hause warten ein paar Hobbys.

Das Gespräch fand im September 2021 statt.

JULI

ZEH

ÜBER WIDERSPRÜCHE

Ich werde vermutlich für immer ein Stadtmensch bleiben, und daran ist Juli Zeh schuld. Immer dann, wenn ich auf einer brandenburgischen Dorfstraße fahre, wenn ich Menschen am Zaun stehen sehe und dahinter ihre akkuraten, in die Jahre gekommenen Häuser, fühle ich mich von alldem umarmt, weil es Heimat ist, weil ich selbst hierherkomme. Sobald aber der Gedanke aufkeimt, ich könnte doch zurück aufs Land ziehen, denke ich an Juli Zehs Roman *Unterleuten* und möchte ganz, ganz schnell zurück in den Prenzlauer Berg.
Ich glaube, Juli Zeh kann deshalb so gut über das Dorfleben schreiben, weil sie als Stadtmensch aufs Land gezogen ist. Das hört sich immer so nachvollziehbar an, lebenswert und manchmal auch ein bisschen verklärt. Doch wer beides richtig gut kennt – Stadt und Land –, weiß um den Kulturunterschied. Von einem Kulturkreis in den anderen zu ziehen, kann eben auch Kulturschock bedeuten, und der ist zwischen Berlin und Brandenburg wesentlich größer, als man annimmt. Dass sich dieser Schock auch bei Juli Zeh nach zehn Jahren nicht komplett aufgelöst hat, kann man daran erkennen, dass sie nach *Unterleuten* noch das zweite dicke Buch *Über Menschen* geschrieben hat, das diesen Widerstand weiter beleuchtet.

Es hat lange gedauert, bis ich endlich eine Zusage für unser Gespräch bekommen habe. Ich muss zugeben, dass ich es inzwischen sogar etwas genieße, wenn jemand so »schwer zu kriegen« ist. Ich weiß dann sicher, dass mein Gast eben nicht alles macht, was Aufmerksamkeit verspricht, und wenn es nach einer so langen Wartezeit endlich klappt, habe ich fast immer das Gefühl, dass das Treffen zum genau richtigen Zeitpunkt stattfindet. Obwohl »Treffen« in diesem Fall nicht stimmt. Juli Zeh ist doch schwerer aus dem Dorf zu kriegen, als man meint, und so sprechen wir über eine miserable Internetverbindung miteinander. Verstanden haben wir uns trotzdem.

Ich habe von Juli Zeh erfahren, was wir Menschen uns von Pferden abschauen können, was Narzissmus und Arbeitssucht miteinander zu tun haben und dass wir unsere Konflikte nicht immer lösen müssen.

AN DER BUSHALTESTELLE

Juli Zehs erster Roman *Adler und Engel* erschien 2001 und wurde ein Welterfolg. In Deutschland gab es damals noch kaum populäre weibliche Autoren. Im Grunde teilten sich Juli Zeh und Judith Herrmann diese Kategorie. Vielleicht hatte Juli deshalb das Gefühl, dass sie umso mehr arbeiten musste, damit Autorinnen sichtbar wurden und blieben. Vielleicht hatte sie aber auch Sorge, dass der Erfolg wieder davongaloppieren könnte und der kaum gewagte Traum vom Schriftstellerinnenleben nur kurz in der Realität vorbeigeschaut hatte. In den ersten Jahren als Autorin schrieb sie jedenfalls wahnsinnig viel. Und wenn sie nicht schrieb, dann gab sie Interviews, war auf Lesereise oder diskutierte auf Facebook mit ihren Followern und Followerinnen. Dazu arbeitete sie auch noch als Juristin. Juli Zeh hat richtig durchgezogen und flog dann aus der Kurve. Mit viel Abstand und nachdem sie ihr Leben ganz

schön umgekrempelt hat, kann sie Jahre später sagen: »Es gibt Leute, die möchten so viel arbeiten und die möchten sich auch nicht selbst spüren, und das ist auch okay. Hauptsache, man wird nicht krank davon.«
Statt in Talkshows sitzt sie inzwischen lieber an der Bushaltestelle in Brandenburg, lässt das Handy in der Tasche und schaut tatsächlich, »was die blöde Taube am Straßenrand da eigentlich genau pickt«. Juli hat entschleunigt, und sie hat jetzt Pferde, die ihr dabei helfen.

DIE PFERDE

Zu Juli Zehs Familie gehören neben ihrem Mann und zwei Kindern auch vier Pferde, um die sie sich jeden Tag kümmern muss. Das kann einem helfen, wenn man mit der Arbeit verheiratet ist. Pferde sind ein besonderes Thema für mich. Meine Freundin Nora Tschirner berichtet mir immer wieder fasziniert von diesen Tieren, und das hat nie irgendetwas mit einer Pferdemädchen-Verklärtheit zu tun. Sie spricht von Pferden wie von Lehrerinnen und Lehrern, und da wird es für mich natürlich interessant. In meinen Augen sind Pferde in erster Linie sehr große, sehr anmutige Tiere, deren Unbändigkeit in mir doch ziemlich viel Respekt – um nicht zu sagen Angst – hervorruft. Doch diese Angst muss ich gar nicht haben, meint Juli.
»Pferde haben keine Egokultur. Ihr Ziel ist der Herdenverband, der Erhalt ihrer Art und Gattung. Ihre Kommunikation dient nur einem Zweck, und der heißt überleben. Es ist ein verdammtes Wunder, dass die Zusammenarbeit zweier so unterschiedlicher Wesen überhaupt möglich und erwünscht ist – und nicht nur vom Menschen! Für Pferde sind wir schließlich erst einmal Jäger.«

Ich überlege kurz, ob ich das Gespräch hin zu meinen eigentlichen Fragen lenken sollte, schließlich habe ich keinen Pferde-Podcast, aber ich entscheide mich dagegen und erfahre so, dass Pferde Fluchttiere sind, die uns Menschen überhaupt nicht brauchen. Ohne Probleme können sie in der Wildnis überleben. Für sie sind wir Fleischfresser, Jäger, Domestizierer – und somit eine Bedrohung. Eigentlich müssten sie Angst vor uns haben. Aber sie kommen auf uns zu und wollen mit uns kommunizieren, mit uns rumhängen, uns einladen, Teil ihrer Herde zu sein.

Gemeinsam stellen wir fest, dass das Interesse an Pferden und die Arbeit mit ihnen hauptsächlich Frauensache sind. Früher war das ganz anders. Um sich das vor Augen zu führen, muss man nur durch eine europäische Altstadt laufen und ein Denkmal suchen. Meistens sieht man einen mächtigen Mann auf einem prachtvollen Hengst sitzen. Juli meint dazu: »Die Männer haben sich abgewendet, bei ihnen geht es jetzt um Autos, Maschinen und Fortschritt. Und die Frauen haben sich das ikonografische Symbol für männliche Macht schlechthin unter den lackierten Nagel gerissen – vielleicht kann man das sogar als emanzipatorischen Akt bezeichnen. Eine hundertprozentige Männerangelegenheit wird binnen weniger Jahrzehnte zur hundertprozentigen Frauenangelegenheit.« Das Pferd ist das Zentrum unserer kulturhistorischen Entwicklung, ohne Pferde würden wir uns hier nicht via Zoom unterhalten. »Mit den Pferden kam die Mobilität, der Ackerbau, das Reisen und das Forschen«, erklärt mir Juli. »Unsere ganze Kultur fußt auf der Tatsache, dass wir diese Tiere domestiziert haben. Dass sich die Frauen das jetzt gegriffen haben, still und leise, ist somit ein Griff nach der Kulturgeschichte.«

Spätestens jetzt weiß ich, dass ich mich meiner Angst stellen und mich mehr mit Pferden auseinandersetzen muss.

WER ZWINGT DICH ZU ARBEITEN?

Wir kommen zurück zur Arbeit. Ähnlich wie Städterinnen und Städter das Landleben romantisieren, meint man, dass Freiberufler und Freiberuflerinnen immer frei sind. Jedoch ist der Unterschied zwischen einer Angestellten und einem Selbstständigen eigentlich nur, dass die Arbeitsanweisung nicht von einem Chef oder einer Chefin kommt, sondern von einem selbst. Und oftmals ist man viel strenger zu sich als die rigidesten Chefs und Chefinnen. Warum ist das so? Zum einen ist da immer diese Unsicherheit, dass es keinen Folgeauftrag geben könnte, und dann gibt es da noch etwas anderes. Juli meint: »Bei Freiberuflerinnen wie mir spricht man immer von ›müssen‹. Aber man meint damit eigentlich etwas anderes. Irgendwann habe ich mir ganz ehrlich die Frage gestellt, wer mich eigentlich dazu zwingt, so viel zu arbeiten, und ob das nicht doch nur mein eigener verdammter Narzissmus ist.«
So habe ich das noch nicht gesehen. Ja, es ist viel leichter, die Schuld für die Verausgabung woanders zu suchen. Ich habe das jahrelang gemacht. Erst waren es die Kundinnen und Kunden, für die wir als Firma gearbeitet haben, dann waren es die Mitarbeiter und Mitarbeiterinnen, die ich für meinen Stress verantwortlich gemacht habe, und am Ende immer meinen *Mit Vergnügen*-Mitgründer Pierre. Bei einer unserer seltenen Streitereien fragte er mich, was er dafür kann, dass ich so gern arbeite. Da hat es bei mir klick gemacht. Erst als ich das Wort »Arbeitssucht« das erste Mal gelesen habe, wusste ich, dass ich das bin: Süchtig nach Arbeit. Daran erinnern mich Julis Worte, als sie sagt: »Wir lügen uns, was das betrifft, gern in die eigene Tasche und suchen für unser Verhalten Gründe im Außen. Wir sagen: ›Ich muss das, weil …‹, oder: ›Ich kann nicht, weil …‹ Manchmal stimmt diese Erklärung, doch es

gibt eben auch immer wieder Situationen, in denen das nicht der Fall ist. Häufig sind wir es selbst, die sich zu viel auferlegen, die uns selbst im Wege stehen.«

WOLLEN STATT MÜSSEN

Für Juli geht es nicht unbedingt darum, einfach von allem weniger zu machen. Es gibt Aufgaben, die geben einem schließlich Kraft zurück, obwohl sie anstrengend sind. Ein Fehler ist vielleicht, dass wir unsere Aufgaben in Arbeitszeit übersetzen. Wie lange brauche ich, um die Präsentation vorzubereiten? Wie lange brauche ich, um das Kapitel über Juli Zeh zu schreiben? Die bessere Frage wäre, wie viel Energie brauche ich, um die Präsentation vorzubereiten? Wie viel Energie brauche ich, um das Kapitel über Juli Zeh zu schreiben? Inzwischen denke ich viel weniger über Zeitmanagement nach, dafür mehr über Energiemanagement.

Ich frage: »Hast du das Muss durch ein Kann ersetzt?«

»Sogar durch ein Will«, sagt sie fast ein bisschen stolz.

Seit unserem Gespräch versuche ich, darauf zu achten, nicht mehr ständig das Wort »müssen« zu gebrauchen, nicht zu sagen »Ich muss noch länger arbeiten«, sondern »Ich will noch länger arbeiten«, denn dann merke ich, dass ich selbst für mein Tun verantwortlich bin. Interessanterweise hilft mir diese Kleinigkeit, um in eine höhere Eigenverantwortung zu gehen.

DER ROLLENKAMPF IN DER FAMILIE

Ich habe mir vor unserem Gespräch auf der Karte angeschaut, wie es in ihrem Dorf – in Julis Welt – ungefähr aussieht. Eine große Straße führt hindurch und trennt die Ortschaft in zwei Hälften. Es sieht ehrlich gesagt nicht nach besonderer Idylle aus, es ist schon fast erstaunlich, wie normal dieses Dorf auf Google Maps wirkt, in dem eine der berühmtesten Schriftstellerinnen des Landes lebt. Wir sprechen über ihre Familie im Arbeitskontext.

»Mein Mann ist auch Schriftsteller, doch er verdient damit kein Geld, und in unserer Gesellschaft ist es nach wie vor so: Wenn du mit dem, was du tust, kein Geld verdienst, dann gilt das nicht. Das ist zwar total traurig, aber es ist so. Entsprechend trauen die sich nicht zu sagen: ›Ich bin Schriftsteller, oder ich bin Schriftstellerin.‹ Weil sie das Gefühl haben, dass es nicht legitim ist, solange sie damit kein Geld verdienen. Sie fühlen sich dann als Hochstapler, nicht als echte Schriftsteller.«

Das habe ich auch schon erlebt. Und noch etwas kommt mir bekannt vor: Macht man etwas, was der Leidenschaft entspricht, hat man Schwierigkeiten, es selbst als Arbeit anzuerkennen. Es ist kompliziert, und bei Juli kommt noch etwas dazu: »Ich bin sozusagen Mann und Frau gleichzeitig in diesem Rollenbild. Das bereitet mir oft Konflikte mit mir selbst. Ich habe in mir manchmal zwei verschiedene Handlungsimpulse, bin also im inneren Widerstreit. In den letzten Tagen beispielsweise hatte ich wirklich viel zu tun und habe mich entsprechend zwei Tage wenig um die Kinder gekümmert. Da stellt sich sofort der Impuls ein, der sagt: Du musst mal wieder einen richtig schönen Mama-Kinder-Tag machen. Und gleichzeitig gibt es den anderen Impuls, der widerspricht: Aber du musst jetzt erst mal wieder an deinem Text arbeiten. Und dann

kämpfen diese beiden Seiten, und ich merke, dass es auch Rollenvorstellungen sind, die da miteinander kämpfen. Das ist echt total verrückt.«
Diesen inneren Kampf kenne ich. Einerseits merke ich, dass es mir gefällt, »der Ernährer« zu sein, aber da gibt es auch die andere Seite, die sich nach zu Hause sehnt, ganz viel Zeit mit Frau, Kind und Hund verbringen will, und das auch, um diesem alten Bild, das Juli und ich und unsere Generation vorgelebt bekommen haben, nicht zu entsprechen.

» Wir sollten uns einfach wieder mehr aufs Klarkommen konzentrieren, also aufs Miteinander-Klarkommen. Ich persönlich vertrete nicht die Theorie, dass Menschen diese Geschlechtsidentität überhaupt brauchen. Ich weiß schon, dass es so was gibt, aber ich glaube, es wird in seiner Wichtigkeit für die psychologische Stabilität ein bisschen überschätzt. «

WIDERSPRÜCHE AUSHALTEN

In Juli Zehs letztem Buch *Über Menschen* gibt es einen zentralen Satz, der besagt, dass es nicht darum geht, Widersprüche aufzulösen, sondern sie auszuhalten.
»Was ist dein größter Widerspruch?«, frage ich sie.
»Ebendieser seltsame Zwiespalt, nicht so richtig zu wissen, ob man auf der männlichen oder weiblichen Seite steht. Das meine ich nicht in sexueller Hinsicht, sondern rein vom Rollenbild her gedacht beziehungsweise dem, was man vermeintlich für Identität hält. Ich wurde mein Leben lang als eher maskuliner Frauentyp wahrgenommen. Ich war mir nie so richtig sicher, ob ich das jetzt gut oder schlecht finde. Wahrscheinlich finde ich das irgendwie beides. Ich stehe immer wieder vor der Frage: Bediene ich diese Schublade, in die ich da gesteckt werde, oder kämpfe ich dagegen an? Das geht so weit, dass ich mich manchmal frage, ob ich eigentlich Mutter oder Vater bin. Ich glaube, das ist bei mir einfach so ein Lebensthema.«
»Wie hältst du diese Widersprüche aus?«
»Aushalten bedeutet zunächst einmal, dass man nicht glaubt, etwas auflösen zu müssen. Zurzeit ist es so – ich beobachte das bei mir und zum Teil auch medial –, dass jeder Widerspruch oder Konflikt unbedingt aufgelöst werden muss. Entweder braucht man einen Kompromiss, oder die eine Seite muss die andere Seite überzeugen.«
Die inneren Widersprüche sind immer auch Spiegel der Außenwelt. Ohnehin scheint Juli ihr Empfinden auch immer im Zusammenhang eines Weltempfindens zu betrachten. Es kommt nicht von ungefähr, dass sie so etwas wie eine öffentliche Intellektuelle ist, eine moralische Instanz, wenn man so will, die, wenn auch inzwischen seltener, an gesellschaftlichen Debatten teilnimmt und damit die Gesellschaft mitgestaltet.

IERUNG

g es ist, Debatten zu führen, ist in den letzten Coronajahren besonders deutlich geworden. Wobei »debattieren« es meist nicht einmal trifft. Menschen schreien sich in den sozialen Netzwerken an, wollen keine anderen Sichtweisen zulassen, manche ziehen sogar mit Fackeln durch die Straßen und bedrohen Ministerinnen zu Hause. Gegenseitiges Zuhören, Verstehenwollen scheint kaum noch möglich. Als sich Juli Zeh zu Beginn der Pandemie kritisch über die Corona-Maßnahmen der Bundesregierung äußerte, sorgte das für Irritation. Man fragte sich, ob »die Zeh« jetzt eine Querdenkerin war und nicht mehr zu »uns« gehörte.

»Der Witz am öffentlichen Sprechen ist, dass andere natürlich ganz anderer Meinung sein können, und daran ist im Grunde auch nichts Schlimmes, sondern es ist eher eine Qualität. Doch diese Qualität ist verloren gegangen.«

Sie erklärt, dass Menschen, die sich zu sehr mit ihrer Meinung identifizieren, irgendwann selbst zu dieser Meinung werden. Damit führt jede Meinungsverschiedenheit zur Polarisierung, denn es steht dann nicht mehr Meinung gegen Meinung, sondern Mensch gegen Mensch.

»Polarisierung ist ein Narrativ. Das ist keine Erdspalte, die sich im Land geöffnet hat und Links und Rechts oder Oben und Unten voneinander trennt. Das ist nichts Manifestes, sondern eine Geschichte, die wir uns selbst erzählen. Es ist unheimlich schwierig, Narrative zu ändern, fast noch schwieriger, als Erdspalten zuzuschütten, doch das heißt nicht, dass man es nicht versuchen sollte. Und dieser gute, alte Satz: ›Hunderttausende denken, einer allein kann doch nichts ändern‹, der gilt auch da. Man kann nur versuchen, das zu tun, von dem man glaubt, dass es gut wäre, wenn es alle täten.«

WEG MIT DER IDENTITÄT

Juli stellt noch einmal die Frage in den Raum, wozu wir die gängigen Identitäten überhaupt brauchen und ob diese Identitätskonzepte nicht zu sehr der Bewertung und Abgrenzung dienen. Und ich entgegne, wie es wohl wäre, wenn wir uns von den Pferden abschauen würden, wie die das machen, wenn wir Menschen in Herden denken würden sozusagen.
»Oh, das fände ich schön«, sagt sie. »Am tollsten wäre es doch, wenn wir die Grundüberzeugung entwickeln könnten, dass alle Menschen eigentlich eine Herde sind. Wir haben ein gemeinsames Ziel, und das heißt überleben als Art. Ich glaube, daraus könnten durchaus andere Überzeugungen folgen.«
Sie erklärt, dass Herden streng organisiert, aber wertfrei sind: »Nicht der, der eine bestimmte Aufgabe hat, ist deswegen schlechter oder besser oder hat eine andere Identität. Es gibt Pferde, die sind rangniedriger, und es gibt welche, die sind ranghöher, aber der Rangniedrigere hat deswegen keine Minderwertigkeitskomplexe, und der Ranghöhere macht sich auch keinen Spaß daraus, die anderen zu mobben, denn das würde ja dem Überlebensziel nicht dienen. Wenn Pferde keine Identität brauchen, wieso brauchen wir denn dann eine?«
Gute Frage!

DER CHEF ISST ZULETZT

Bei Pferden ist es die Kompetenz, die das Gefüge organisiert, und nicht Ego, Status, Meinung. So habe ich es mal von Nora erklärt bekommen, und so sind auch die Ansätze der sogenannten New-Work-Bewegung. Pferdeflüsterin Zeh gibt Pferdeflüsterin Tschirner recht: »Vielleicht ist es erst mal schwierig, das zu glauben, wenn man mit Tieren nicht so viel zu tun hat, der ein oder andere mag vielleicht denken: Ach komm, ein Pferd hat doch keine Kompetenzen in einem für den Menschen relevanten Sinne. Aber es ist wirklich so: Pferde sind durchaus unterschiedlich in ihrem Charakter, und sie entwickeln unterschiedliche Fähigkeiten. Diese Fähigkeiten entscheiden letztendlich darüber, welche Funktionen sie innerhalb der Herde einnehmen. Wenn man da aus menschlicher Perspektive draufguckt, denkt man gleich an die sogenannte Hackordnung. Übertragen auf eine Firma wird angenommen, dass immer alle Chef werden wollen und sich gegenseitig hacken, um nach oben zu kommen. Das ist aber kompletter Käse, das gilt noch nicht mal für Hühner, geschweige denn für Pferde. So ist das nicht mit der Hackordnung. Bei Herden geht es nicht darum, derjenige zu sein, der Chef ist, um am schnellsten ans Futter zu kommen. Wenn man beispielsweise einen Hühnerstall beobachtet, fällt schnell auf, dass die Hähne immer erst einmal beiseitetreten und die Hühner zuerst fressen lassen. Und das, obwohl sie ganz offensichtlich die Chefs sind. Das sind Riesenviecher, sie sind viel größer als die Hühner, und sie sind richtig stark. Aber sie fressen nur das, was übrig bleibt. Das ist die Idee der Herde und der Arterhaltung, das hat nichts mit einem persönlichen Vorteil zu tun.«

Und da sind wir irgendwie wieder an der Bushaltestelle gelandet und schauen zu, was die Taube gerade pickt. Juli Zeh ist in einem Akademikerhaushalt in Bonn aufgewachsen, sie ist eine der erfolgreichsten Autorinnen des Landes und dazu noch Richterin am Landgericht Potsdam. Sie könnte überall sitzen, in einer Stadtvilla, im Haus am See oder im Elfenbeinturm und sich dort nur um sich selbst drehen. Aber sie sitzt hier an der Bushaltestelle in Brandenburg. Sie ist in ein Umfeld gezogen, in dem sie von Menschen umgeben ist, die in der Regel einen völlig anderen Hintergrund haben als sie. Hier prallen kleine und große Welten aufeinander. Aber von hier aus hat sie eine bessere Sicht auf die Dinge, die wirklich sind und die wirklich zählen.

Pick, pick, pick.

Das Gespräch fand im Juni 2021 statt.

KURT KRÖMER

ÜBER DAS KATASTROPHISIEREN

Man stelle sich folgende Szenerie vor: Zwei berühmte Männer sitzen sich in einem Fernsehstudio gegenüber. Der Namensgeber der Sendung soll eigentlich seinen Gast interviewen, doch dann offenbart er selbst, dass er vor einigen Wochen in einer Klinik war, weil er einen komplizierten Bandscheibenvorfall hatte. »Ich konnte tagelang das Haus nicht verlassen. Im Supermarkt ging es mir so dreckig, ich bin regelrecht zusammengebrochen.« Der Interviewer konnte sich nicht mehr richtig um seine Kinder kümmern und auch nicht um sich. Wie gelähmt lag er in seinem Bett, die Vorhänge zugezogen, darauf wartend, dass es wieder Abend wird. Erst ein Aufenthalt in einer Klinik konnte ihm helfen. In seiner eigenen Sendung spricht er zum ersten Mal darüber. Sein Gast ist wenig überrascht, er kennt das, auch er hat eine ähnliche Erfahrung gemacht. Sie schauen sich tief und verbunden in die Augen. Die Sendung wird Millionen Mal geschaut, die Medien berichten darüber, in den Kommentarspalten bedanken sich viele Menschen beim Talkmaster für seine Offenheit.
Die Sendung gibt es wirklich, sie heißt *Chez Krömer.* Der, der sich geoutet hat, ist Kurt Krömer, sein Gast an jenem Abend Torsten Sträter. Nur das mit der Bandscheibe stimmt natürlich nicht. Es ging, wie man sich denken kann, um die Depression von Kurt Krömer. Ich habe die Krankheiten mal eben getauscht, um zu zeigen, wie absurd es ist. Denn niemand würde sich schämen, öffentlich über eine kaputte Bandscheibe

oder einen Beinbruch zu sprechen, und niemand würde darauf schockiert oder ablehnend reagieren. Doch eine Depression gilt noch immer als Tabu. Und während man mit einem kaputten Körperteil oder einer Erkältung selbstverständlich zum Arzt gehen würde, sich krankschreiben ließe und allen erzählen würde, was man hat, werden psychische Krankheiten noch immer hinter verschlossenen Türen und abgedunkelten Zimmern verhandelt – und leider nicht immer behandelt.

Ich habe Kurt Krömer zum zweiten Mal ins *Hotel Matze* eingeladen. Er hat sich dazu entschieden, seine Erfahrungen mit Depressionen noch weiter zu verbreiten. Sein Buch *Du darfst nicht alles glauben, was du denkst* habe ich am Wochenende vor der Aufnahme gelesen. Es ist schonungslos offen, manchmal macht man sich Sorgen um den Patienten Krömer, und hin und wieder kommen mir die Sachen vertrauter vor, als mir lieb ist.
Kurt kommt 15 Minuten zu spät, angeblich hat er sich verlaufen. Er grinst mich durch das offene Studiofenster an. Ich sehe, dass er zugenommen hat, die Gesichtsfarbe lässt auf einen ausgedehnten Urlaub schließen. Er sieht glücklich aus, was mich nach dem Lesen des Buches besonders freut. Wir werden heute über seine Depression sprechen, aber es wird nicht schwerfällig werden. Eher so, als hätte Krömer tatsächlich nur einen Beinbruch gehabt.

Ich habe von Kurt Krömer erfahren, wie sich seine Depression angefühlt hat, wie es in einer psychiatrischen Klinik ist und wie sich seine Kunst seitdem verändert hat.

TABU DEPRESSION

Kurt setzt sich hin, stellt seine mitgebrachte Fanta auf den Tisch und freut sich, dass es einen Aschenbecher gibt. Er lehnt sich entspannt zurück und zündet sich gleich die erste Zigarette an. Die *Chez Krömer*-Folge, in der Kurt erstmals über seine Depression sprach, war im März 2021 ausgestrahlt worden. Direkt nach der Sendung hat Sträter, der schon länger über seine Depression in der Öffentlichkeit spricht, ihn vor der nun zu erwartenden Reaktionslawine gewarnt, doch Kurt hielt es für übertrieben. Tausende Nachrichten später weiß er, dass sein Freund recht hatte.

»Dass es so ein Tabu ist, hätte ich nicht gedacht. Ich habe ungelogen bestimmt 10 000 Nachrichten bekommen. Die Menschen haben sich bedankt, mir ihre eigenen Geschichten erzählt. Zum Beispiel die Frau, die ihrem Mann endlich klarmachen kann, was mit ihm los ist. Oder der Mann, der mir schrieb: ›Endlich kann ich das Video meiner Frau zeigen und ihr erklären, was mit mir los ist.‹ «

Am Ende der Sendung haben Sträter und Krömer ihre Hände aneinandergelegt. Aufgrund der Pandemie waren sie durch eine Plexiglasscheibe getrennt, dennoch lag da eine tiefe Verbindung in der Luft. Verbunden durch eine Krankheit und nicht mehr allein damit, so wie viele Zuschauer und Zuschauerinnen. Wer die Sendung gesehen hat, wird diese Szene nicht vergessen.

In Deutschland sind jedes Jahr über fünf Millionen Menschen von einer Depression betroffen. Doch aus Angst vor Stigmatisierung verheimlichen viele ihre Krankheit. Ein Grund, warum Kurt Krömer lange nicht wusste, was mit ihm los ist: Es spricht eben kaum jemand darüber.

DIE DIAGNOSE

Zwei Jahre lang war Kurt von einem Arzt zum nächsten gerannt. Er hat gemerkt, dass etwas nicht stimmt, dachte, er hätte Hodenkrebs, der bereits im ganzen Körper gestreut hat, und dass das der Grund für seine permanente Niedergeschlagenheit sei. Als ein MRT ohne Ergebnis blieb, sprach er dem Arzt seine Kompetenz ab. An eine Depression dachte beim Komiker Krömer niemand, auch er selbst nicht.
»Die letzten Tage und Wochen lag ich nur noch im Bett und dachte, ich komme nicht hoch. Ich blieb den ganzen Tag dort, bis es wieder dunkel wurde, um dann endlich die Berechtigung zu haben, ins Bett zu gehen.«
Das Einzige, was Kurt in dieser Zeit noch hinbekommen hat, war, sich um die Kinder zu kümmern. Er schaffte es, sie morgens aus dem Haus und in die Schule und abends ins Bett bringen. In der *Chez Krömer*-Folge mit Torsten Sträter schilderte er, dass er mehrere Stunden gebraucht hat, um einen Einkaufszettel zu schreiben, und wie sehr er sich vor seinen Kindern geschämt hat. Er ist alleinerziehender Vater von vier Kindern, oft hatte er noch den Schlafanzug an, wenn sie von der Schule zurückkamen. Bisher hat er sein Privatleben aus der Öffentlichkeit herausgehalten. Um offen über die Depression sprechen zu können, hat er entschieden, das aufzulösen. Allerdings nennt er keine Namen, kein Alter oder Geschlecht.
In den sechs Monaten vor der Diagnose wurde die Depression immer heftiger. »Es fühlte sich an, als würde mir jemand die Hände um den Hals legen und immer fester zudrücken. Zum Schluss war es, wie erwürgt zu werden. Ich konnte mich auf nichts anderes mehr konzentrieren. Ich hatte das Gefühl, da ist irgendwas, was mich umbringt.«
»Was hast du gedacht, was es ist?«

»Ich habe immer gedacht, es ist der Stress. Ich bin alleinerziehend, ich habe halt Stress den ganzen Tag. Ich dachte, vielleicht ist es Burn-out. Andauernd stand ich unter Strom. Ich habe auch vermutet, es ist meine verkorkste Kindheit, dass ich negative Flashbacks habe. Die ganze Zeit dachte ich mir, wie scheiße mein Leben ist.«

Wahrscheinlich hat er deswegen so viele Reaktionen bekommen. Man ahnt, dass es vielen genauso wie ihm geht. Kaum einer denkt als Erstes an eine Depression, viel eher schiebt man die Niedergeschlagenheit auf den Stress in der Arbeit und zu Hause. Es ist ja auch viel, was man auf die Reihe bekommen muss.

»Ich habe mir selbst Vorwürfe gemacht, mir gedacht, dass ich doch genug Kohle und ein großes Haus habe, dass ich mich nicht beschweren darf. Ich kann doch nicht einfach sagen: ›Mir geht es nicht gut, weil ich einen grauen Schleier über meinem Kopf spüre‹«.

Kurt Krömer ist einer der erfolgreichsten Comedians des Landes. Angefangen hat er auf der Bühne der Berliner Scheinbar vor drei Gästen. Jahrelang kratzte er am Existenzminimum, hat sich aber stetig nach oben gespielt. 2003 kam er zum Fernsehen, von da an ging es nur noch bergauf. Ende 2014 beendete er vorerst seine Fernsehkarriere und konzentrierte sich auf sein Bühnenprogramm. Mit *Chez Krömer* startete vor drei Jahren sein Comeback auf dem Bildschirm. Gleich die erste Folge wurde mit dem Grimme-Preis ausgezeichnet. Krömer war wieder da, aber gesund war er nicht.

»Wann und wie hast du schließlich realisiert, dass du Depressionen hast?«

»Ich war bei einer Familientherapeutin, weil ich Fragen zu meinen Kindern hatte. Und dann saß ich da und hab die ganze Zeit nur über mich geredet. Die Therapeutin hat sich alles angehört

und mich dann gefragt, ob ich depressiv bin. Ich war wie vor den Kopf gestoßen. Ich dachte mir: Hey, du bist Kindertherapeutin, es geht doch nicht um mich, es geht um die Kinder.«
Die Psychologin Ursula Nuber erklärte mir später, dass es *die* Depression nicht gibt. Man unterscheidet zwischen leichter, mittlerer und schwerer Depression. Eine leichte Depression kann so etwas wie eine sogenannte Winterdepression sein. Bei einer mittleren sollte man regelmäßige Therapiesitzungen wahrnehmen und ein Antidepressivum in Betracht ziehen. Schwere Depression bedeutet, dass man sofort in eine Klinik muss. Kurt Krömer wurde eine schwere Depression diagnostiziert. Er erzählt, wie erleichtert er war, weil er endlich wusste, was mit ihm los war.
»Ich habe mich nach langer Zeit mal wieder gefreut. Ich hab direkt angefangen zu weinen und dachte: Diese Reise hat endlich ein Ende. Jetzt hast du deine Diagnose, jetzt weißt du, wo du hinmusst.«

DIE ANGST VOR DER GRUPPENTHERAPIE

Bei unserer ersten Begegnung 2018 im *Hotel Matze* wusste ich nicht, dass Kurt trockener Alkoholiker ist. Inzwischen hat er seit zehn Jahren nicht getrunken. Aus Angst vor Gruppensitzungen hat er damals einen kalten Entzug allein zu Hause gemacht, obwohl das als wahnsinnig gefährlich gilt. Diese Angst vor Gruppensitzungen kam nach der Diagnose wieder.
»Ich habe in den Kliniken angerufen und mich erkundigt, ob es eine Gruppentherapie gibt. Und die gibt es überall. Ich habe dann gefragt, ob ich sie weglassen und in der Zeit etwas anderes machen kann. Ich habe sogar angeboten, währenddessen Kuchen zu backen oder die Klinik aufzuräumen.«

Da merkt man, dass vor mir immer noch ein Komiker sitzt.
»Und darf ich fragen, warum du so einen Schiss vor Gruppentherapie hattest?«
»Da sitzen lauter wildfremde Menschen, und du sollst vor denen ganz offen über deine Ängste und Gefühle sprechen, nicht wissend, ob sie das vielleicht weitersagen.«
»Hattest du Angst, dass die dich erkennen?«
»Das auch, klar. Ich bin ja quasi zwei Personen: Ich bin der öffentliche Kurt Krömer, und dann gibt es noch die private Person, die keiner kennt, und die wäre ich in dem Fall gewesen. Gruppentherapie heißt, du lässt die Hose runter bis zum Gehtnichtmehr und gehst ganz tief in deine Geschichten rein.«
Die Trennung zwischen privater und öffentlicher Person ist bei ihm noch gravierender, da *Kurt Krömer* der Name seiner Kunstfigur ist, benannt nach seinem ehemaligen Deutschlehrer. Eigentlich heißt er Alexander Bojcan. Da das niemand aussprechen kann (mein Lieblingsversprecher ist Alexander Bauzaun), hat er sich umbenannt. Die öffentliche Figur Krömer ist eine Art cholerischer Clown im Anzug, der sein lachendes Publikum als Kackbratzen beschimpft. Ich erinnere mich noch, dass ich nach unserer ersten Begegnung nicht wirklich wusste, wie ich ihn einordnen sollte. Einerseits war er wahnsinnig nett, aber ich hatte auch ein bisschen Angst vor ihm. Ich glaube, damals löste sich die Trennwand zwischen Kurt und Alexander erst so langsam auf. Er trug einen Anzug, obwohl es nur eine Tonaufnahme war, jetzt sitzt er hier im Pullover. Kurt und Alexander sind jetzt eine Person. Der Anzug und sein selbstbewusstes Auftreten erfüllten eine Schutzfunktion, man sollte ihm wohl besser nicht zu nahe kommen. Kurt wusste jedoch, dass es bei einer Gruppensitzung darum gehen würde.
»Ich hatte Angst, bewertet zu werden. Dafür verurteilt zu werden, dass es mir schlecht ging, obwohl ich doch alles hatte.

Eine Fernsehsendung, genug Kohle, ein großes Haus. ›Dass du dich überhaupt hier reintraust in unsere Runde, obwohl wir hier so viele ernsthafte, richtige Probleme haben‹ – vor dieser Bewertung hatte ich Schiss.«
Aber ein privilegiertes Leben zu führen, Glück und Geld zu haben, bedeutet nicht, dass es einem gut gehen muss.

MÄNNER MÜSSEN FUNKTIONIEREN

Eine männliche Depression zu erkennen, ist oft ziemlich schwierig, erklärte mir die Psychologin Nuber, denn häufig sind Männer noch sehr viel weniger als Frauen bereit, ihr Innerstes nach außen zu kehren oder über ihre Gefühle zu reden. Vor unserem Gespräch habe ich mich noch mal mit Suizidzahlen beschäftigt. Die häufigste Todesursache bei Männern unter 35 Jahren ist tatsächlich Selbstmord. Meine Generation hat nicht gelernt, über Gefühle zu sprechen. Mir wurde als Kind gesagt, dass ich nicht so sensibel sein soll, wenn ich geweint habe.
Kurt kennt das auch: »Dieses Nicht-über-Gefühle-Reden, Nicht-über-Schwäche-Reden und diese ganze Scheiße von wegen ein Mann weint nicht, er muss stark sein. Natürlich weine ich, wenn ich weine. Aber du hast es trotzdem in dir. Pünktlich sein, abliefern, du hast zu funktionieren. Ein richtiges Scheißwort. Das wurde mir in der Klinik sofort abgewöhnt. *Funktionieren.* ›Warum sind Sie hier?‹ – ›Ich möchte, dass es zu Hause wieder funktioniert.‹ Die Therapeutin meinte darauf schlicht: ›Erklären Sie mal, was ist *es? Es* muss funktionieren. Arbeiten Sie da mit Robotern oder was?‹ Matze, du musst funktionieren. Steck dir Batterien in die Ohren, und dann hast du zu funktionieren.«

Tja, das Funktionieren lernen wir schon sehr früh. In der Schule sollen wir funktionieren, an unserem Platz sitzen, lernen, was an die Tafel geschrieben wird, egal ob wir uns dafür interessieren oder nicht. Wir müssen abliefern. Und wer nicht richtig abliefert, wird mit schlechten Noten bestraft. Ich habe das große Glück, dass ich mich aus diesem Funktions-Apparat befreien konnte. Es hat seinen Grund, dass ich mich nie anstellen ließ, und ich glaube auch, dass das der Grund war, warum Kurt sich aus dem Fernsehen zurückgezogen hat, denn da gab es Senderchefs, die Vorschriften machen. Dass wir von außen als Erwachsene seltener etwas gesagt bekommen, bedeutet leider nicht, dass man sich selbst nicht noch strenger bewertet.

DER ALLTAG IN DER KLINIK

Am Ende hat Kurt die Gruppentherapie akzeptiert und kam im Spätsommer, nachdem er noch eine große Show in der Berliner Wuhlheide gespielt hatte, in eine Tagesklinik in Berlin. Der Preuße wollte aber möglichst schnell wieder raus.

»Am ersten Tag war ich richtig entsetzt, denn zwischen den Sitzungen hatten wir immer Pause. Das fand ich höchst ineffizient. Wir hatten auch nur drei Sitzungen pro Tag, ich aber wäre lieber von 9 bis 17 Uhr, acht Stunden durchtherapiert worden, dann wäre ich schließlich nach einer Woche rausgekommen.«

Schon vorher hatte er beschlossen, seinen Aufenthalt für die Aufzeichnung der nächsten *Chez Krömer*-Staffel zu unterbrechen. Denn obwohl Sender und Produzent das nicht von ihm verlangten, wollte er für sich *funktionieren.* Er wollte sich von der Depression nichts vorschreiben lassen – da war sie wieder, die unnachgiebige innere Stimme.

»Nach zwei, drei Tagen wurden die Gespräche und Sitzungen immer intensiver. In den Einzeltherapiesitzungen sind wir meine ganze Kindheit durchgegangen, und ich dachte ständig, was für ein Scheißleben ich habe. Das ging natürlich ganz schön an die Substanz. Ich habe viel geweint und war schnell ziemlich froh über die zwei Stunden Pause nach so einer Sitzung.«
In den ersten Wochen hat Kurt sich meistens als Erstes bei den Gruppensitzungen zu Wort gemeldet. Auch hier spielte wieder der Effizienzgedanke eine Rolle: Je schneller ich mich öffne, umso schneller bin ich wieder draußen, dachte er. Die Gruppentherapie war zum Schluss das, was ihm am meisten Spaß gemacht hat, weil er endlich über seine Probleme reden konnte. Das merke ich auch während unseres Gesprächs. Er ist gänzlich offen, es ist, als würde er es genießen, dass er sich endlich nicht mehr schützen muss. Er redet schnell, zeigt manchmal mehr, als man erfragt hat.
»Es klingt absurd, aber die Depressiven denken immer, das, was ich habe, habe ich alleine. Kein Mensch auf der ganzen Welt hat das, also muss ich auch mit gar keinem reden, mich versteht sowieso keiner.«

DAS WORT DES JAHRES

Depressionen können durch verschiedene Ursachen ausgelöst werden. Sie können genetisch bedingt sein, was häufig bei schweren Depressionen der Fall ist. Anhaltender Stress, Einsamkeit oder Überforderung können Depressionen verursachen, genauso traumatische Erlebnisse und persönliche Faktoren wie mangelndes Selbstvertrauen. Depressive Menschen haben häufig das Gefühl, dass sie geben, aber dafür nicht das bekommen, was sie erhoffen. Kurt kennt seinen Auslöser nicht.

»Depressive kauen oft auf eingebildeten Problemen herum. Du denkst den ganzen Tag über etwas nach, machst dich verrückt deswegen, kommst aber nicht zum Schluss. Es gibt für einen Depressiven keine Lösung. Du kannst drei Wochen nachdenken und stehst am nächsten Tag wieder auf und denkst: Ja, da muss ich jetzt noch mal drüber nachdenken. Erst wenn du deine eigenen Probleme, deine eigene Vergangenheit so weit aufgearbeitet hast und die eingebildeten Probleme auch als solche erkennst, wirst du freier. Mein Kopf ist jetzt gut aufgeräumt, da gibt es keine Ecken mit verdrängten Problemen mehr.«

»Hast du ein Beispiel dafür, was so ein eingebildetes Problem war?«

»Wenn ich weiß, ich bin in einer Woche im *Hotel Matze,* und dann schon anfange zu katastrophisieren und denke: Oh, der wird mir dann bestimmt fiese Fragen stellen, der will mich bestimmt aufs Glatteis führen, der will mir was Böses. Also muss ich da ganz genau aufpassen, was ich sage.«

Das Wort *katastrophisieren* hat er von einem Arzt in der Klinik. Ich habe es vorher noch nie gehört, aber es beschreibt dieses ewige Gedankenkarussell wirklich sehr treffend. In therapeutischen Sitzungen geht es darum, diese eingebildeten Katastrophen als Muster zu entlarven.

»Ich habe mir zum Beispiel eingebildet, dass ich mich nicht genügend um meinen Vater kümmere. Ich bin der Vernünftigere, also muss ich das übernehmen. Aber mein Vater hat meine Hilfe nicht angenommen. Daraufhin habe ich mich nur noch mehr reingesteigert, mir eingeredet, dass ich ein schlechter Sohn bin, der sich nicht um seinen Vater kümmert, dass ich viel mehr machen müsste. Die Therapeutin hat immer wieder gesagt: ›Sie haben es doch probiert.‹«

In seinem Buch beschreibt Kurt den Vater als Schlägertypen, der Menschen fertigmachte und auch auf seine Mutter los-

gegangen ist. Nach der Trennung seiner Eltern ist Kurt zu seiner Mutter gezogen. Der Vater sagte ihm immer, dass aus Kurt nichts werden würde. Dennoch hat der Sohn den Kontakt gehalten, als aus dem Vater immer weniger wurde. Er hat versucht, sich um ihn zu kümmern, wenn er so betrunken war, dass er nichts mehr auf die Reihe kriegte, hat ihn finanziell unterstützt, Winterjacken gekauft, ein Telefon besorgt, wenn er ihn tagelang nicht erreicht hatte. Und er hat versucht, ihn etwas weicher zu machen. »Ich habe meinem Vater am Ende eines Telefonats penetrant ›Ich liebe dich‹ gesagt. Und nach einem Jahr hat er endlich einmal genuschelt: ›Ich dich auch.‹ Das war dann mein Erfolg, ich dachte: Boah, jetzt sind wir emotional aber richtig weit gekommen, Freunde!«
Im Buch beschreibt Kurt auch, wie er am Grab seines Vaters steht und zu sich selbst sagt, dass er nun endlich immer weiß, wo sein Vater steckt.

DER TYP AUS DER RAMA-WERBUNG

Obwohl die Themen so ernst sind, müssen wir immer wieder lachen. Humor hilft, das wissen auch die Therapeuten. Manche Anekdoten werden bestimmt im nächsten Soloprogramm auf der Bühne landen.
»Das Lustigste, was einer meiner Therapeuten gesagt hat, war: ›Sie wollen gerne der Typ aus der Rama-Werbung sein.‹«
»Nicht dein Ernst.«
»Doch! Damit meinte er: Es muss alles perfekt sein. Ich mache Essen für vier Kinder, und es muss allen schmecken. Wenn dann der eine sagt, dass es ihm nicht schmeckt, macht mich das traurig. Und sofort kommen bei mir wieder diese Gedanken: Ich bin ein Scheißvater, weil ich einfach nicht

richtig kochen kann. Aber dann habe ich gelernt: Wenn drei gute Laune haben, hat einer vielleicht schlechte Laune. Man kann nicht immer alles haben. Dafür hat der dann wieder gute Laune, wenn die anderen drei Kinder schlechte Laune haben. So ist das halt. Ich kann nicht perfekt sein.«
Ich stelle mir den Werbeclip vor, wie Kurt in der Küche steht, eine Schürze um die Hüfte, über allem liegt ein Weichzeichner, Kurt schaut verschmitzt in die Kamera und präsentiert Rama.

DIE ANGST, DIE KÜNSTLERISCHE VOLLMEISE ZU VERLIEREN

Ich kenne einige Künstlerinnen und Künstler, die keine Therapie machen, weil sie Angst haben, dass das Einfluss auf ihre Kreativität haben könnte. Die Hamburger Band Kante bringt es in dem Song »Zombie« auf den Punkt: »Unser Schmerz und unsere Qual sind unser größtes Kapital.« Kurt hatte Angst, seine sogenannte Vollmeise zu verlieren, aber nicht nur, weil er aus ihr schöpft.
»Das war ein ganz großes Thema, ich hatte echt Angst davor. Ich habe befürchtet, mein Comedy-Talent ist die Krankheit. Ich dachte, wenn ich das therapieren lasse, verliere ich mein Talent und diese Art zu denken. Oder dass einer sagt: ›Ich glaube, Sie sind im falschen Beruf, der Beruf macht Sie verrückt.‹ Das wäre furchtbar gewesen! Stell dir mal vor, dir sagt jetzt einer: ›Also du kannst alles machen, Matze, aber Podcast ist komplett ausgeschlossen. Du hast ein besseres Leben, wenn du das nicht mehr machst.‹«
»Du hattest Angst davor, weil dich das ja eigentlich glücklich macht?«
»Absolut. Einen Abend bevor ich in die Klinik kam, habe ich

vor 5 000 Leuten gespielt und es absolut genossen. Ich stand da und dachte: Das ist geil. Dieses Adrenalin und dass die Leute mir durch ihr Lachen und Klatschen imaginär über den Kopf streicheln und sagen: ›Ey, das ist toll. Toll, dass du heute da bist – wir freuen uns hier wie Bolle.‹«

»Was hat dir dein Therapeut oder deine Therapeutin dazu gesagt, dass du es wichtig findest, dass dir 5000 Leute über den Kopf streicheln?«

»Das ist total in Ordnung. Kein Therapeut hätte daran etwas auszusetzen, es sei denn, es macht dich krank. Als ich damals aufgehört habe zu trinken, war es genauso. Auch da dachte ich: Scheiße, was ist, wenn du den Alkohol brauchst und sich jetzt herausstellt, dass du ohne nicht mehr lustig bist? Was völliger Schwachsinn ist, denn Alkohol kann dich zwar anfangs vielleicht lockern, aber wenn du drei Flaschen brauchst, um überhaupt auftreten zu können, dann ist es keine Hilfe mehr.«

Wie sich die Jahre nach seinem Entzug entwickelt haben, ist Beweis genug, dass es ohne sogar besser geht. Aber hier merkt man auch, wie tückisch die Depression ist. Auch wenn du es weißt, katastrophisiert sie einfach weiter. Der Schweizer Psychiater und Begründer der analytischen Psychologie Carl Gustav Jung beschrieb die Depression als eine »Dame in Schwarz«. Wenn sie auftaucht, solle man sie nicht verscheuchen. Man solle sie einladen, sie wie einen Gast behandeln und zuhören, was sie sagen möchte. So könne man erkennen, wie es einem geht, wenn das Katastrophisieren wieder zunimmt. Diese Beschreibung nimmt der Krankheit ihre Abstraktion. Ich stelle mir die schwarze Dame wie eine Mitbewohnerin vor, die ruhig in der Ecke oder in ihrem Zimmer sitzt, aber auch sehr aufdringlich werden kann.

»Wie hat sich deine Kunst verändert, seitdem du dich deiner Depression stellst?«, frage ich.

»Die hat sich dadurch nicht verändert. Ich glaube, das ist wie in jedem anderen Beruf. Wenn ich Herzchirurg wäre, würde ich auch im depressiven Zustand ein Herz transplantieren können.« Er erzählt mir, dass er jetzt schon viele, viele Monate vor dem Start seiner neuen Tournee das Programm im Kopf fertig hat. Gesund geht es schneller. An den Witzen und an der inflationären Nutzung des Wortes »Scheiße« kann man erkennen, dass es bis zu Gandhi noch ein weiter Weg ist.

» Jetzt ist das Leben für mich wirklich schön. Weil ich alles wieder wahrnehmen kann wie alle anderen Leute auch. Manchmal denke ich sogar, ich kann alles besser wahrnehmen. «

DEPRESSIV VERLIEBT

Die Fanta ist schon lange ausgetrunken, der Aschenbecher quillt über. Es ist richtig gemütlich mit Kurt. Ich frage: »Bist du gerade verliebt?«
»Ja.«
»Schön. Glücklich verliebt?«

»Nee, unglücklich. Muss ich dir gleich sagen.« Er lacht mich für die blöde Frage aus. »Nee, Quatsch, glücklich, sehr glücklich. Also, ich bin verliebt, und ich bin *echt* verliebt. Nicht wie früher, wenn ich depressiv verliebt war und gar nicht wusste, was da abging.«
»Was ist anders, wenn man depressiv verliebt ist?«
»Mit der Frau, mit der ich damals zusammen war, als ich depressiv war, hatte ich all die wunderschönen Gefühle, die man eben hat, wenn man verliebt ist – Schmetterlinge im Bauch und all das. Das tat mir unheimlich gut, obwohl ich damals ja gar nicht wusste, dass ich depressiv bin. Ich war jedoch so zwanghaft, dass ich dachte, diese Verliebtheitsphase muss ewig so bleiben, sonst fehlt mir die Droge, die mich so glücklich macht.«
»Konntest du deiner jetzigen Freundin sehr schnell sagen, wie es dir geht? Also deine Depressionen thematisieren?«
»Ja, klar. Das habe ich ganz ehrlich rausgeknallt. Ich habe auch früher immer, wenn ich Frauen kennengelernt habe, sofort gesagt: ›Ich bin alleinerziehender Vater, ich habe vier Kinder‹, bähm.«

WIRSTE SCHON SEHN

Wir sprechen seit über zwei Stunden. Kurt versagt langsam die Stimme. Auf der Aufnahme klingt es zwischenzeitlich, als müsste er weinen, aber das ist nicht der Fall.
Zum Schluss frage ich ihn, welchen Satz er auf eine große Plakatwand am Alexanderplatz schreiben würde. Er muss nicht nachdenken, die Antwort hat er sich schon vorher überlegt: »Wirste schon sehn.«
Ich ahne, was er meint, aber er erklärt es dennoch: »Sagen wir mal, wir machen morgen den Podcast, und ich katastrophisiere

jetzt da wieder rein, oh, der Matze, was wird der für Fragen stellen? Macht der mich jetzt fertig? Findet der mich toll? Findet der mich scheiße? Dann wünsche ich mir jemanden, der mir sagt: ›Komm, hör auf nachzudenken. Wirste schon sehn. Mach dir Gedanken über ein Thema, wenn es so weit ist.‹ Ich werde jetzt ständig gefragt: ›Wie ist denn das, wenn Sie wieder depressiv werden?‹ Dann antworte ich: ›Das ist eine Frage für Depressive.‹ So denke ich nicht mehr. Ich stehe nicht jeden Tag auf und frage mich: ›Oh, bin ich heute depressiv?‹ Sondern ich sage mir: ›Wenn ich wieder depressiv werden sollte, dann mache ich mir an dem Tag, wenn es so weit ist, Gedanken darüber.‹ «
»Also das Katastrophisieren haben sie dir ausgeräumt?«
»Ja. Das wirst du schon sehen. Mach dir jetzt keinen Kopf. Was passiert heute Abend? Weiß ich nicht, das werde ich sehen, wenn es Abend ist.«

Draußen ist jetzt wirklich Abend. Wir beenden den Podcast, sprechen aber noch weiter. Kurt hat es nicht eilig, was sehr schön ist. Ich hole uns eine Capri-Sonne aus der Küche und bitte ihn, mir auch eine Zigarette zu geben. Ich paffe aber nur, und dafür lacht er mich aus. Mir ist es recht, ich weiß ja: Lachen ist gesund.

Das Gespräch fand im Februar 2022 statt.

CAMPINO

ÜBER SEINE WURZELN

Als ich Teenager war, sind meine Eltern mit meiner Schwester und mir im Sommerurlaub entweder in den Schwarzwald oder nach Bayern gefahren. Vor meinem inneren Auge sehe ich ewige Wanderwege und alte Menschen in Funktionskleidung. Ich fand es fürchterlich, und das war absolut in Ordnung, schließlich war ich Teenager. Wahnsinnig missmutig lief ich hinterher, habe die ganze Zeit im Walkman das Album *Ein kleines bisschen Horrorshow* von Die Toten Hosen gehört und leise mitgesungen: »In einer Welt, in der man nur noch lebt, damit man täglich roboten geht, ist die größte Aufregung, die es noch gibt, das allabendliche Fernsehbild.« Während meine andere Lieblingsband, Die Ärzte, für die gute Stimmung im Freibad sorgte, schenkten mir die Hosen den Soundtrack, der meine schlechte Laune noch schlechter machte – perfekt geeignet für jeden aufgezwungenen Wanderurlaub also.

Die Toten Hosen haben sich gegründet, als ich drei Jahre alt war. Mit zehn habe ich sie zum ersten Mal wahrgenommen. Sie haben mich immer begleitet – mal konnte ich mehr, mal weniger mit ihnen anfangen. Meistens waren es ihre euphorisierenden Konzerte, die mich wieder in die Fankurve gehievt haben. Wenn »Hier kommt Alex« aus den Boxen dröhnt, suche ich den schnellsten Weg in den Moshpit und hole mir ein paar blaue Flecken. Die meisten Flecken hat aber mit Sicherheit immer Sänger Campino. Denn keiner wirft sich so rein wie er.

Campino geht mit großen Schritten auf seinen 60. Geburtstag zu und kommt mit kleinen Schritten ins Hotel geschlendert. Er trägt komplett Schwarz und scannt erst mal den Raum ab, als würde er nach Fluchtwegen suchen. Irgendwie erinnert er mich an einen Filmhelden, jemanden wie Jason Bourne, dem man im ersten Moment nicht ansieht, zu was er fähig ist. Nichts an Campino scheint nachlässig, er ist die Verbindlichkeit und Ruhe in Person. Nach wenigen Sekunden im Raum wird mir klar, dass mein Gast bereit wäre, jeden Moment angezündet zu werden oder etwas anzuzünden. Aber ich mache uns erst einmal Tee. Ich frage, ob es lieber ein »Glückstee« oder eher »Innere Ruhe« sein soll. Er entscheidet sich für die Ruhe, nimmt es wörtlich und setzt sich in der Küche an den Tisch, um ein bisschen mit mir zu plaudern. Ich werde ein wenig unruhig, denn mit der Promoterin sind anderthalb Stunden Gesprächszeit abgemacht. Campino fragt viel, erzählt von seinem Sohn, von seiner Frau. Ich gestehe, dass ich mit Fußball nicht viel anfangen kann, aber sehr viel mit seinem Buch *Hope Street,* und das, obwohl es da um Fußball geht. Kein Ding. Ein Blick auf die Uhr, es ist 11.25 Uhr, vielleicht habe ich Glück, und wir kriegen trotzdem die anderthalb Stunden Gespräch hin.

Ich habe von Campino erfahren, wie wenig er sich in den letzten 30 Jahren verändert hat, warum er seine Wurzeln so pflegt und wie sein Glaubensbild aussieht.

WAS MACHST DU BERUFLICH?

Ich starte mit meiner zweitliebsten Einstiegsfrage: »Stell dir vor, wir lernen uns an einer Hotelbar am Ende der Welt kennen und ich frage dich, was du so machst. Was antwortest du mir?«

»Wahrscheinlich würde ich sagen: ›Ich mache Musik.‹ Und dann würde ich über Punkrock reden, über die Ramones und über The Clash und dass wir so sein wollen wie die.« Campino grinst sein Campino-Grinsen, es stimmt, was er sagt. »Dazu fällt mir eine Geschichte ein: Ich bin mal mit ein paar Ureinwohnern über die Anden geritten, und die fragten abends am Lagerfeuer: ›Was machst denn du so?‹ Und dann wollten die immer, dass ich was singe. Doch ich bin ja ohne meine Band gar nichts. Leider hatte einer von denen eine Gitarre dabei und meinte so: ›Come on, something, come on!‹ Am vierten Abend fiel mir nichts anderes ein, als »Guantanamera« für sie zu singen, danach haben sie mich nie wieder gefragt. Das Thema war durch. Es muss eine schlimme Version gewesen sein, wahrscheinlich haben sie gedacht: Also, dass man sich in Europa mit so wenig Talent durchschlagen kann, das ist ja allerhand.«
Gute Geschichte von einem großen Sänger, darauf einen Schluck »Innere Ruhe«.

DER BAHNHOF SEINES LEBENS

Weil wir am Anfang des Gesprächs sind und weil Campinos neues Buch sein erstes Buch ist, möchte ich wissen, wie er generell Sachen startet.
»Ich habe das Gefühl, dass mir die Dinge im Leben eher zufliegen. Ich muss da gar nicht groß planen. Das Leben schiebt mich einfach vorwärts, und plötzlich geschieht was. Und dann bin ich auch bereit, sofort auf den Zug zu springen. Ich lungere sozusagen immer in Bahnhofsnähe rum, und wenn ich ein Pfeifen höre, renne ich los und springe auf den Zug auf, wenn mir die Richtung gefällt. So kann man sich das vorstellen.«

»Wann hast du zum ersten Mal gemerkt, dass dir dein Leben zufliegt?«
»Das braucht Zeit und eine gewisse Erfahrung. Zu begreifen, dass dieser Druck, es zu was bringen zu müssen, dieses ›O Gott, ich bin jetzt schon soundso alt und bin immer noch nicht weiter‹ nur selbst gemacht ist. Ich hab mir den natürlich auch eingeredet.«
Dass ein Zug ohne ihn abfahren kann, hat Campino zum ersten Mal mit Mitte zwanzig begriffen, als er wegen der vielen Konzerte mit den Toten Hosen sein Studium nicht beenden konnte. Gleichzeitig öffneten sich einige Türen für Nebenrollen in Filmen wie von selbst, ein angestrebter Job als Radiomoderator ging wiederum total daneben.
»Immer, wenn ich mich für irgendwas beworben habe, ging das schief. Aber wenn Leute was von mir wollten oder wenn die Dinge so auf mich zukamen, dann war das eine grundsätzlich andere Konstellation, in der ich mich auch wohler gefühlt habe. So funktioniere ich. Deshalb hab ich dann irgendwann diese Coolness entwickelt und mir keine Sorgen mehr um meine Zukunft gemacht. Ich wusste, dass immer irgendwas passieren würde.«
Und es ist wahrlich viel passiert am Bahnhof seines Lebens.

FREUNDSCHAFT OHNE ENDE

Um etwas zu starten oder vielmehr, damit Campino im Zugabteil sitzen bleibt, müssen vor allem die Mitfahrer und Mitfahrerinnen stimmen. Freundschaft und Loyalität stehen ganz oben auf seiner Werteskala. Die Hosen waren zuerst einfach Freunde, unterwegs haben sie dann gelernt, ihre Instrumente zu spielen.

»Vor der ersten Probe hatte Andi noch nie Bass gespielt. Und ich halte das nach wie vor für richtig. Ich glaube, dass es viel schwieriger ist, wenn sich Musiker zusammenfinden, die lernen müssen, Freunde zu werden. Dann doch lieber Freunde, die lernen, Musiker zu werden.«
Die Freundschaft der Hosen-Familie geht über den Tod hinaus. Auf dem Düsseldorfer Südfriedhof haben sie sich ein Familiengrab gesichert. Der ehemalige Schlagzeuger Wolli liegt bereits da und auch der erste Manager Jochen Hülder. Ich finde das rührend und muss trotzdem fragen: »Was könnte passieren, das das entzweien würde? Was könntest du nicht verzeihen?«
»Ich mag mir das gar nicht ausmalen. Finanzen oder so was könnten es nicht sein, das war noch nie ein Streitpunkt bei uns. Vielleicht wenn einer von uns aus irgendeinem Grund extrem abdriften würde in seinem Leben. Sich so weit entfernen würde, dass man das auf einer menschlichen Ebene nicht mehr nachvollziehen kann. Dass es wirklich zu einer Trennung kommt bei uns, ist ziemlich unrealistisch, aber natürlich könnte es sein, dass einer von uns irgendwann sagt: ›Ich bin müde, Jungs, ich kann nicht mehr. Ich hab keine Lust mehr auf dieses Leben, ich will einfach noch was anderes machen.‹«
Wenn man alles voneinander gesehen hat, gibt es irgendwann wohl keine unentdeckten Seiten und keine Gründe mehr, etwas zu beenden. Campino gilt auch über die Band hinaus als loyaler Freund, der sich jeden Geburtstag in seinen von Hand geführten Kalender überträgt und am Ehrentag anruft. Das jährliche Fußballspiel mit den ehemaligen Schulkameraden zählt genauso viel wie eine Headliner-Show bei Rock am Ring. Wir wissen alle, dass es viel Zeit in Anspruch nimmt, Freundschaften zu pflegen.
»Einerseits ist diese Treue vielleicht wirklich viel Arbeit, gleichzeitig gibt sie einem aber auch unheimlich viel. Meine

Schulfreunde sind mein Fundament. Solange die mich in Ordnung finden, weiß ich, dass ich in meiner Entwicklung nachvollziehbar bin. Wenn ich ganz woanders gelandet wäre, wo ich nicht hinpasse, dann hätten die sich schon längst verabschiedet. Solange die sich noch freuen, dass ich zum Fußball komme – immer an einem bestimmten Tag im Jahr, wo wir uns an den Rheinwiesen treffen –, solange die mich noch informieren, um wie viel Uhr das Spiel stattfindet, solange weiß ich, da werde ich noch gerne gesehen, dann ist alles in Ordnung. Das gibt mir unheimlich viel.«

Auch wenn Campino ein Held für mich ist, will ich sein Bild nicht zu golden malen. Auf der einen Seite gibt es den treuen Freund, auf der anderen lauert aber auch ein explosiver Typ, der sein Gegenüber, wenn etwas nicht so läuft, wie er sich das vorgestellt hat, ordentlich vor den Kopf stoßen kann. Als eine Fußballübertragung seines Lieblingsvereins FC Liverpool aufgrund einer schlechten Leitung einfach nicht im Backstage-Fernseher laufen wollte, hat er seinen Roadie verbal angefahren und hochnäsig gefragt: »Was gedenkst du zu tun?« Nicht so sympathisch eigentlich.

»Das Explosive, das habe ich in mir. Aber Gott sei Dank kann ich mich auch ganz gut entschuldigen, und zwar aufrichtig. Ich sehe Fehler ein, und wenn es wirklich mal geknallt hat, bin ich jemand, der durchaus auch den ersten Schritt macht. Meiner Meinung nach geht es im Leben darum, den anderen das Gesicht wahren zu lassen. Das ist total entscheidend. Eines der größten No-Gos ist meiner Meinung nach, Menschen vor anderen runterzumachen. Und gerade wenn man in einer Position ist, in der man als überlegen gilt, gerade dann muss man unglaublich aufpassen, dass man das nicht tut. Und wenn es doch einmal passiert, ist es eben ganz wichtig, sich zu entschuldigen. Und zwar nicht nur bei dieser Person, sondern auch bei allen Anwesenden, die das mitbekommen haben. Das hat was mit gegenseitigem Respekt zu tun. In dieser Hinsicht arbeite ich auch an mir.«

Ich gebe Campino innerlich recht. Der Schauspieler Jürgen Vogel machte mir einmal klar, dass das auch in Beziehungen zu den eigenen Kindern gilt. Seitdem ich mich bei meinem Sohn für meine Fehlbarkeiten entschuldige, hat sich unser Verhältnis drastisch verbessert.

Campino ist der Umgang mit Menschen, die ihm nah sind, so wichtig, weil die nicht so eine Ehrfurcht vor ihm hegen und sich trauen, ehrlich zu ihm zu sein, auch wenn es mal unangenehm ist. »Ich hab viel Kritik bekommen, auch für mein Benehmen. Vor allem mein ältester Bruder John hat sich da nicht zurückgehalten und Sachen gesagt wie: ›Also ich hab mir das gestern Abend angesehen, was du da in der Fernsehsendung gemacht hast, und ich muss sagen, ich schäme mich für dich.‹ Er hat mir auch lange Briefe geschrieben und mir gesagt, was er von meinen Auftritten hielt.«

Auf Youtube kann man noch einige seiner frühen Talkshow-Besuche sehen. Er galt lange als Deutschlands Vorzeigepunk, polterte ein bisschen rum, provozierte die anderen Gäste, und es kam auch mal vor, dass er eine Talkshow frühzeitig verlassen musste.

IM REINEN MIT DEN ELTERN

Briefe spielen eine wichtige Rolle in Campinos Leben. Nach dem Tod seines Vaters hat er auf dem Dachboden im Haus seiner Eltern Briefe gefunden, die sein Vater wiederum seinen Eltern während des Zweiten Weltkriegs geschrieben hat. In seinem Buch *Hope Street* schreibt Campino über diesen Fund.

»Wie hat das deinen Blick auf deine Eltern verändert?«
»Es reicht nachzurechnen, wo ich mich zum Beispiel mit zwanzig Jahren aufgehalten habe und wo wiederum mein Vater in diesem Alter war, der den Krieg vom ersten Tag bis zum letzten miterlebt hat und beim Überfall auf Polen als Soldat direkt beteiligt war. Als Zwanzigjähriger! Was habe ich eigentlich in dieser Zeit getan? Mir das zu übersetzen, an welch unterschiedlichen Orten wir beide im selben Alter standen und zu erkennen, was für einen Albtraum mein Vater durchgemacht haben muss … Nachher hat er alles dafür getan, irgendwie wieder eine Normalität herzustellen.«
Mithilfe dieser Briefe konnte Campino besser einordnen, woher das Spießbürgertum in der Bundesrepublik der Siebziger und Achtziger kam. Diese Bemühungen um eine übertriebene Ordnung mit akkurat geschnittenen Hecken und gewaschenen Autos in der Einfahrt kann er, der als Punk dagegen angesungen hat, nun nachvollziehen. Und er konnte ebenfalls besser verstehen, was ihm von Vater und Mutter mitgegeben wurde.
»Ich weiß jetzt, warum ich gewisse Dinge nicht loswerden kann, auch wenn ich es möchte. Oder warum ich in manchen Sachen vielleicht eine bestimmte Haltung habe und woher die kommt. Manchmal gehe ich auf Dinge zu und weiß: Das gibt jetzt Ärger, aber du musst das tun. Solche Aktionen fallen mir nicht leicht, die sind auch für mich kein Spaziergang.«
Er führt seinen Auftritt bei der Echo-Verleihung an. Als Einziger hatte er sich an diesem Abend gegen das antisemitische Verhalten zweier Rapper ausgesprochen, und auch für seine Spendenaktion Band-Aid-30 hat er viel Spott geerntet. Aber er macht weiter, kann nicht anders, und das hat mit seinen Wurzeln zu tun.
In seinem Buch schreibt er, dass es zu den wichtigsten Dingen in seinem Leben gehört, dass er mit seinen Eltern im Rei-

nen war, als sie starben. Das finde ich auf eine ganz spezielle Art sehr rührend, denn Campino und die Hosen haben mir die Hintergrundmusik für meine persönliche Abnabelung geliefert. Ich denke wieder an die schlecht gelaunten Wanderungen im Teenageralter. Knapp 30 Jahre später gibt mir der gleiche Typ, der damals meine Kein-Bock-Einstellung geprägt hat, mit, dass man sich mit seinen Eltern versöhnen und Zeit mit ihnen verbringen sollte.

Campino nickt, als ich ihm meine Gedanken darlege: »Auf den ersten Blick scheint das merkwürdig. Auf den zweiten Blick gar nicht so, denn wir alle durchschreiten schließlich Phasen. Es gehört zu unserem Leben dazu, dass wir uns mit unseren Eltern auseinandersetzen, dass wir uns selbst finden und heraustreten aus ihrem Schatten. Das geht nicht ohne Konflikt. Da muss es irgendwann diese Linie geben, wo man sich abgrenzt und sagt: ›So, ich mach's jetzt selber.‹ Und das heißt für uns alle: Raus in die Welt und einfach mal schauen, was wir da finden. Erst wenn wir weg sind von zu Hause, merken wir ja, was alles schön war. Wir sind glücklich, wenn wir den richtigen Zeitpunkt für eine Aussprache finden. Selbst wenn wir mit unseren Eltern gar nicht so große Konflikte hatten oder alles im Reinen ist – selbst wenn wir das Glück haben, in ihrer Nähe zu sein, wenn sie sterben, taucht irgendwann so ein Moment auf, wo man merkt, da gibt es doch noch die eine oder andere ungeklärte Frage. Das gehört zu diesem ganzen Prozess dazu. Ich hatte die besten Gespräche mit meiner Mutter in den letzten Monaten vor ihrem Tod.«

Campinos Vater war Erster Präsident des Bundesverwaltungsgerichts und hat sich nach dem Weltkrieg für die Einführung einer Bundeswehr eingesetzt, Campino war Wehrdienstabbrecher und Punkmusiker. Das war eine sehr große, sehr deutliche Linie. Nach seinem Tod hat Campino im Schreib-

tisch des Vaters eine Schublade gefunden, in der dieser fein säuberlich ausgeschnittene Artikel über seinen Sohn aufgehoben hatte. Vater Frege war nach der ersten Sturm-und-Drang-Zeit ein sehr häufiger Gast bei den Konzerten seines Sohnes. Es ist einfach schön, wie warm der Alt-Punker Campino von seinen Eltern spricht. »Wir nehmen unsere Eltern oft einfach für gegeben und hinterfragen das auch gar nicht groß. Sie sind einfach da, vom ersten Moment an, wenn wir unsere Augen aufmachen. Deshalb laufen wir Gefahr, uns sehr wenig um ihre Vorgeschichten zu kümmern, die meistens unheimlich spannend und interessant sind. Und die uns vielleicht so einiges erklären können.«
Ich habe mir vorgenommen, demnächst meine Eltern zu interviewen. Nicht im *Hotel Matze,* aber ich würde gerne einige Gespräche dokumentieren und sie für die nächste Generation aufheben. Wir Hielschers sind nicht so die Briefeschreiber.

WIE HAST DU DICH VERÄNDERT?

Seit zwei Stunden sitze ich nun mit Campino im Studio, und ich gerate ein bisschen in eine Zwickmühle: Einerseits genieße ich es natürlich, mit Campino zu sprechen, und ich habe noch so einige Fragen, andererseits will ich auch immer die Zeit respektieren, die ich vorher abgesprochen habe. Ich frage, ob er noch einen neuen Tee möchte, um ihm eine Ausstiegsmöglichkeit zu geben.
»Ja, gern.«
Wir gehen zurück in die Küche, dieses Mal ist es der »Glückstee«. Campino setzt sich ganz gemütlich hin. Wir sprechen über meine ehemalige Band Virginia Jetzt! Er will wissen, warum wir aufgehört haben, und kann meine Beweggründe

von damals gut nachvollziehen. Bei den meisten Gästen ändert sich der Gesprächssound ganz leicht, wenn das Mikrofon an ist. So wie man sich für ein Foto etwas gerader hinstellt, machen das die meisten im übertragenen Sinn auch am Mikrofon. Bei Campino macht es keinen Unterschied, ob er ein Mikro vor der Nase hat oder nicht. Wir trinken in Ruhe den Tee und gehen dann zurück ins Studio. Die innere Ruhe wirkt weiter.
Der analoge Campino führt seit Ende der Achtziger Tagebuch und schreibt jeden Tag eine Seite. Egal, ob was passiert ist oder nicht. »Bist du überrascht, wie sehr du dich verändert hast, wenn du die Bücher so anguckst?«
»Ich bin überrascht, wie wenig ich mich verändert habe. Es ist schockierend! Zum Beispiel diese Phasen des Musikmachens, des Stückeschreibens, in denen ich mir sehr oft ratlos vorkomme und mich frage, wo das hinführen soll. Da schlage ich mein Tagebuch aus dem Jahr 1995 auf, das Jahr, in dem wir an »Opium fürs Volk« gearbeitet haben und lese: ›O Mann, wir haben doch schon alles hinter uns, wie soll es wohl werden?‹ Es sind genau dieselben Fragen, die mich heute umtreiben, die gleiche Verzweiflung. Wir alle bewegen uns in ständigen Wiederholungen. Hin und wieder klickt's mal, und wir kommen in einen anderen Raum oder betreten ein anderes Level, aber oft rennen wir einfach nur im Kreis. Sich das vor Augen zu führen, dabei hilft das Tagebuch. Zu erkennen, wie sehr sich alles wiederholt und wie wenig man wirklich weiterkommt. Man bildet sich oft viel mehr Strecke ein, als man zurückgelegt hat.«
»Also ist es eine Qual, wenn du diese Bücher liest?«
»Meistens finde ich es eher amüsant. Es ist sogar eine Erleichterung, wenn ich an dem neuen Album gerade verzweifle, gleichzeitig aber weiß: Vor dreißig Jahren war es genauso. Und du bist damals rausgekommen aus der Nummer, und du wirst auch heute wieder einen Ausweg finden. Ist das nicht ermutigend?«

Auch ich führe seit vielen Jahren Tagebuch und kann es nur empfehlen. Es reicht manchmal nur eine Zeile, die einen Moment des Tages widerspiegelt. Auch mir ist dabei schon aufgefallen, dass an der Oberfläche manchmal recht viel passiert, doch die Themen eine Etage tiefer ändern sich dabei gar nicht so häufig. Es ist das ewige Warten auf den Klick.

DER KREIS DES LEBENS

Früher waren es zehn kleine Jägermeister (und mehr), heute ist es der Tee. In früheren Interviews hatte Campino oft eine gewisse Stacheligkeit, manchmal war er regelrecht angriffslustig. Ab und zu musste er danach Briefe schreiben, um sich zu entschuldigen. In diesem Moment, hier bei mir im Studio, scheint er hingegen sehr *zen* zu sein. Am Tee allein kann das aber nicht liegen.

»Ich habe aufgehört, Bestätigung von außen zu suchen. Das spielt ja bei uns allen eine große Rolle. Dieses Beliebt-sein-Wollen, nicht verstehen, warum die anderen einen plötzlich ablehnen, obwohl man dasselbe gemacht hat wie sonst auch immer. Ich hab irgendwann kapiert, dass das Leben ein ewiger Kreislauf ist: Wir kommen auf die Welt, werden erst mal von unseren Eltern ein bisschen erzogen, dann wollen wir raus. Und dann sind wir auf der Suche, wir reagieren auf den Applaus oder die Ablehnung der anderen. Das ist für uns unheimlich wichtig. Das ist die Partyzeit, das ist die Zeit, in der wir so richtig Gas geben. Und irgendwann kommt die Kurve, nach der es wieder Richtung Zuhause geht. Ab da solltest du aufhören, da draußen etwas zu suchen, was dir eh nicht gegeben werden kann. Du musst den Sinn für dich aus dir selbst rausholen. Das Wissen, ob du Scheiße gebaut hast oder nicht und ob du gerade ganz gut unterwegs bist oder nicht, das muss von dir selbst kommen. Du musst dich über dein Innerstes definieren! Das muss das Kontrollgremium werden, nicht der Applaus von außen. Und du musst lernen loszulassen, die Partys, diese ganzen ungesunden Sachen, die dir lange wichtig schienen. Denn für die ist keine Zeit mehr – das habe ich mittlerweile erkannt.«

Ich frage mich, wo ich gerade bin. Bin ich mit Anfang 40 vor der Kurve, oder habe ich sie schon hinter mir gelassen? Mh. Ich glaube, ich bin genau mittendrin und rolle so ein bisschen hin und her. An manchen Tagen brauche ich ganz wenig von außen, an anderen Tagen ganz viel. Manchmal bemerke ich eine kindische Bockigkeit an mir, und dann bin ich wieder mild wie der erste Frühlingstag.

»Wo befindest du dich gerade?«

»Ich bin definitiv auf dem Weg zurück. Ich muss nicht mehr nach vorne, ich brauche auch keinen Jubel mehr. Es gibt noch eine Menge Dinge, die mir widerfahren werden, aber ich muss überhaupt nichts mehr erleben. Und deshalb kann ich an guten Tagen auch ein bisschen entspannter sein. Mithilfe von vielen Teesorten. Ich muss mir keine Tür mehr aufhalten. Darum habe ich auch geheiratet. Nicht weil ich dachte, dass man das machen muss, sondern weil auch hier für mich völlig klar ist, dass sich keine andere Option mehr für mich ergeben wird. Ich denke keine Sekunde mehr darüber nach, das ist vorbei. Und es fühlt sich gut an.«

Campino meint aber nicht, dass er sich diese neue Ruhe selbst erarbeitet hat. Die Zusammenbrüche und die vielen Hörstürze waren Vollbremsungen. Und irgendwann hat es klick gemacht.

»Wir haben quasi einen Sicherungskasten in uns, und hier und da fliegt mal eine Sicherung raus. Du kannst sie natürlich mit aller Kraft wieder reindrücken und weitermachen wie immer.

Aber dann kannst du dir sicher sein, dass sie bald wieder rausfliegt. Oder du fragst dich: Was war das? Warum ist das so gekommen? Es gab bei mir sicherlich ein paar Momente, in denen mir klar wurde, dass ich mein Alter nicht ignorieren kann und es auch gar nicht mehr ignorieren will. Immerhin gehe ich auf die sechzig zu.«
Ich schaue ihm in die Augen. Ja, da ist jetzt Frühling. Doch ganz hinten, da brennt definitiv noch ein Feuer.

EUPHORIE FÜR ALLE

Wer schon mal auf einem Konzert von den Hosen war, der weiß, dass dort so einige Sicherungen durchbrennen. Ich kenne keinen mitreißenderen Sänger als Campino, der sich mit allem, was er hat, in den Abend wirft. Und das kann man wörtlich nehmen. Ich sehe förmlich vor mir, wie er an einem Bühnengerüst hochklettert, auf der riesigen Lautsprecherbox steht, ein Bengalo anzündet und danach einen Salto ins Publikum macht. Hörsturz, Kreuzbandriss, Beinbruch – die Liste der Verletzungen ist lang. Und oft geht es nach einem Konzert noch weiter. Das Alter hindert ihn nicht daran, nachts in ein Freibad einzusteigen oder bei der Band, die danach spielt, zu pogen.
»Woher kommt diese unbändige Lust auf Euphorie?«
»Wenn ich solche Sachen gemacht habe, wie auf ein Gerüst zu klettern oder einen Salto ins Publikum zu machen, dann war das einfach der Versuch, den Menschen zu zeigen, dass man auf einer Stufe mit ihnen ist. Eine Art Demutsbekundung sozusagen. Es ist eine hilflose Geste, mit der man zeigen will: Ich bin mir hier für nichts zu schade, ich gebe alles für euch. Immer, wenn ich das Gefühl hatte, dass es nicht klappt, das den Fans zu vermitteln, bin ich in die Gerüste geklettert.«

»Weißt du, woher das kommt, dass du jahrelang diese hundertfünf Prozent wolltest, also woher diese Anzündungslust ursprünglich herkommt?«
»Das weiß ich nicht. Vielleicht wollte ich das Leben einfach so intensiv spüren wie möglich. Ich bin keiner, der sich nur eine Nuss aus einem Häufchen herausgreift, ich nehme mir meist eine Handvoll.«
Das kenne ich auch. Ich bin jedes Mal vollkommen ratlos, wenn sich jemand nur ein Nüsschen nimmt und Danke sagt.

GLAUBENSFRAGE

Ich habe das Gefühl, dass ich mit Campino ewig hier sitzen könnte. Dieser Mann hat so lange ein so intensives Leben geführt, musste sich aber fürs Schreiben auch immer wieder zurückziehen und reflektieren. So gelangt man irgendwann zu den größeren Lebensfragen und Lebenskonzepten. Wenn Campino vom Kreis des Lebens spricht und dabei so demütig ist, drängt sich mir als Christ die Frage auf, welches Glaubensbild er hat.
»Ich glaube an Energien. Bestes Beispiel: Wenn du schlecht gelaunt durch die Gegend läufst und jeden genervt anschaust, dann wirst du einen ziemlich anstrengenden Tag erleben, denn deine schlechte Laune schallert dir so was von zurück. Betrittst du hingegen lächelnd eine Bäckerei und sagst: ›Hallo, haben Sie noch zwei Schrippen?‹, wirst du die Schrippen mit einem Lächeln gereicht bekommen. Diese Energiefelder kennen wir alle. Wir wissen, dass es eine giftige, demagogische Haltung geben kann und dass sie ansteckend ist. Das sind alles Gründe, warum ich es richtig finde zu sagen: Glauben ist wesentlich. Es ist eine Frage der Einstellung, wie du durchs Leben gehst.

Wenn ich daran glaube, dass ich die Prüfung heute bestehe, herrschen völlig andere Grundvoraussetzungen, als wenn ich zur Klassenarbeit gehe und davon ausgehe, dass ich es eh nicht schaffe. In jedem Fall ist es gut, positiv eingestellt zu sein. Wenn man dem zustimmt, dann ist meiner Meinung nach auch die Frage des Glaubens schon beantwortet. Jenseits von klaren Fakten muss es noch eine andere Welt geben, die uns bewegt und die vielleicht auch unsere Wege lenkt. Ich würde mich also als gläubig bezeichnen, aber eben nicht einer bestimmten Religion zugehörig. Man findet ja sowohl im christlichen Glauben als auch im Hinduismus oder im Buddhismus immer wieder Sachen, die sehr, sehr geistreich sind. Warum sollen wir diese Dinge nicht annehmen? Was mich nervt, sind Menschen, die Glauben missbrauchen. All das, was fundamentalistisch und fanatisch wird, was letztendlich die Meinung der anderen ausschließt. Wer sagt: ›Ich glaube nur an dieses‹, der meint eigentlich: ›Ich weiß, dass dieses so und so ist.‹ Und das ist der Moment, in dem das Tuch für mich zerschnitten ist. Glaube impliziert doch eigentlich, dass du dem anderen die Möglichkeit lässt, es anders zu sehen. In dieser Form finde ich das Wort Glauben sympathisch und vertretbar. Und deshalb würde ich nie sagen: Ich habe damit nichts zu tun, ich bin Atheist. Das ist mir zu einfach. Ich möchte mich jeden Tag neu fragen, was es mit dem Glauben auf sich hat, und ich denke, wir sind auch berechtigt und sogar dazu angehalten, jeden Tag eine neue Antwort auf diese Frage zu finden.«

WARUM BIST DU AUF DIE WELT GEKOMMEN?

Der Aufnahmerekorder zeigt jetzt fast vier Stunden an. Es ist wirklich Zeit, am nächsten Bahnhof zu halten. Zum Schluss

jedoch noch eine kaum beantwortbare Frage: »Was glaubst du, warum bist du auf die Welt gekommen?«
»Also erst mal, weil meine Eltern es nicht sein lassen konnten.« Campino grinst verwegen, will mir aber doch eine ehrliche Antwort geben. »Ich erkenne es als Geschenk an, dass ich andere ganz gut unterhalten kann. Ich mache das auch mit Freuden und werde es nicht missbrauchen. Und hoffentlich bin ich auch auf die Welt gekommen, um meinem Umfeld, den Menschen, die mir begegnen, ein guter Freund zu sein. Ich bin nun mal hier, also mache ich das Beste draus.«
»Was für eine schöne Antwort.«
»Mehr kann man dazu ja nicht sagen.«

Damit schließt sich unser Begegnungskreis, obwohl ich gar nicht gemerkt habe, wann wir den Rückweg angetreten haben. Ich stelle die letzten drei Fragen und beende die Aufnahme. Als wir fertig sind, bleibt Campino einfach sitzen. Wir sprechen weiter. Ich setze noch einmal einen Tee auf. Es folgen Abenteuergeschichten, noch mehr Lebensweisheiten. Campino fragt viel, und einmal frage ich mich, ob ich den Rekorder noch einmal anmachen sollte, denke dann aber, dass es sicherlich nicht das letzte Mal sein wird, dass wir uns begegnen. Als Campino das Hotel verlässt, schaue ich auf die Uhr. Es ist 17.50 Uhr.

Das Gespräch fand im November 2020 statt.

FELIX LOBRECHT

ÜBER ERFOLG

Was bedeutet das eigentlich: erfolgreich sein? Ich habe Erfolg lange mit Geld und Leistung verwechselt, und so geht es wahrscheinlich den meisten. Das ist im Grunde auch kein Wunder, denn wir lernen früh, warum manche Kinder nicht mit auf Klassenfahrt kommen können. Die Eltern können es sich nicht leisten, und wenn du es dir nicht leisten kannst, dann bist du nicht bei den großen Abenteuern des Lebens dabei. Den größten Applaus bekommen diejenigen, die auf der Siegertreppe ganz oben stehen und die besten Noten schreiben. Wir teilen uns freiwillig immer mehr in Bestenlisten und Vergleichs-Rankings ein, leben in einer nicht aufhörenden Selbstoptimierung. Hinter allem, was wir tun, steht inzwischen eine Zahl. Mit wenigen Klicks können wir uns mit unseren Telefonkontakten, den Arbeitskollegen und -kolleginnen oder der ganzen Welt messen.

Wenn wir diesen Maßstab anlegen, dann gibt es in diesem Buch ausschließlich Menschen, die aus einer beruflichen Leistungsperspektive sehr erfolgreich sind. Und wenn sich Erfolg im Vergleich danach bemisst, wer den weitesten Weg zum Olymp hatte, dann ist Felix Lobrecht hier der eindeutige Gewinner. Der Trailer seiner Biografie würde so beginnen: Draufsicht auf die Hochhäuser Neuköllns. In den Schluchten ein schmächtiger blonder Junge, der mit Kids spielt, die alle anders aussehen als er. Streit zu Hause, Streit in der Schule. Eine Kifferjugend, ein Fitnesskeller, eine kleine Bühne und dann Schnitt, eine riesige ausverkaufte Arena und ein Scheinwerfer, der nur auf ihn, Felix Lobrecht, strahlt. Mit 30 Jahren ist er der erfolgreichste Comedian Deutschlands. Eine Million Instagram-Follower und -Followerinnen, die die Bilder liken, auf denen er seinen Sixpack präsentiert, sein Auto, seine Uhr, seine ausverkauften Hallen, seinen Podcast, der – natürlich – auch der erfolgreichste Deutschlands ist.

Ich treffe Felix Ende Januar 2021. Wir haben uns über Instagram direkt geschrieben. Er hat keinen Manager, keine Managerin. Er betritt das Studio, schaut sich nicht weiter um, will nichts wissen, möchte nur ein weißes Blatt Papier, einen Stift und ein Glas Wasser.

Ich habe von Felix Lobrecht erfahren, was er beim Erfolgsstudium gelernt hat, wann man gute Angebote ablehnen sollte und warum es ihm so wichtig ist, sein eigener Chef zu sein.

WAS IST COMEDY?

Felix dreht sich seine erste Zigarette. Ich schaue ihm dabei zu, ganz schnell geht das bei ihm. An seinem Handgelenk funkelt die goldene Rolex, Wert 42 000 Euro. Ich frage mich, wie viele Rolex-Trägerinnen und -Träger ihre Zigaretten selbst drehen, und frage ihn, was für ihn Comedy ist.

»Erst mal ganz stumpf reines Entertainment. Mich langweilt es immer, wenn Comedians unseren Job zu hoch hängen und etwas nach dem Motto behaupten: ›Ich will der Gesellschaft einen Spiegel vorhalten.‹ In allererster Linie sind wir Entertainer. Wir machen Witze, wir bringen Leute zum Lachen –

das ist unser Job.« Nach wenigen Sätzen merkt man, dass hier kein grundsätzlich zweifelnder Mensch sitzt. Jeder Satz ist ein Statement, ein »So ist das«.

»Ich finde, Humor ist der gesündeste Umgang mit allen emotionalen, allen gesellschaftlichen und auch allen anderen Problemen. Sobald man über irgendwas Witze macht, nimmt es dem ganzen Thema entweder ein bisschen die Schwere oder bringt so den Kern von einem Problem auf den Punkt. Dadurch hat es auf jeden Fall einen gesellschaftlichen Mehrwert.«

Gute Witze lösen die innere Verspannung, decken Wahrheiten auf und geben dem schlechten Gewissen ein Ventil. Und als Gesellschaft haben wir gerade die ganze Zeit ein schlechtes Gewissen. In Felix' Programm »Hype« gibt es einen Part, in dem er sich darüber aufregt, dass es freie Behindertenparkplätze gibt, während er mit seinem AMG keinen Parkplatz findet. Es ist ein zweideutiger Witz, ich musste dennoch eindeutig lachen, weil ich selbst diese schäbigen Gedanken kenne, wenn ich seit 20 Minuten einen Parkplatz suche und der einzig freie Platz der Behindertenparkplatz ist. Felix führt hier nicht Behinderte vor, wie man erst einmal meinen könnte, sondern die eigene Kleingeistigkeit. *It's funny because it's true.* Es hilft zu wissen, dass man nicht der Einzige ist, der manchmal so schäbige Gedanken hat, und genau das ist Felix Lobrechts großes Vermögen. Er sagt: »Du bist nicht allein, ich bin bei dir, und schau mal, die ganze Arena lacht mit, weil sie das auch kennt.« Sigmund Freud nennt es »ersparten Gefühlsaufwand«. Wir lachen, damit wir unseren Neid und unsere Eifersucht nicht unterdrücken müssen.

WARUM WOLLTEST DU DAZUGEHÖREN?

Manche Geschichten mag man kaum glauben, weil sie sich einfach zu sehr nach Fügung anhören, als wären sie ausgedacht. Zum Beispiel die, dass Felix' Bruder Julian ihn bei einem Poetry-Slam angemeldet hat, nachdem er dessen lustige Alltagsbeobachtungen gelesen hatte. Erst schaffte er es nicht in die Auswahl, da es zu viele Bewerberinnen und Bewerber waren. Erst als der letzte Teilnehmer nicht erschien, durfte Felix nachrücken und landete im Finale. Mit den ersten Lachern aus dem Publikum wusste er, dass es das ist, was er machen will.
»Es war mein Glück, dass ich ein ganz anderer Schlag Mensch bin als die meisten Leute, die da normalerweise auftreten, weil so ein Poetry-Slam schon eher ein Gymnasiasten-Mittel-Oberschicht-Kleinstadt-Uni-Viertes-Semester-Deutsch-Wollklamotten-Ding ist. Ich hatte da einfach nichts mit zu tun. Ich bin ein Prolet aus Berlin Neukölln, und entsprechend bin ich bei diesen Shows immer in irgendeiner Form aufgefallen. Ob positiv oder negativ, aber ich bin den Leuten eher im Kopf geblieben als der vierte Typ, der so ist, wie ich gerade beschrieben habe.«
Felix' Herkunft ist inzwischen seine Visitenkarte, früher wollte er sie loswerden. »Ich hatte eine Phase, in der ich keinen Bock mehr auf diesen ganzen Grind hatte. Damals bin ich auch aus Neukölln weggezogen. Ich wollte nicht mehr so aussehen wie ich, wollte nicht mehr so reden wie ich. Ich hatte keine Lust mehr auf diesen Film, der da dranhängt. Und vor allem wollte ich nicht mehr in Neukölln sein in dem Moment. Ich habe mir die Haare wachsen lassen, habe mir Piercings ins Gesicht gehauen, mir alternativere Klamotten angezogen. Ich habe angefangen zu studieren, und ich habe Poetry-Slam gemacht. Aber irgendwann habe ich gemerkt, dass ich, selbst wenn ich

so aussehe wie die anderen, trotzdem nicht in diese Gruppe aufgenommen werde.«

»Du wolltest aber gerne aufgenommen werden?«

»Ja, aber das hat einfach nicht funktioniert, weil ich für die trotzdem noch ein aufgepumpter Assi war. An der Uni ging es mir genauso. Ich habe in Marburg studiert, das ist eine sehr linke Hippie-Uni. Ich habe sogar Politikwissenschaften studiert, war also quasi im Epizentrum, aber auch das hat nicht funktioniert.«

In der Erstsemesterwoche stand Felix mit einer Gruppe Kommilitonen und Kommilitoninnen zusammen. Eine andere Gruppe kam vorbei, und es wurde ein lustiges Spiel gespielt, bei dem man erraten sollte, was die Anwesenden wohl jeweils studierten. Als Felix an der Reihe war, wurde getippt, dass er nichts studiert.

»Es gehört wohl zum Älterwerden und Erwachsenwerden dazu zu lernen, dass sich das gar nicht ausschließt. Ich bin nun mal aus Berlin, ich bin nun mal Halbwaise aus Neukölln, ich bin halt ein Proll, aber ich habe trotzdem studiert. Mittlerweile kann ich meine Widersprüche vereinen. Ich habe nicht mehr das Gefühl, mich da in irgendeiner Form verstellen zu müssen.«

»Warum war dir das früher so wichtig?«

»Ich hatte irgendwie eine coole Vorstellung davon. Ich wollte einfach nur Student sein. Ich bin auch der Erste in meiner Familie mit einem Abitur gewesen. Meine beiden Geschwister haben nach mir Abi gemacht. Und ich war der Einzige in meinem Freundeskreis, der studiert hat.«

»Ist dieses ›nicht richtig dazu passen‹ ein Motor für dich?«

»Ich habe in meinem Leben eigentlich bei nichts, was ich gemacht habe, so komplett reingepasst. Aber das ist auch okay. Man kann nicht überall dazugehören, und man muss es auch nicht.«

Ich muss an mein erstes Treffen mit Felix denken. Der Streaming-Dienst Spotify hatte einige Podcaster zu einem Dinner geladen, auf dem sich alle mal kennenlernen sollten, netzwerken und so. Felix' Podcast *Gemischtes Hack* war da schon monatelang an der Spitze, er und sein Partner Tommi Schmitt waren die Podcast-Könige des Landes. Während diverser Vorstellungsrunden und immer wieder einem »Mensch, endlich sehen wir uns mal in echt« saß Felix allein in der Nähe der Tür, fast unscheinbar wirkte er auf mich. Ich habe ihn angesprochen, doch so richtig gesprächig war er nicht. Eine Spotify-Mitarbeiterin begrüßte dann alle offiziell, es gab eine kleine Präsentation, die nach zehn Minuten vorbei war. Als ich danach zur Tür schaute, war Felix schon wieder weg.

DU KANNST ES ALLEIN SCHAFFEN, ABER …

Das wirklich Gute an unserer Zeit ist, dass man sich nirgendwo mehr anbiedern muss, man muss auch auf kein Netzwerk-Event mehr gehen, im Grunde konnte man noch nie so unabhängig sein Ding machen wie jetzt. Früher brauchte man eine Plattenfirma, heute kann man Musik selbst beim Streaming-Service hochladen. Man muss nicht mehr ins Radio gehen, sondern kann einfach selbst einen Podcast produzieren, und Filmemacherinnen sind nicht mehr auf Produzenten oder Fernsehstationen angewiesen, sie haben jetzt Youtube und Instagram. Es gibt so gut wie keine Türsteher und Türsteherinnen mehr. Und genau darum ist Felix der feuchte Traum vieler neoliberaler Männer in weißen Sneakern, die meinen, dass man alles schaffen kann, wenn man es nur will. Das Märchen vom Tellerwäscher zum Millionär hilft dabei, darum hört man auch die Geschichte von Felix immer wieder gerne, denn bei ihm ist das Märchen wahr geworden. Felix hat wirklich, man mag es kaum glauben, mal Teller gewaschen, und heute ist er Millionär. Ich bin mir sicher, dass sein Leben eines Tages verfilmt wird. In einer kleinen Zwischensequenz würde es vielleicht um seine ersten Live-Erfolge und seinen autobiografischen Roman *Sonne und Beton* gehen. Nach denen kamen dann die Angebote von der Unterhaltungsindustrie.

»Natürlich war das erste Angebot schon der Hammer, ich mein, 250 000 Euro sind eine Wahnsinnssumme! Das nächste lag schon im Millionenbereich. Aber da fing es gerade an zu laufen, und ich dachte mir: Das schaffe ich auch ohne die großen Firmen, ich kriege das Geld auch ohne die, wenn ich will. Und deshalb war es gar keine schwere Entscheidung. Ich wollte nicht in diese Maschinerie rein, dafür hatte ich eine zu klare eigene Vision von dem, was ich machen will.«

»Was ist deine Vision?«

»Ich will kompromisslos meinen Quatsch machen und nichts, worauf ich keine Lust habe. Ich glaube nicht mehr an diesen klassischen alten Weg, dass es über das Fernsehen funktioniert. Das braucht man heute einfach nicht mehr, um bekannt zu werden.«

Blick auf seine Uhr. Stimmt.

WAS HABEN ERFOLGREICHE MENSCHEN GEMEINSAM?

Im Podcast *Gemischtes Hack* und in anderen Interviews ist mir aufgefallen, wie gut sich Felix mit Pop, Comedy, Politik und Gesellschaft auskennt, er hat einen regelrecht analytischen Blick auf diese Dinge. Statt in Marburg fertig zu studieren, hat er Biografien von berühmten Menschen gelesen und analysiert, statt Politik hat er sozusagen den Erfolg von anderen studiert.

»Was hast du dabei gelernt?«
»Viele Leute kennen ihre Schwächen, aber ihre Stärken nicht. Ich versuche, beides im Blick zu behalten. Ich gucke mir sowohl an, warum Sachen nicht klappen, als auch, warum andere Sachen klappen. Wenn man sich erfolgreiche Leute anguckt, dann haben die alle ein bis zwei Sachen gemeinsam, und eine Sache davon ist, dass sie alle extrem hart arbeiten. Niemand, der wirklich erfolgreich ist, arbeitet nicht extrem hart, das geht nicht. Du kannst natürlich mal einen Hype erzeugen, einen Nerv treffen. Dann bist du vielleicht mal ein Jahr bekannt. Aber wenn du wirklich nachhaltig erfolgreich bist, dann liegt das daran, dass du sehr perfektionistisch, sehr kompromisslos und extrem fleißig warst. Das sind die Dinge, die man selbst beeinflussen kann. Und dann gibt es noch externe Faktoren, für die kann man nichts.«

» Jeder Mensch, der irgendwie erfolgreich ist, muss sich selbst eingestehen, dass auch immer Glück eine maßgebliche Rolle spielt. «

WIE HAT DICH DEIN ERFOLG VERÄNDERT?

In meinem Studium erfolgreicher Menschen habe ich festgestellt, dass Erfolg den Inhalt der Kunst verändern kann. Erfolgreiche Menschen können sich alle Unannehmlichkeiten wegkaufen, darum sind die Debütalben von Bands meistens die besten. Denn wenn es läuft, gibt es oftmals keinen Schmerz mehr, der die Inhalte von den wirklich großen Liedern füttert. Auch Comedians und Comediennes sind oft bissiger und kompromissloser auf kleinen Bühnen. Felix spielt in den größten Hallen vor einem sehr breiten Publikum, sein Programm »Hype« läuft als Special auf Netflix. Ich möchte wissen, wie der analytische Felix auf sich selbst schaut.
»Du meinst, ob ich inzwischen inhaltlich mehr Kompromisse machen muss? Ich habe nicht das Gefühl, dass das so ist. Es wäre ja auch dumm, jetzt etwas zu verändern, wo die Leute doch am Anfang überhaupt nur gekommen sind, weil ich die Sachen so gemacht habe, wie ich sie gemacht habe. Man sucht als Künstler immer die Schnittmenge zwischen dem eigenen Geschmack und dem Publikumsgeschmack. Aber ich achte schon darauf, dass ich wirklich konsequent in dieser Schnittmenge bleibe. Wenn es mir nicht gefällt, dann mache ich es nicht, auch wenn ich weiß, dass es funktionieren würde.«
Ich verstehe, was er meint. Man muss sich dafür nur eine Folge *Gemischtes Hack* anhören. Bis auf eine etwas bessere Soundqualität hat sich an der Form zwischen der ersten und der 170. Folge nichts geändert. Man muss nichts ändern, was nicht kaputt ist. Ein schöner Widerspruch ist auch, dass Felix trotz seiner offen zur Schau gestellten Statussymbole seinen Wohnort nicht verlassen hat. Nach einem Ausflug nach Friedrichshain in seiner Poetry-Slam-Phase ist er wieder zurück nach Neukölln gezogen.

»Ich lebe kein Promi-Leben. Ich wohne immer noch am Kotti. Meine ganzen Kumpels, mit denen ich teilweise aufgewachsen bin oder mit denen ich seit mittlerweile 15 Jahren befreundet bin, haben alle überhaupt nichts mit dem Showbusiness zu tun. Das sind alles ganz normale Leute, meine Familie ist es auch. Mein Leben hat sich, außer dass ich viel mehr Geld habe als früher und mir natürlich ein paar Sachen gönne, fast nicht verändert. Ich finde im normalen Leben statt. Ich gehe jeden Tag allein raus, einkaufen, ich hänge nicht in irgendwelchen Promi-Clubs rum. Das mache ich alles nicht.«
Felix sorgt selbst dafür, dass er auf dem Boden bleibt, denn genau da findet er seine Geschichten. In einer Villa am Stadtrand würde er immer einen Parkplatz finden, seine Einlage über den Behindertenparkplatz wäre so nicht entstanden.

SEIN MENSCHLICHKEITSBILD

Felix ist mein erster Gast 2021. Deutschland befindet sich gerade im zweiten großen Lockdown. Die Restaurants, Fitnessstudios und Klamottenläden sind geschlossen, auch die Friseure. Ich trage meistens eine Mütze, mir ist das nicht so wichtig. Felix fällt während einer kleinen Pause ein, dass seine Friseurin gleich zu ihm nach Hause kommt. Ein Privileg, was er ungern verpassen würde. Er fragt, ob wir das Gespräch pausieren können. Ich finde es super, immerhin wurde noch nie ein Gespräch durch einen Friseurtermin unterbrochen. Zwei Stunden später ist er wieder da. Felix trägt ein neues Shirt, sonst sehe ich kaum eine Veränderung.
»Mit welchem Männlichkeitsbild bist du aufgewachsen?«
»Mit einem sehr neuköllnigen, würde ich sagen. Also einem relativ prolligen, machomäßigen, auf Stärke basierenden Männ-

lichkeitsbild. Das hat sich dann im Abgleich mit der Realität irgendwann eingependelt. Ich habe in Marburg ja Politikwissenschaften studiert, und da ist ›Kritik der Geschlechterverhältnisse‹ ein Pflichtmodul, das müssen alle machen im ersten Semester. Das war krass, weil ich natürlich mit meinem Neukölln-Geschlechterbild an die Uni gekommen bin, und das war einfach das komplette Gegenteil davon.«

Felix ist ohne Mutter aufgewachsen, sie ist früh verstorben. Er hatte eine kleine Schwester, die vier Jahre jünger ist, und seinen jüngeren Bruder. »Ich bin also ohne Frau aufgewachsen, ich hatte nur meinen Vater.«

Auf Youtube habe ich einen Kommentar gefunden, den ich Felix vorlese. Darin steht, dass Vater Lobrecht viel richtig gemacht haben muss, da Felix ein smarter Typ mit Herz und Anstand geworden ist. Man kann in Felix' Gesicht generell wenig Regung ablesen, es gibt entweder den lachenden oder den Ansage machenden Felix. Ich meine hier aber ein klitzekleines bisschen Rührung erkennen zu können.

»Was hat dein Vater Frankie dir mitgegeben? Worauf hat er geachtet?«, will ich wissen.

»Das kann ich rückblickend überhaupt nicht mehr so beurteilen, aber das, was der User da sagt, stimmt schon. Vieles von dem, was ich bin, habe ich von meinem Vater. Manche Sachen entstanden aus der Not heraus, dadurch dass mein Vater drei Kinder alleine großziehen musste und nicht arbeiten konnte. Ich habe sehr früh angefangen, mein eigenes Geld mit irgendwelchen Nebenjobs zu verdienen. Rückblickend empfinde ich es als Privileg, so unterprivilegiert aufgewachsen zu sein, denn das hat mich in manchen Sachen echt geschult. Mein Vater ist ein sehr genügsamer, anständiger, ehrlicher, aufrichtiger und herzensguter Mensch. Ich habe auch nach und nach immer mehr Respekt für ihn und für sein Lebenswerk entwickelt. Je

älter ich wurde und je mehr ich verstanden habe, wo er herkommt und wie die Situation für ihn gewesen sein muss.«
»Was ist das für ein Lebenswerk?«
»Ich weiß nicht, ob es ihm unangenehm ist, wenn ich das jetzt erzähle. Mein Vater ist selbst als Halbwaise mit fünf Geschwistern aufgewachsen. Sie haben zu siebt in einer Dreizimmerwohnung in Neukölln gelebt. Die Kinder durften alle kein Abi machen. Sobald sie 16 Jahre alt waren, sollten sie eine Ausbildung machen, damit sie aus dem Haus waren und meine Oma wieder ein bisschen mehr Raum und ein bisschen mehr Geld hatte. Die Familie meines Vaters lebte wirklich in Armut. Mein Vater wollte immer Abi machen, er wollte eigentlich Lehrer werden, aber er durfte es nicht. Er hat dann auf dem Bau gearbeitet und da sogar eine coole Zeit gehabt, weil man in den Achtzigern in Westberlin noch echt gut Kohle verdient hat. Er konnte geil wohnen, Berlin war ein einziger Vergnügungspark, dann lernt er eine Frau kennen, kriegt drei Kinder, heiratet, ist glücklich, und dann stirbt sie. Einfach so! Was der Mann erlebt hat, das ist so unglaublich. Und wie er es geschafft hat, dass aus uns drei Kindern was geworden ist, das ist auch unglaublich. Das verstehst du nicht mit 17 Jahren, wenn du destruktiv und nervig bist. Aber irgendwann verstehst du es.«
In Felix' Augen hat sein Vater Frankie genauso viel erreicht wie all die Menschen, deren Biografien er gelesen hat. Er zieht an seiner Zigarette und spricht weiter: »Jetzt, da wir drüber sprechen, fällt mir auf, dass ich mit einem ganz komischen Männlichkeitsbild aufgewachsen bin: Von draußen kenne ich diese Machoscheiße, aber zu Hause sehe ich, wie mein Vater von morgens bis abends den Haushalt schmeißt. Für mich ist ein Hausmann überhaupt nichts Fremdes oder Absurdes.«
Und dann erzählt Felix von seiner Tante Ela, der Künstlerin. Sie hat als Kulissenmalerin ihr Geld verdient, hatte eine tolle

Wohnung, in der Felix oft war. Sie war immer eine unabhängige, starke, arbeitende Frau und war noch am ehesten seine weibliche Bezugsperson in der Jugend.

»Ela war immer selbst gewählt alleinstehend. Nicht weil sie keinen abgekriegt hat, sondern einfach, weil sie unabhängig sein wollte. Sie hat immer gearbeitet, sie hat immer das gemacht, was sie wollte. Sie ist auf jeden Fall maßgeblich daran beteiligt, dass ich früh schon verstanden habe, dass auch Freiberuflichkeit und eine künstlerische Tätigkeit eine Berufsoption sind. Sie hat es mir vorgelebt.«

»Weil du selbst überhaupt nicht diese klassischen Bilder hattest, denkst du auch gar nicht in diesen Bildern?«

»Ich meine das nicht so hippiemäßig, sondern ich bewerte Menschen wirklich einfach danach, was ich an ihnen mag und was ich an ihnen nicht mag. Deswegen bewerte ich auch bei Comedians, ob sie lustig sind oder nicht, und nicht, ob sie braun oder weiß sind.«

Die Widerstände, die Ambivalenzen sind das, was alle Menschen gemeinsam haben. Vor mir sitzt ein Exemplar, das diese Widersprüche jedoch mehr im Außen lebt als andere und mit ihnen auch nicht hinterm Berg hält. Er ist nicht freundlich, weil er es muss, er versteckt nicht, was er hat. Er tut nicht so, als ob, will nirgendwo dazugehören. Normalerweise posieren Prominente gern mit anderen Prominenten für Fotos. Auf den Fotos auf seinem Instagram-Kanal ist Felix meistens allein zu sehen. Ein Foto zeigt ihn mit seinem Vater Frankie, eins mit alten Freunden. Frauen sind keine zu sehen. Über dieses Thema will er nicht sprechen.

ZUKUNFTSANGST

Das Netflix Special »Hype« endet mit der vollkommen unlustigen Pointe, dass Felix zum ersten Mal in seinem Leben Verlustängste hat, weil er zum ersten Mal in seinem Leben etwas zu verlieren hat. Ich möchte wissen, welche Ängste das genau sind.

»Ökonomisch gesehen hatte ich nie Zukunftsängste, auch früher nicht. Meine Verlustängste beziehen sich eher auf meine Eigenständigkeit. Darauf, dass ich mir von irgendjemand sagen lassen muss, was ich als Nächstes zu tun habe. Es ist mir unglaublich wichtig, dass ich mein eigener Chef bin und bleibe. Dass ich theoretisch jeden Tag ausschlafen kann, wenn ich will. Mache ich zwar nicht, aber ich könnte.«

»Ja, aber selbst wenn man könnte, macht man es doch nicht. Ist man da nicht auch ein bisschen sein eigenes Opfer?«, frage ich.

»Ja, aber du sagst es dir selbst und nicht jemand anders. Das zu verlieren, davor habe ich Angst. Oder dass ich meinem Vater nicht monatlich Geld überweisen kann, um ihn finanziell zu unterstützen. Ich habe Mitarbeiter, die einfach davon leben, dass sie bei mir arbeiten. Und das freut mich, und ich will, dass sie das auch weiterhin machen können. Diese Möglichkeiten zu verlieren, davor habe ich viel mehr Angst als davor, dass ich mir in zwei Jahren vielleicht keine neue Uhr kaufen kann oder so einen Quatsch.«

Ich behaupte, seine größte Verlustangst ist die, dass er seinen Hunger verlieren könnte. Er sagte mal, dass Zufriedenheit ein unkreatives Lebensgefühl ist. Felix will nicht satt werden, nicht ankommen, sich nicht einrichten, weder örtlich noch persönlich. Während unseres Gesprächs, das über drei Stunden ging, gab es keine Zwischentöne, kaum eine Gegenseitigkeit. Viel-

leicht lag es an mir, vielleicht will sich Felix aber auch nicht verbinden, weil die Ausgrenzung früher und seine Abgrenzung heute ein Antrieb für seine Karriere sind. Und ich behaupte, er weiß das, denn schließlich hat er Erfolg studiert.
Dieser Film ist noch lange nicht zu Ende.

Das Gespräch fand im Januar 2021 statt.

HARTMUT
ROSA

ÜBER DAS GELUNGENE LEBEN

Wann bin ich glücklich? Wann empfinde ich mein Leben als gelungen? Jeder Mensch beantwortet diese Fragen auf seine Weise und oftmals mit einer Prise Unsicherheit, weil sich die Antworten, genauso wie wir und die Welt, permanent verändern. Jetzt in diesem Moment macht mich der Blick aus dem Fenster, das Lichtspiel der Sonne an den Scheiben, die ersten Geräusche der Vögel glücklich. Aus der heutigen Perspektive erkenne ich, dass ich lange geglaubt habe, dass ich gewisse Karriereziele erreichen muss, damit mein Leben »gelungen« ist, doch oftmals war die Vorstellung davon viel aufregender als die Realität. Im Großen wie im Kleinen ist das gelungene, glücklich machende Leben so schwer zu greifen wie ein Schmetterling, dennoch muss es doch irgendeine Formel geben.

Hartmut Rosa ist Professor für allgemeine und theoretische Soziologie an der Friedrich-Schiller-Universität Jena sowie Direktor des Max-Weber-Kollegs in Erfurt. Er gilt als einer der führenden deutschen Soziologen und Zeitforscher, und sein Forschungsobjekt ist genau diese Frage: Warum fühlen wir uns, wie wir uns fühlen? Auf Youtube kann man ein paar seiner Vorlesungen sehen. Er spricht mitreißend, auf Augenhöhe, seine Theorien sind so lebensnah, weil er sie auf seinem eigenen Leben aufbaut. In unserem Gespräch sagt er: »Ich trenne nicht so sehr zwischen dem, was mich wissenschaftlich, und dem, was mich menschlich interessiert. Ich würde sogar sagen, da gibt es eine sehr hohe Übereinstimmung. Mich interessieren Phänomene, und ich will versuchen, zur bestmöglichen Deutung einer persönlichen Erfahrung zu kommen.« Dafür zieht er alles an Studien, Literatur und natürlich seine persönliche Empirie zurate, sogar seine Katze wird Teil seiner Forschungsarbeit. Rosa denkt nicht nur mit dem Kopf, sondern auch mit seinem Herzen, seine Bücher *Resonanz* und *Unverfügbarkeit* gelten als soziologische Standardwerke. Er selbst hat die Ausstrahlung eines Typen, neben dem man zufällig im Zug landet und mit dem man stundenlang über alles reden möchte.

Ich habe von Hartmut Rosa erfahren, wann wir ein Leben als gelungen empfinden, warum ich mir heimlich die Verlängerung eines Lockdowns wünsche und warum wir nicht nach dem handeln, was wir wissen.

DAS GELUNGENE LEBEN

Leider treffen wir uns nicht im Zug und auch nicht im Studio. Unser Gespräch findet während des zweiten Lockdowns und somit, wie so vieles in diesen Tagen, remote statt. Auf meinem Bildschirm sehe ich Rosa in einem Zimmer unter einer Dachschräge in seinem Heimatdorf Grafenhausen sitzen, das ist in der Nähe von Freiburg. Von hier aus gibt er Vorlesungen, hält Vorträge in Stanford, gibt Interviews oder schaut aus dem Fenster und denkt darüber nach, wann wir unser Leben als gelungen empfinden. Und mit dieser etwas groß geratenen Einstiegsfrage möchte ich anfangen: »Herr Rosa, was ist ein gelungenes Leben?«

»Mir ist aufgefallen, dass in der Sozialwissenschaft häufig die Idee vorherrscht, dass unser Befinden von unseren Ressourcen abhängt. Also wenn ich mehr Geld habe, geht es mir besser, wenn ich gesünder bin, geht es mir besser, wenn ich mehr Freunde habe, geht es mir auch besser. Doch ich kann noch so viele Freunde haben, gesund und reich sein und mich trotzdem in gewisser Weise umbringen. Und deshalb habe ich da erst mal phänomenologisch operiert und mich gefragt: Was genau ist es, das mir das Gefühl gibt, ich bin gut drauf?«

Wir stellen uns gedanklich ans Fenster von Hartmut Rosa und schauen gemeinsam raus.

»Es gibt diese Momente, in denen ich gut drauf bin, das Gefühl habe, es gibt eine vibrierende Beziehung zwischen mir und der Umwelt. Zum Beispiel, wenn ich auf das Nachbarhaus schaue und denke: Oh, die Nachbarn haben nächste Woche eine Geburtstagsfeier. Da freue ich mich. Oder wenn ich zum Wald schaue und denke: Oh, super, da wachsen jetzt bestimmt die Pilze. Das Gefühl, gut drauf zu sein, ist so, als wäre ich mit vibrierenden Drähten mit dieser Welt verbunden. Da lebt was, da draußen, und ich habe Anteil daran, und das, was ich tue, ist für die wichtig, und das, was die tun, ist für mich wichtig, und es gibt eine Art lebendigen Zusammenhang. Und wenn ich schlecht drauf bin, dann habe ich das Gefühl, diese Achsen sind stumm. Ach, die Nachbarn, die nerven, ich habe überhaupt keinen Bock auf dieses dumme Geschwätz bei der Geburtstagsparty. Und der Wald, der stirbt sowieso bald ab, und wenn es so regnet, ist da alles matschig, da will ich nicht hin. Meine Weltbeziehung wird starr in diesen schlecht gelaunten Phasen, ich bin nicht mehr über diese lebendigen, vibrierenden Drähte mit der Außenseite verbunden.«

COOLE KATZEN

Hartmut Rosa hat schon in der dritten Klasse formuliert, dass er Wissenschaftler werden möchte, da wollte ich noch Detektiv wie Justus Jonas sein. Im Vorfeld habe ich gelesen, dass Rosa sich in seiner wissenschaftlichen Arbeit auch Katzen zur Herleitung nimmt. Weil ich auch Katzenfan bin und mich schon oft gefragt habe, warum ich mich mit meinem verstorbenen Kater MishMish so verbunden gefühlt habe, will ich seine Gedanken dazu hören.

»Wieso finden viele Menschen Katzen so cool?«

»Mir ist aufgefallen, dass es auch da eine Art vibrierenden Draht gibt, den kann man sogar spüren, wenn man die Katze streichelt und sie schnurrt. Das ist eine Art von Verbindung, bei der insbesondere auch der Aspekt der sogenannten Unverfügbarkeit ins Spiel kommt. Diese Katze, die man da streichelt, hat nämlich einen Eigensinn. Ich kann die nicht einfach kontrollieren. Bei Katzen gibt es immer eine feine Wechselwirkung. An manchen Tagen kommt sie eben nicht, sie schnurrt nicht, oder sie wischt mir sogar eine – das ist diese Unverfügbarkeit. Es ist eine Wechselbeziehung, bei der beide Seiten einen Eigensinn haben, und den kann man nicht einfach programmieren.«

Ich glaube, das ist tatsächlich der Grund, warum ich Katzen so mag: Man kann nichts von ihnen erwarten. Natürlich konnte ich es mir selbst nicht so gut erklären wie der Professor – der leitet daraus mal eben soziologische Theorien ab. Super!

DIE WELTBEZIEHUNG

Hartmut Rosas umfassendste Theorie ist die Resonanztheorie, er nennt sie die Soziologie der Weltbeziehung.
»Das gelungene Leben hängt nicht einfach von mir ab, es hängt nicht einfach von den Nachbarn ab, es hängt noch nicht einmal von der persönlichen Verfassung ab, sondern es ist eine Art dynamisches Geschehen dazwischen, und genau auf dieses Dazwischen kommt es an. Es formt mich, und es formt auch die jeweils andere Seite. Was ich für ein Subjekt werde, wie ich drauf bin, wie ich agiere oder was ich für ein Mensch bin: Das alles ist Ergebnis von solchen Wechselwirkungen mit der anderen Seite. Und deshalb ist Folgendes ganz wichtig: Das gelingende Leben hängt nicht nur vom Individuum ab. Darum bin ich immer skeptisch bei Ratgebern und Achtsamkeitsanleitungen, die alles dem Subjekt aufbürden. Die sagen: ›Wenn du nur immer achtsam bist oder wenn du nur gelassen bist, dann wird dein Leben gelingen.‹ Meine These ist: Ein gelingendes Leben ist nicht einfach etwas, das sich bei uns als Menschen abspielt, sondern es ist ein Dazwischen. Es geht um das, was sich im Bindungsgeflecht entwickelt.«
Bindungsgeflecht – was für ein super Wort! Man sagt ja auch, dass ein Funke nicht übergesprungen ist. Es gibt Situationen im *Hotel Matze*, da nehme ich die Schuld für ein misslungenes Gespräch auf mich, und in einer anderen Situation meine ich, der oder die andere ist schuld daran, dass es hier hängt und nichts vibriert. Nach Rosas Theorie liegt es weder an A oder B, sondern am *Oder*, also an dem, was dazwischenliegt. Der Funke muss von beiden Seiten überspringen.

WELTREICHWEITENVERKÜRZUNG

Dieser zweite Corona-Lockdown, in dem wir uns gerade befinden, ist nicht ganz so streng wie der erste, wir dürfen uns einigermaßen frei bewegen, bestimmte Sachen gehen aber immer noch nicht, die Uhren ticken weiterhin langsamer. Ich muss jedoch zugeben, dass ich diesen Stillstand irgendwie genieße. Er erinnert mich an die Zeit »zwischen den Jahren«. Zwischen Weihnachten und Neujahr sind die Straßen leer, die Menschen bleiben zu Hause, und ich habe mir – trotz all der negativen Seiten – heimlich gewünscht, dass sich dieses Innehalten noch ein wenig ausdehnt. Erst als der Autor Martin Suter im Gespräch von ähnlichen Wünschen sprach, habe ich mich getraut, das nach außen zu formulieren. Natürlich muss ich mit dem Soziologen Hartmut Rosa darüber reden, was da eigentlich los ist. »Wie kann es sein, dass ich mir im Grunde eine Verlängerung des Lockdowns wünsche?«

»Wir haben die ganzen letzten Jahre über unser Augenmerk darauf gelegt, unsere Weltreichweite zu vergrößern – mit Reisen und Geschäftsreisen in erster Linie. Es war das große Ziel, auch mal nach Asien oder New York zu ziehen, überallhin verbunden zu sein, überall Freunde zu haben. Dieses Streben nach Horizonterweiterung haben wir zu unserer Definition des guten Lebens gemacht: Mein Leben wird besser, je mehr Welt ich in Reichweite habe. Und jetzt machen wir plötzlich die Erfahrung einer radikalen Raumverkürzung. Wir kamen eine ganze Weile lang kaum mehr über den Wohnort hinaus und stellten plötzlich fest, dass das gar nicht nur schlecht ist. So eine Beschränkung ändert die Art, wie wir uns in Raum und Zeit bewegen, aber wir sind dadurch nicht mehr so fragmentiert, so weit ausgedehnt. Sehr viele haben in der beschränkten Räumlichkeit plötzlich freie Zeitressourcen, und ich glaube

schon, dass da etwas zum Durchbruch kommt, was vermutlich durch jahrtausendelange Erfahrung in uns angelegt ist: ein organisches Verhältnis zu unserem Nahraum.«
Vielleicht ist die Sehnsucht, dass die Weltreichweitenverkürzung noch ein bisschen anhält, der Höhlenmensch in mir, dem das eigentlich auch mal ganz guttut, nicht von einer Großstadt in die nächste zu fahren.
»Was wir da in den letzten Jahren hatten, dieses Mit-allem-verbunden-Sein, zwei Tage in der einen Stadt und zwei in der anderen, jeden Abend in einer anderen Szene, mit anderen Leuten, ist ein wahnsinnig stressiger Zustand. In diesen Kontexten, in diesen Wechselwirkungen, in diesen raschen Bewegungen entsteht eine gewisse Gruppenenergie, und die fühlen wir auch. Wir fühlen uns energetisch aufgepumpt, aber gleichzeitig nähern wir uns dabei alle einem großen gemeinsamen Burn-out.«

PASSIVE UND AKTIVE ENERGIE

Dieses Gespräch erinnert mich an einen Kreisel. Mir scheint es, als würde sich Rosa nach jeder Frage immer schneller und schneller drehen. Ich versuche mitzuhalten. Es kommt nicht von ungefähr, dass sich der Professor soziologisch mit dem Thema Beschleunigung beschäftigt, denn auch das ist ein persönliches Thema.
»Unsere moderne Kultur vermittelt uns, dass hohe Energie gut ist, und wenn die Energie weg ist, dann ist das schlecht. Daran können zwei Sachen problematisch sein: Dieses hochenergetische Leben hat auch eine physikalische Seite, immerhin verbrauchen wir mit unserem ständigen Herumgondeln und Vernetzen ganz schön viel kohlenstoffbasierte Energie, die die

Klimakrise nach sich zieht. Aber noch interessanter ist, dass das eigentlich nur eine sehr oberflächliche Energie ist, die uns daran hindert, andere, vielleicht wichtigere Dinge zu tun. Beim Meditieren rennt man nicht umher, aber es kann einem durchaus eine hohe passive Energie verleihen. Ich würde sogar sagen, diese Energie ist genauso notwendig. Bei Burn-out-Betroffenen kann man das gut beobachten, denn denen fehlt es meist auch an passiver Energie.«

Im Arbeitskontext dreht sich vieles um Zeitmanagement. Man verteilt Aufgaben auf Zeitblöcke, und je effizienter man ist, also je mehr Output man generiert, desto besser ist man. Man nennt es ROI – Return of Investment –, und der dient immer dem Ziel der Gewinnmaximierung. Ich empfehle eher über Energiemanagement nachzudenken und sich nach dem ROE – dem Return of Energy – zu fragen. Neu war für mich der Unterschied zwischen aktiver und passiver Energie.

WARUM WIR KAUFEN, OHNE ZU KONSUMIEREN

»Da wir gerade bei der Gewinnmaximierung sind: Warum fühlt es sich eigentlich so gut an, etwas zu kaufen?«, frage ich.

»Mir etwas zu kaufen, etwas zu leisten, hat einen unglaublich hohen Stellenwert in unserer Kultur. Auch oder gerade die Leute, die behaupten, für sie spielt das alles keine Rolle, buchen sich eine Ayurveda-Kur nach der anderen. Ich will das den Leuten überhaupt nicht vorwerfen, aber das ist im Prinzip auch ein konsumistisches Muster. Die Frage ist, wo das herkommt. Vielleicht lässt es sich so erklären: Die Sprache der Werbung und das, was da transportiert wird, enthält eigentlich immer ein Resonanzversprechen. Es ist völlig egal, um was es geht. Also zum Beispiel: Kauf diesen Apfel, dann hast du ein wirkliches Naturerlebnis. Du spürst wieder, wie die Natur in dir wirksam wird. Oder das Mineralwasser: Es wird einem die sprudelnde Naturquelle vorgeführt, und prompt hat man das Gefühl, ja, das ist lebendig. Das ist der Resonanztrakt, der hier angesprochen wird. Genauso funktioniert es bei Autos, die eigentlich gar nichts mit Natur zu tun haben. Hier wird uns suggeriert: Wenn du dieses Auto kaufst, erlebst du eine ganz neue Selbstwirksamkeit. Du musst nur das Gaspedal durchdrücken, und schon fährst du durch eine hoch interessante Welt – meistens durch Berge oder Wüsten. Das ist Naturresonanz. Oder die Werber zielen auf die soziale Resonanz ab, indem dir vermittelt wird: Kaufe diese Chips, und deine Freunde werden alle kommen.

Im Grunde resultiert unser ganzes Konsumverhalten auf Resonanzbegehren, welches in ein Objektbegehren übersetzt wird. Wir begehren die Ware, weil wir die Hoffnung haben – und die Werbung unterstützt diese Hoffnung –, dass wir darüber in Beziehung treten. Wir erwarten von den Dingen, die wir kaufen, dass wir uns durch sie verwandeln können. Und es ist wirklich erstaunlich, dass es ganz, ganz häufig am Kaufakt selbst hängt.«

Hartmut Rosa spricht, wie schon erwähnt, immer auch über sich selbst und nie über die Menschen, die es nicht geblickt haben. Das empfinde ich als sehr angenehm, denn so hat es nie etwas Dozierendes. Er erzählt mir, dass er immer wieder neue CDs bestellt, obwohl er schon so viele besitzt, dass er die gar nicht mehr alle hören kann.

»In jedem Kaufakt steckt diese Hoffnung, dass in der Musik ein Potenzial schlummert, mit dem ich irgendwann wirklich in Kontakt treten kann«, sagt er.

»Ich kenne das auch, ich kaufe ständig Bücher, obwohl noch so viele ungelesen im Regal liegen. Ich kaufe mir auch Schallplatten, obwohl ein paar Platten noch nicht mal ausgepackt sind.«

»Ja, wir alle häufen Potenz an. Irgendwann, wenn ich es brauche, habe ich es verfügbar. Es ist diese Verfügbarmachung, die heute durch die Digitalisierung ganz neue Dimensionen erreicht. Auf Spotify habe ich 10 Millionen Musiktitel immer greifbar, bei Google Books genauso viele Bücher. Man kann empirisch belegen, was Sie gerade beschreiben, das ist wirklich irre. Das hängt mit unserer Konsumlust in allen Sparten zusammen. Die Zahl der gekauften Bücher geht hoch, die Zahl der gelesenen Bücher geht runter. Die Zahl der gekauften Klaviere geht hoch, die Zahl der gespielten Klaviere geht runter. Menschen kaufen Klaviere in der Hoffnung, irgendwann etwas mit ihnen zu machen, tun es aber nicht. Selbiges gilt übrigens für Küchen. Menschen kaufen sich immer größere, teurere, schönere Küchen, aber sie nutzen sie nicht. Ist das nicht verrückt? So funktioniert heute Kapitalismus: Wir kaufen Sachen, ohne sie wirklich zu konsumieren, denn ich habe ein Buch erst konsumiert, wenn ich es gelesen habe.«

Rosa erzählt, wie er neulich wieder CDs kaufen gehen wollte und an der Kasse enttäuscht festgestellt hat, dass er die beiden CDs doch schon hatte. Auch ich liebe den Bummel durch das Kulturkaufhaus Dussmann in Berlin und bin jedes Mal enttäuscht, wenn ich nichts gefunden habe. Dabei müsste ich doch gerade dann glücklich sein – wunschlos glücklich.

»Wir haben das Gefühl, das Leben wird gut, wenn wir unsere Weltreichweite vergrößern. Jetzt habe ich wieder etwas unter meine Kontrolle gebracht, mir verfügbar gemacht. Ich könnte jetzt die CDs hören, wann immer ich will, bevor ich sie hatte, fehlte mir diese Möglichkeit. Ich habe meinen Welthorizont, meinen Horizont der Erreichbarkeit ausgedehnt. Wenn ich aber feststelle, die CDs habe ich schon, bedeutet das, ich dehne

gar nichts aus. Und deshalb mache ich nicht die Glückserfahrung, die ich gemacht hätte, wenn ich sie gekauft hätte.«
Sehr faszinierende Herleitung. Ich hoffe, dass bei dir gerade die Funken sprühen, während du das hier liest.

WARUM HANDELN WIR NICHT NACH UNSEREM WISSEN?

Interessant ist, dass, obwohl Hartmut Rosa sich durch Selbstbeobachtung und dann durch Forschung selbst auf die Schliche gekommen ist, er dennoch nichts an seinem Handeln ändern kann. Das kennen wir alle. Wir wissen so vieles besser, aber kriegen es nicht ins Leben übersetzt. Warum ist das so?
»Der Graben zwischen Wissen oder Bewusstsein und Handeln macht sich natürlich am auffälligsten in der Umweltthematik bemerkbar. Hier sehen Sie anhand einfachster soziologischer Mittel, dass es eine direkte Korrelation gibt: Je mehr wir über ökologische Folgen wissen und je größer unsere Sorge um den Klimawandel ist, umso größer ist unser ökologischer Fußabdruck.« Und jetzt kommt's: »Es ist nicht kausal bedingt, aber wenn Sie soziale Schichten untersuchen und fragen, wer weiß wie viel über das Klima? Wer macht sich wie viele Sorgen? Und wer verbraucht im Alltag die meisten Ressourcen? Dann ist die Antwort, Sie ahnen es schon: Die untersten Schichten, die, die am wenigsten über den Klimawandel wissen, sich am wenigsten Gedanken darüber machen, sind die, die ihn am wenigsten verschulden. Es ist die Oberschicht, die Menschen, die eine gute Bildung haben, die keine Existenzsorgen haben, die sich das große Haus kaufen, und dann brauchen sie natürlich noch das zweite Auto, müssen diese oder jene Geschäftsreise machen. Drei Interkontinentalflüge und mein ökologischer Haushalt ist im Eimer. Das Bauen eines

Hauses verschlingt zehnmal mehr Ressourcen als das Leben in einer kleinen Zweizimmerwohnung, Ökohaus hin oder her. Deshalb ist der Obdachlose, der die Alu-Dosen einfach auf die Straße wirft, bei Weitem nicht so schäbig wie der, der ein sparsames Auto und ein sparsames Haus hat und eine sparsame Flugreise macht. Daran sieht man, es kommt nicht auf unser Denken an. Weltbeziehung ist in erster Linie eine physische, eine emotionale, eine leibliche, eine gelebte Beziehung – und in der stimmt was nicht. Und weil da was nicht stimmt, müssen wir permanent unseren Verbrauch steigern, unser Tempo steigern, unsere Lebensweise steigern. Die Revolution, die wir brauchen, fängt gar nicht auf der kognitiven Ebene an, sondern auf der relationalen, bei der Art und Weise, wie wir zu uns und den Dingen in Beziehung treten.«
Es geht nicht darum, was wir wissen, sondern wie wir leben.

WAS WIR VON KLEINKINDERN LERNEN KÖNNEN

Ganz zum Ende versuche ich doch noch so etwas wie eine Handlungsempfehlung von Hartmut Rosa zu erhalten. Gerade nach so einem Gespräch merke ich, will ich etwas an die Hand bekommen, nach dem ich mich richten kann.
»Unsere ganze moderne Kultur gründet auf dieser Ausdehnung von Weltreichweite und auf der Logik dynamischer Stabilisierung. Wir müssen immer mehr konsumieren, mehr produzieren, schneller werden, innovativer sein, um das Bestehende zu erhalten. Deshalb bedarf es eines radikalen Wandels der Existenzweise. Wenn wir gerade im Mittelalter säßen, Sie und ich, und fragen würden, wie kommen wir wieder in die Moderne, dann wären wir genauso ratlos wie jetzt, denn es gibt nicht diesen einen Weg, diese eine Reform. Trotzdem glaube

ich, dass es einen Weg gibt, wie wir uns nicht so komplett ohnmächtig fühlen.«
Rosa führt aus, dass es zwischen dem, was die sogenannten Märkte brauchen, und dem, was wir Menschen persönlich brauchen, einen Unterschied gibt: »Mein Lieblingsbeispiel derzeit ist: Wenn ich durch die Straßen gehe, sei es in Erfurt, Jena oder Paris, sitzen da ganz viele obdachlose Menschen, die sagen: ›Kannst du mir was geben?‹ Und in aller Regel verhärten wir uns und sagen: ›Nein, lass mich in Ruhe.‹ Eigentlich nehmen wir diese Menschen wie einen Müllsack wahr. Schon wieder etwas, was mich stört. Was zwingt uns dazu, so zu denken? Absolut niemand und nichts! Jeder dieser Appelle ist ein Resonanzappell: Lass dich auf mich ein, hör mich. Das ist ein Anruf. Warum kann ich diesem Menschen nicht ein Lächeln schenken, einen Satz oder einen Euro? Dieser Euro macht mich nicht arm. Ja, ich kann nicht jedem einen geben, aber ich kann relativ viel geben, und dann habe ich eine andere Form des In-der-Welt-Seins. Ich kann mit der Kassiererin an der Kasse ein Lächeln austauschen oder einen Satz, statt zur Selbstbedienungskassenmaschine zu gehen. Das gilt auch für mich als Professor, wenn ich mit meinen Studenten interagiere. Da gibt es immer diesen Doppelappell: Die Studierenden wollen, dass ich mich auf sie einlasse, ihnen in Ruhe zuhöre, aber ich muss ja auch den Lehrplan erfüllen, habe noch tausend andere Aufgaben. Ich glaube, der Spalt zwischen Resonanzorientierung und Steigerungsorientierung zeigt sich in fast jeder Minute unseres Lebens. Aber wir können wenigstens versuchen, das Bewusstsein und den Sinn für die andere Seite unseres Lebens wieder zu wecken, und irgendwann auch die institutionellen Verhältnisse so ändern, dass wir ein besseres Leben haben. Das ist natürlich sehr optimistisch, aber so ungefähr stelle ich mir das vor.«

Im Grunde ist Rosas Credo also: Weltrettung durch echte Resonanzerfahrung. Das funktioniert, indem wir innehalten, um mehr wahrzunehmen, uns berühren lassen, statt einfach immer weiterzurennen, weiterzuoptimieren und uns mit dem System immer weiter mitzusteigern und dadurch die Ressourcen zu zerstören.

»Schauen Sie sich ein kleines Kind an, das ist ein Resonanzwesen. Wenn man etwas über Weltbeziehungen wissen will, dann sollte man Kinder beobachten. Bevor sie Besitzwesen sind, die etwas haben wollen, sind sie Resonanzwesen, die darauf angewiesen sind, dass sie berührt werden, dass sie gestreichelt werden. Man kann ihnen dabei zugucken, wie sie entdecken, dass sie mit ihrer Stimme, mit ihren Bewegungen, mit den Ärmchen, den Füßchen und den Augen Kontakt herstellen können, in Resonanz treten können. Eigentlich haben wir alle dieses Erfahrungswissen. Es wird nur oft verschüttet, deshalb müssen wir es uns wieder vor Augen führen, es uns präsent machen. Theoretisch abstraktes Wissen hilft gar nichts.«

SPAZIEREN GEHEN

Genug gedreht, wir halten an. Ich frage Hartmut Rosa zum Schluss, wann er seine größten Resonanzerfahrungen hat.

»Beim Spazierengehen. Einfach gehen, ohne ein Ziel zu haben, ist für mich so eine Tätigkeit, bei der ich wirklich in Resonanz komme. Denn da habe ich keine Erwartungen, lasse mich anrufen, von innen – das kann ein plötzlicher Einfall sein – oder von außen – wenn ich etwas sehe, mit dem ich nicht gerechnet hätte.«

Wir winken uns digital zu. Die Funken sind vom Schwarzwald nach Berlin und zurück gesprungen. Hartmut Rosa geht jetzt vor die Tür und läuft in den Wald, ich nehme das Fahrrad und fahre hinterher. Kommst du mit?

Das Gespräch fand im Juni 2020 statt.

MAJA
GÖPEL

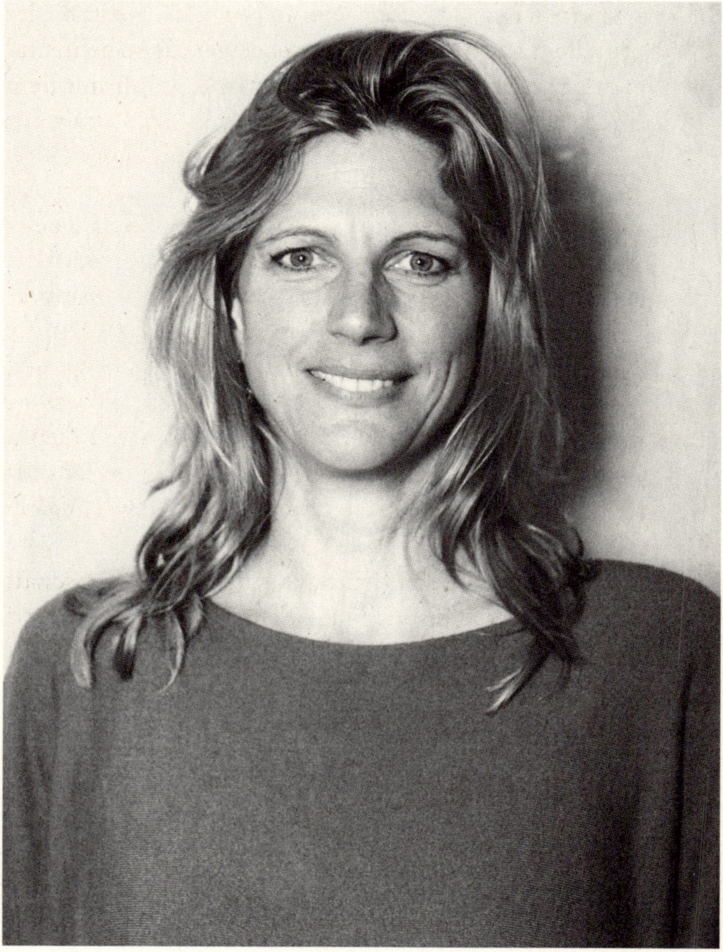

ÜBER IHREN INNEREN KOMPASS

Wenn man wissen möchte, wie es der Gesellschaft, der Natur, dem Land und den Menschen gerade so geht, und auch noch daran interessiert ist, wie es in Zukunft mit dem Wohlbefinden all dieser Dinge aussieht, dann muss man entweder ganz viele verschiedene Personen befragen oder über Los gehen und einen Termin mit Maja Göpel ausmachen. Als Politökonomin, Transformationsforscherin, Nachhaltigkeits- und Gesellschaftswissenschaftlerin beschäftigt sie sich nämlich intensiv mit so ziemlich allem, was unsere Zeit ausmacht. Normalerweise würden Menschen wie sie wohl an Universitäten lehren und forschen, sie wären in sogenannten Laps und Think Tanks. Aus der Ferne wüsste man nie, was das, was sie sagen und schreiben, eigentlich genau bedeutet. Ihre Erkenntnisse würden in Forschungsarbeiten landen, die zwar sehr aufschlussreich und wichtig, aber auch verdammt schwer zugänglich wären.

Doch Maja Göpel zählt zu den bekanntesten Wissenschaftlerinnen des Landes, dafür haben vor allem eher jüngere Menschen gesorgt. Im ersten großen »Fridays for Future«-Jahr 2019 fühlten sich einige Erwachsene von den Schülerinnen und Schülern und Studentinnen und Studenten in ihrem Vorruhestand gestört, nicht wenige meinten, es wäre nur Panikmache, was Greta Thunberg, Luisa Neubauer, Carla Reemtsma und Co. da auf der Straße veranstalten. Eine Gruppe Erwachsener freute sich jedoch und stellte sich an die Seite der jungen Bewegung – es waren natürlich die Wissenschaftler und Wissenschaftlerinnen. Ihre jahrzehntealten Erkenntnisse und längst besprochenen Ziele hatten nun endlich eine breite Öffentlichkeit gefunden, die bestätigte, dass definitiv Grund zur Panik besteht. Professor Dr. Maja Göpel war eine der Mitgründerinnen der »Scientists 4 Future«-Initiative. Statt im Lehrsaal saß sie fortan bei Lanz, statt auf Forschungsreisen neue Erkenntnisse zu sammeln, hielt sie Reden vor dem Bundestag. In dieser Zeit ist Maja Göpels Buch *Unsere Welt neu denken* erschienen, was ein gigantischer und auch etwas unerwarteter Erfolg wurde.

Ich habe Maja einige Male bei öffentlichen Veranstaltungen auf der Bühne gesehen. Nicht immer konnte ich ihren Worten folgen, aber ihre Gedankenvirtuosität hat mich jedes Mal umgehauen. Vor unserer Begegnung hatte ich Sorge, dass ich nicht ganz mitkommen würde, dass das, was Maja Göpel zu sagen hat, meinen Wissensstand zu sehr übersteigen würde, doch statt um Deflation und Gradziele ging es um Herzenswärme und den inneren Kompass.

Ich habe von Maja Göpel erfahren, wie sie mit Widersprüchen umgeht, welche Kernfrage sie durchs Leben trägt und welcher Kalenderspruch ihr dabei geholfen hat.

FORSCHEN UND LERNEN

Wir sprechen im April 2021. Es ist die Zeit der großen Gleichzeitigkeit. Als wären die oben genannten Berufe nicht schon genug, war Maja bis vor wenigen Tagen auch noch als Deutsch- und Mathe-Lehrerin tätig, war Köchin, Mama und Freundin.

Denn auch ihre Kinder konnten aufgrund der Pandemielage nicht in die Schule gehen, was ihre Multitasking-Fähigkeit auf ein neues Level hob.

»Die Gleichzeitigkeit ist ein kontinuierlicher Jazz, der manchmal sehr bluesig wird«, sagt Maja. Als Wissenschaftlerin hat sie sich natürlich längst mit der Auswertung von Bildungskonzepten auseinandergesetzt. »Wir hängen immer vor dieser Blechbüchse, am immer selben Ort, wo wir auch noch schlafen und essen. Das ist mit Sicherheit kein guter Ansatz für ein Bildungskonzept der Zukunft. Dabei ist nicht zu unterschätzen, wie wichtig es ist, sich mit Gleichaltrigen im Sozialverhalten zu üben, denn nur so bekommt man eine Varianz davon mit, wie man Situationen und Aufgaben begegnet. Für meine eigene Sozialkompetenz war es unheimlich wichtig, dass das Leistungsspektrum in meiner Schule sehr breit war und ein Gewahrsein dafür entwickelt wurde, dass wir tatsächlich alle unterschiedlich lernen. Da waren alle Facetten des Menschseins dabei, und so etwas kann digital einfach nicht vermittelt werden.«

Maja erklärt, wie wichtig neben den Bezugspersonen die Lernumgebung für die Schülerinnen und Schüler ist, dass also die Gestaltung der Klassenräume eine ebenso wichtige Rolle bei der Wissensvermittlung spielt wie die Menschen. Ihre Kinder gehen auf eine Montessori-Schule. Gerade hat der Präsenzunterricht wieder angefangen. Wir atmen beide einmal durch. Endlich weniger Multitasking.

DIE GROSSE KERNFRAGE

Maja lebt auf der Insel Werder, aufgewachsen ist sie in einem kleinen Ort bei Bielefeld. Ihre Eltern hatten mit Freunden ein

Bauernhaus ausgebaut, in dem sie alle gemeinsam lebten. Der Bauwagen im Garten wurde von den Kindern in Regenbogenfarben angemalt. Maja selbst bezeichnet sich als Hippietante.
»Das klingt ein bisschen klischeehaft, aber ich habe wirklich schon mit 14 angefangen, mich zu fragen: Warum wünschen sich alle Leute, mit denen ich rede, eigentlich das Gleiche, nämlich Frieden, keiner soll in Armut leben müssen, die Natur darf nicht kaputt gemacht, und Tiere sollen nicht gequält werden? Warum machen wir das dann nicht einfach?«
Mit dieser Frage ist sie losmarschiert. Im Grunde ist es 30 Jahre später noch immer ihre Kernfrage, ausgeruht hat sie sich selten.

DIE SUCHE NACH DEN PUZZLES DER WELT

Auf dem Weg zur Beantwortung dieser Frage hat die 14-jährige Maja sich erst einmal ganz viel Wissen aus unterschiedlichsten Feldern zum Thema »Weltrettung« draufgeschafft:
»Ich habe einfach angefangen, die Puzzlestücke, von denen ich dachte, dass sie die Zutaten dessen sind, mit dem wir die Welt organisieren, zu sammeln. Ich wollte besser verstehen, warum gesellschaftliche Veränderung so schwierig ist und warum die inneren Wünsche von uns sich nicht unbedingt in den kollektiven Vereinbarungen manifestieren. Gleichzeitig hatte ich auch immer den Anspruch, etwas zurückzugeben. Ich habe nie nur gelernt, sondern habe immer auch versucht, das Gelernte anzuwenden.«
Ihr Plan sah vor, nach der umfassenden Wissensbeschaffung das Gelernte mit der Öffentlichkeit zu teilen, damit alle Menschen verstehen, warum was geändert werden muss. Heute hält sie sich deshalb für ein bisschen naiv.
»Was würdest du der 14-jährigen Maja jetzt sagen?«

»Ich würde sagen: ›Mache es genauso, aber bereite dich auf das Gefühl der kontinuierlichen Demystifizierung vor.‹«

»Das musst du mir genauer erklären. Was wurde demystifiziert?«

»Ich habe immer nach der einen Antwort gesucht, aber die eine Antwort gibt es nicht.«

Ich nicke. Dieser Hochmut in jungen Jahren ist doch irgendwie schön und gemein zugleich. Ich vermisse ihn oft bei mir selbst. Als Erwachsener darf man es ein bisschen besser wissen, aber man sollte es den gerade aufbrechenden Teenagerinnen und Teenagern nicht auf die Nase binden. Sie müssen losrennen – je ungestümer, desto besser.

DIE HANDLUNGSANWEISUNG VON BRIAN ENO

Auf der Suche nach ihrer einen Antwort ist Maja durch die Welt gereist, war auf Konferenzen, Festivals, sogar im Königreich Bhutan. Im Grunde hat sie nach der einen konkreten Handlungsanweisung gesucht. Sie erzählt von einer besonderen Begegnung mit einem der größten Musikproduzenten unserer Zeit.

»Der epischste Moment für mich war eine Begegnung mit Brian Eno. Natürlich war auch die Kultur eines meiner Puzzlestücke, durch sie wollte ich herausfinden, wie wir die Emotionen involvieren können, die uns manchmal sehr viel stärker über uns hinauswachsen lassen als irgendwelche Informationen. Also besuchte ich ein Musikfestival, packte mir dort Brian Eno und fragte ihn, was ich denn machen muss, damit ich die Welt retten kann. Eno schaute mich einfach nur an, lächelte und sagte: ›Folge deinem Herzen.‹ Ich dachte, boah, hast du sie eigentlich noch alle?«

Ich muss unwillkürlich lachen. Da steht er, der berühmte Musikproduzent und Vordenker Eno, und serviert einen Kalenderspruch als Lösung. Na toll!
Maja fährt fort: »Inzwischen verstehe ich total, was er damit meinte, denn du wirst nie alles zu 100 Prozent verstehen, und das musst du aushalten können und weiterprobieren und einem Weg folgen, den dir dein Kopf nicht vorgeben kann. Bei Klimamodellen und Nachhaltigkeitsfragen wird es immer ein Durchwurschteln geben, und dafür brauchst du einen Kompass, und dieser Kompass ist auch bei Wissenschaftlern und Wissenschaftlerinnen das Herz.«
Interessant ist, dass sie nach so vielen Bildungsreisen zu dem Rückschluss kommt, dass die komplexe »Weltrettung« erst über eine innere Arbeit funktionieren kann: »Nur dann stehst du morgens wieder auf und sagst: Ich probiere es noch mal. Ich gucke noch mal rein. Was kann ich denn noch heranziehen, vielleicht eine andere Quelle oder einen Tipp oder eine andere Vermittlungsform? Du hast ja dann eine kleine Quest, und damit du nicht dogmatisch, nicht aggressiv und nicht szientistisch wirst – nach dem Motto, das sagt die Wissenschaft und dem müssen jetzt alle 1:1 zu folgen –, solltest du versuchen auszuhalten, dass es Multiperspektivität gibt, dass es Ambiguität gibt, und genau dafür brauchst du den inneren Kompass.«
Diese inneren Widersprüche kennen wir alle. Im einen Moment lese ich, wie schlecht Amazon seine Lagermitarbeiter und -mitarbeiterinnen behandelt, und im nächsten brauche ich schnell ein neues Ladegerät und bestelle es bei Amazon. Im September gehe ich auf eine Klimademo, und im Januar überwintere ich in Südafrika, weil es mir in Deutschland zu kalt ist. Die Liste lässt sich unendlich fortsetzen und auf sämtliche Bereiche übertragen. Mein Wort des Jahres 2021 war »Ambiguitätstoleranz«, ich habe es bei Maja das erste Mal

gelesen. Dieses Wort beschreibt die Fähigkeit, Uneindeutiges oder Mehrdeutiges zu ertragen, nicht sofort auszuweichen oder abzulehnen. Mir hilft es ungemein, wenn ich ein Wort habe, auch wenn es ein kompliziertes Wort ist, das einen komplexen Sachverhalt beschreibt.

»Heute glaube ich sehr an dieses ›dem Herz folgen‹ und immer wieder die Energie finden, immer wieder sein dürfen, aber auch andere sein lassen, ohne die eigene Integrität, die eigene Passion und das eigene Suchen nach Antworten aufzugeben. Macht das Sinn?« Maja schaut mich fragend an.

»Klar macht das Sinn.« Herzliche Grüße an Brian Eno.

WOHIN MÜSSEN WIR SCHAUEN?

Wir haben nun schon herausgefunden, dass es auf die eine Frage der 14-Jährigen nicht die eine Antwort gibt. Wir müssen aber dennoch weitermachen.

»Wohin müssen wir schauen?«

»Aus meiner Sicht wird im Moment, gerade in dieser Corona-Zeit, ziemlich deutlich, dass wir es wirklich verdienen würden, uns in unserem Fortschrittsmodell wieder stärker mit den Menschen selbst zu beschäftigen, mit unseren ureigenen Ambiguitäten. Wie gehen wir mit Angst um? Wie gehen wir mit Situationen um, die uns sehr herausfordern? Aktuell beschreiben viele ein gewisses Ohnmachtsgefühl. Wem kann ich denn jetzt noch trauen? Der Wissenschaft? Der Politik? Wann hat das ein Ende? Die Diskussionskultur heizt sich immer mehr auf, es werden händeringend Schuldige gesucht, in Schwarz und in Weiß, in Richtig und Falsch sortiert. Im Grunde spiegelt dieses Einsortieren in verschiedene Kategorien nur wider, wie überfordert wir von dieser Ambiguität sind.«

Diesen Wunsch nach Vereinfachung kenne ich nur zu gut. In den letzten Monaten bin ich oft überfordert gewesen, habe mich manchmal regelrecht im inneren Diskurs-Strudel verloren. Ich habe verurteilt, versucht, mich rigide an feste Abläufe zu halten. Jede Möglichkeit schien mir plötzlich eine Möglichkeit zu viel.
Maja kennt das: »Es gibt da diesen seltsamen Wunsch, dass es Gut und Böse geben muss. Denn wenn ich mich auf der guten Seite verorten kann, dann müssen die anderen, die auf der anderen Seite stehen, doch automatisch böse sein. Es fühlt sich sicherer an, wenn ich das, was mir nicht gefällt, wegstoßen kann, jemand anderen verantwortlich machen kann.«
Ich fühle mich ertappt. Wieder einmal gebe ich innerlich Ferdinand von Schirach recht: Die einfachen Antworten gibt es nicht. Aber wer bringt einem so etwas bei? Wo lernt man, sich selbst und die Umgebung als die Summe vieler Anteile zu betrachten? All die komplexen Formeln, die die Lehrer und Lehrerinnen in meiner Schule an die Tafel geschrieben haben, habe ich nie wieder gebraucht. Wie wäre es mit dem Schulfach »Menschlichkeit«? Nicht ohne Grund liegt Majas Meinung nach ein wesentlicher Schlüssel in der Reformation unseres Bildungssystems.

BUDDHISTISCHE PHILOSOPHIE

Ich freue mich, welche Richtung das Gespräch nimmt. Bei Talkshowauftritten waren mir manche Beiträge von Maja zu verkopft, sie hier aus dem Herzen sprechen zu hören, ist für mich persönlich viel nachvollziehbarer. Im weiteren Verlauf unseres Gesprächs widmen wir uns den inneren Widersprüchen.

»Ich halte die buddhistische Philosophie in vielen Bereichen für unheimlich hilfreich«, eröffnet mir Maja. »Es gibt Schriften, die versuchen, die westliche Psychologie mit der buddhistischen Philosophie zusammenzubringen und nach den gemeinsamen Mustern zu suchen. Silvia Wetzel und Luise Reddemann haben das in mehreren Büchern gemacht. Aber wie nur finde ich den Weg, mir die unangenehmen Seiten meiner selbst anzuschauen? Die buddhistische Philosophie sagt: Diese Charakterzüge kommen und gehen – sie sind nicht du. Es geht darum, dass du immer im Fluss bist, dich ständig entwickelst und dich nicht zu sehr mit etwas, das einen momentanen Zustand ausmacht, identifizierst. Auch Gefühlszustände und Gedanken sind immer im Fluss, sie kommen und gehen.«

Das kenne ich vom Meditieren. Lange habe ich angenommen, dass es bei der Mediation darum geht, den Kopf auszuschalten und an nichts zu denken. Doch eigentlich geht es um die Akzeptanz der Gedanken, die sich immer wieder wie Wolken in den Fokus schieben, die man aber nicht bewerten sollte. Im Grunde soll man sich also nicht über die eigene Unfähigkeit, an nichts zu denken, ärgern, sondern die Gedankenwolken immer wieder liebevoll beiseiteschieben.

»Die Gedanken und Gefühle haben immer etwas mit der Umgebung zu tun, in der ich mich befinde, deshalb kann ich auch lernen, mit ihnen unterschiedlich umzugehen. Ich kann die Gedanken einladen und wieder ausladen. Ich kann versuchen, nicht mit Menschen zu reden, die mich in meiner Wut noch bestärken, sondern mich mit Menschen umgeben, die mir helfen, diese Wut einzuordnen und auch mal eine andere Perspektive einzunehmen. Es geht darum zu verstehen, was in mir diese starke Reaktion hervorgerufen hat. Genau da wird es ja meistens interessant.«

In letzter Zeit habe ich gemerkt, dass ich gar nicht so sehr für mich selbst meditiere. Nein, ich meditiere für die Gemeinschaft, die Menschen, mit denen ich mich umgebe, indem ich mich bestenfalls täglich zehn Minuten nur mit meinem Horizont und den kommenden und gehenden Wolken beschäftige. Durch dieses innere Aufräumen bin ich gelassener im Außen. In guten Momenten gelingt es mir, mich selbst von der Gardinenstange aus zu betrachten. Mein oben erwähnter Gedankenstrudel hatte sehr viel mit den News und den Auseinandersetzungen auf Twitter zu tun. Ganz bewusst setze ich inzwischen darauf, dass, wenn es wirklich wichtig ist, mich die Neuigkeit schon erreichen wird. Denn auch Neuigkeiten kommen und gehen.

» Was unser Leben intensiv macht, sind ja genau die Endlichkeit und das Vergängliche von bestimmten Zuständen. «

WIR BRAUCHEN NEUE ERFOLGSGESCHICHTEN

Vom Meditationskissen kommen wir nun zum Markt und den Strukturen, denn die gibt es ja auch noch.

»Wir haben in der Vergangenheit viele unserer Marktkontexte

nur dann abgefeiert, wenn sie ganz viel Geld gemacht haben. Egal, wie. Egal, wie es dem System ging, aus dem sie das ganze Geld rausgeschafft haben. Egal, wer daran beteiligt war, ob die Natur danach noch intakt war, ob es den anderen Menschen auf dem Weg zum Produkt gut gegangen ist. Es wurde das Individuum abgefeiert, das am höchsten nach oben geschwommen ist.«

Im Grunde ist das heute noch immer so. Man muss sich nur die Titelseiten der Wirtschaftszeitungen ansehen, aber auch in der Kultur findet man viel Bestätigung dieses Strebens nach »höher, weiter, besser«. Auch die Hip-Hop-Kultur feiert den Status. Bemerkenswert ist, dass das Bewusstsein der Ressourcenknappheit zu wachsen scheint, Luxusmarken wie Gucci dessen ungeachtet aber gerade Rekordjahre erleben.

Maja will das ändern und schlägt als Gegenmittel vor, dass wir andere Erfolgsgeschichten erzählen sollten: »Geschichten, in denen immer mitgedacht wird: Wer ist denn eigentlich alles an diesem Prozess beteiligt gewesen? Wer hat dazu beigetragen, dass das heute möglich gewesen ist? Ist das ein langfristig nachhaltiges Geschäftsmodell, oder hat sich jemand nur kurz einen Aktienkurs hochgefahren, um sich gleich wieder zu verabschieden? Oder funktioniert es für dieses eine Land hervorragend, baut aber darauf auf, dass es Menschen oder die Natur in anderen Ländern ausbeutet? Wir müssen Erfolg umdefinieren: Erfolgreich – worin denn? Wir müssen die politischen Regulierungen beeinflussen. Alles hängt miteinander zusammen. Die Strukturen, in denen wir leben, die Geschichten, die wir uns dazu erzählen, und das Verhalten der Menschen, die innerhalb dieser Erzählungen und Strukturen ihren Weg suchen. Lasst uns aufhören, die Schuld bei einzelnen Leuten zu suchen. Vielmehr sollten wir uns fragen, welche Strukturen wir verändern sollten, damit alle wieder mehr das Gefühl haben, dass sie mitmachen dürfen, dass es ihnen gut geht und sie sich darauf verlassen können, dass sie nicht hinten runterfallen.«

BESCHÄFTIGUNG MIT DEM TOD

Ich frage Maja, woher sie ihre Sicherheit hat, mit dem umzugehen, was da kommt.
»Ich habe mich viel mit dem Tod beschäftigt, und ich glaube, dass es unserer gesamten Gesellschaft guttun würde, das ab und an zu tun. Ich wurde in meinem sehr nahen Umfeld schon früh mit Schicksalsschlägen konfrontiert. Meine engste Freundin habe ich in dem Prozess begleitet, da war sie erst 33 Jahre alt. Das ging insgesamt fünf Jahre, und ich habe viel von ihr gelernt.«
Die Stimmung im Raum verändert sich. Majas Körperhaltung wird weicher, die Wangen rot. Mit »Prozess« meint sie den frühen Tod ihrer besten Freundin. Es fällt ihr anscheinend schwer, es zu benennen.
»Wir haben gemeinsam buddhistische Literatur gelesen, besonders von Pema Chödrön, das ist eine Nonne aus Kanada. Eine ganz essenzielle Message im Buddhismus besagt, dass du nie die gesamte Verantwortung für das Ergebnis einer Situation tragen kannst, weil in den allermeisten Fällen noch andere Komponenten dazu beigetragen haben, die außerhalb deiner direkten Kontrolle liegen. Du kannst nur für die Motivation der eigenen Aktivität Verantwortung übernehmen.«
Maja erzählt, wie sie gerade in diesem Prozess trainiert hat, auf ihr Herz zu hören: »Ich war schon auf dem Weg zum Flughafen, eine Dienstreise nach Portland und Hawaii stand an. Mein damaliger Freund bemerkte, dass ich sehr hektisch wurde, und fragte, ob ich nicht noch einmal kurz stehen

bleiben und in mich gehen wolle, um herauszufinden, ob ich gerade den richtigen Weg wählte. Wir sind also stehen geblieben, ich habe angefangen zu heulen, bin auf das andere Bahngleis und nach Norddeutschland gefahren anstatt zum Flughafen Richtung Hawaii. Ich habe eine komplette Dienstreise gecancelt, weil irgendwas mir gesagt hat, es geht jetzt nicht. Und das war genau die richtige Entscheidung, denn ich wäre nicht rechtzeitig zurückgekommen. Deshalb glaube ich, dass es immens wichtig ist, diese Form der Selbsterkenntnis und auch das Zulassen von Dingen, die wir sonst vielleicht erst mal als unangenehm empfinden, zu trainieren.«

Ich sehe ihr an, wie schwer es ihr fällt, darüber zu sprechen. Sie kann den Tod nicht benennen, sie kreist drum herum. Ihre Augen werden feucht, der Körper sehr schwer. Jetzt sind wir wirklich ganz, ganz nah an ihrem Herzen. Durch ihre Freundin hat Maja gelernt, mit einer postnatalen Depression umzugehen, als sie sich mit dem Blick auf den Zustand der Welt gefragt hat, warum sie zwei Kinder in diese gesetzt hat. Ihre Freundin zeigte ihr, dass wir Menschen sowieso irgendwann sterben.

»Ich habe die Verantwortung, bis dahin das Beste für meine Kinder zu tun und so lange wie möglich ein gutes Leben zu führen. Und für mich hat dieses gute Leben ganz viel mit Integrität zu tun. Damit, nicht nur an mich, sondern auch an das Drumherum zu denken, sodass wir unter Umständen zwar früher gehen müssen, aber das dann in Frieden tun können.«

Maja spricht ganz ruhig. Sie erzählt, dass die größte Angst ihrer Freundin war, vergessen zu werden, und so ist sie noch Patentante von Majas Tochter geworden. »Sie ist noch ganz oft da. Es sind einfach Momente, Situationen mit Wasser zum Beispiel oder Pferden – das waren gemeinsame Berührungspunkte. Immer, wenn ich mich zu sehr in mir drin aufgehängt habe, hat sie zu mir gesagt: ›Och, Puppe, komm mal her.‹ Sie hat mich dann einfach in den Arm genommen, das ist es doch, was wir manchmal am meisten brauchen. Wir brauchen keine Antworten. Wir brauchen niemanden, der uns sagt, was wir hätten machen sollen und was wir das nächste Mal besser machen können. Manchmal brauchen wir einfach einen Moment, um traurig, ärgerlich und durch mit allem sein zu dürfen, und jemanden, der dann sagt: Komm mal her, ich nehme dich in den Arm, und du darfst einfach nur sein. Das ist die Form von Generosität, die wir alle in uns haben, die überhaupt nichts kostet außer Zeit und Offenheit und immer wieder dieses Herz.«

BRÜCKEN BAUEN

Und da sind wir am Ende angelangt. Der Raum ist angenehm warm, nicht erhitzt. Ich habe das Gefühl, verstanden zu haben, was Maja antreibt und warum es nicht nur um die Antworten geht. Dennoch möchte ich zum Schluss erfahren, worauf sie in Zukunft ihren Fokus legen wird.
»Ich möchte auf jeden Fall weiter dazu beitragen, dass wir Brücken bauen zwischen vermeintlich unauflösbaren Lagern, zwischen vermeintlich unauflösbaren Positionen, denn ich glaube, genau das braucht es in dieser verrückten Gesellschaft. Ich möchte das Miteinander zum Thema machen. Ich möchte sehen, wie diejenigen, denen es gut geht, den Mut gewinnen, sich vielleicht ein Stück zu de-privilegieren, damit wir alle uns wieder mehr als Gesellschaft, als ›Wir‹ empfinden können.«

Wir öffnen die Fenster. Ich mache ein Foto, darauf strahlt Maja mich mit ganz weitem Herzen an.

Das Gespräch fand im April 2021 statt.

MARKUS GABRIEL

ÜBER VERBLENDUNGEN

Aus mir wäre beinahe ein großer Philosoph geworden. Wirklich. Mit 15 Jahren habe ich mir zum zweiten Mal in wenigen Monaten den Fuß verstaucht. Ich lag wochenlang in Gips zu Hause auf dem Sofa. Aus der Schulbibliothek hatte ich mir ein Buch von Platon ausgeliehen. Meine damalige Freundin Madlen hatte unsere Beziehung als eine platonische Liebe bezeichnet, und ich wollte wissen, was sie damit meinte, aber es war mir zu peinlich, sie direkt zu fragen. So lag ich auf dem Sofa und blätterte in einem Büchlein mit so dünnen Seiten, wie ich sie nur aus den Gesangbüchern in der Kirche kannte. Ich habe ehrlich versucht, es zu lesen, Satz für Satz, eine Seite, zwei Seiten. Ich habe nichts kapiert, noch einmal von vorn. Und noch mal. Beim dritten Versuch habe ich abgebrochen und wieder zu Stephen King gegriffen.

Markus Gabriel machte ungefähr zur gleichen Zeit in der Nähe von Bonn eine ähnliche Erfahrung. Auch er hatte sich beim Zu-schnell-die-Treppe-Runterrasen den Knöchel verstaucht und lag auf dem elterlichen Sofa. Von einem Freund bekam er *Die Krankheit zum Tode* von Kierkegaard geschenkt. Auch er verstand kein Wort, doch im Gegensatz zu mir gab er nicht auf, gewöhnte sich an die seltsame Sprache des dänischen Philosophen und hörte danach einfach nicht mehr auf. Während ich auf der Suche nach einer neuen Freundin war (ich hatte inzwischen herausgefunden, dass die platonische Liebe kein zukunftsfähiges Konzept für einen Teenager ist), las Markus

Gabriel Kant, Heidegger und Arendt. Er promovierte mit 25 und wurde mit 29 Jahren Deutschlands jüngster Philosophieprofessor. Hätte mir auch passieren können.

Ich habe Markus Gabriel auf einer kleinen Veranstaltung im Sommer 2020 kennengelernt. Bis zu dem Moment kannte ich nur die alten Philosophen und Philosophinnen und ihre für mich unverständlichen Bücher und natürlich Richard David Precht – alles Männer und Frauen, die auf mich eher eine gewisse Elfenbeinturmigkeit ausstrahlten. Markus Gabriel war das komplette Gegenteil. Eine gigantische Kommunikationslust ging von ihm aus, er wollte sich mit jedem und jeder auf diesem Event austauschen und am liebsten über alles gleichzeitig sprechen. Wu Tang Clan, Werte, Gendern, Meditation, Corona. Sagte jemand etwas, was er nicht kannte, fragte er nach.

Ich habe von Markus Gabriel erfahren, dass ich mein Leben verkomplizieren muss, dass ich Jeff Bezos ähnlicher bin, als mir lieb ist, und dass wir alle Opfer von Verblendungen sind.

WER BIST DU?

Ein Dreivierteljahr nach dieser ersten Begegnung kommt Markus Gabriel ins Hotel. Es ist Anfang April und noch ziemlich kalt. Er trägt eine dicke, schwere Felljacke und darunter einen grauen Anzug. Die Brille beschlägt beim Betreten des Studios. Er sieht aus wie ein russischer Geheimagent auf Mission, sein rheinischer Singsang lässt diese Zuschreibung jedoch sofort zerplatzen. Ich springe direkt ins Gespräch: »Die philosophische Frage: Wer bist du?«

»Ich würde sagen, dass ich ein geistiges Lebewesen bin. Ein Tier, das auf eine bestimmte Weise denkt und lebt.«
»Das wäre deine philosophische Antwort. Und was wäre die etwas privatere Antwort?«
»Die wäre wohl, dass ich nicht die ganze Zeit derselbe bin. Natürlich gibt es einen Faden, einen Lebensfaden. Aber heute würde ich darauf wohl antworten, dass ich vor allen Dingen Vater bin. Das würde mir jetzt als Erstes einfallen. Das scheint mir im Moment, für mich und an mir das Wichtigste.«
Seine Mutter arbeitete als Krankenschwester, sein Vater war Friedhofsgärtner. Nach seiner Begegnung mit Kierkegaard sagte Markus seinen Eltern, dass er Philosophieprofessor werden wolle, er sagte wohl sogar, dass er es werden *würde*. Die Eltern haben es abgetan, gleichzeitig war der Leistungsdruck in der Familie Gabriel sehr hoch: »Eine Drei war eine Katastrophe, eine Eins war nicht der Rede wert, von der wurde ausgegangen.«

WER SIND WIR?

Ich möchte von Markus Gabriel wissen, wozu es die Philosophie überhaupt gibt.
»Die Aufgabe der Philosophie ist primär die Selbsterforschung des Menschen. Also die Beantwortung der Frage: Was oder wer sind wir? Sind wir ein kompliziert organisierter Haufen von Zellen, der nach einem genetischen Code abläuft? Sind wir unsterbliche Seelen, die in einem Körper feststecken? Und davon vielleicht in einer Serie von Reinkarnationen wieder befreit werden? Das beschäftigt mich. Und ich glaube, die Aufgabe der Philosophie ist es zu versuchen, die richtigen Fragen zu stellen, die dann zu Antworten bezüglich dieser irritierten

Stellung führen. Unser Menschsein ist ja im Gesamten eine wahnsinnige Irritation. Man ist nicht einfach so Mensch. Im Gegensatz zu Löwen. Löwen sind einfach so Löwen.«
»Denken wir«, entgegne ich.
»Denken wir, genau! Es ist natürlich überhaupt nicht klar, ob Löwen nicht auch irritiert sind. Aber in unserer Vorstellung essen Löwen eben Gazellen. Klar ist, Löwen diskutieren nicht über die Frage, ob sie lieber Vegetarier oder Vegetarierinnen werden sollten. Und Schimpansen diskutieren nicht darüber, ob sie statt Alphamännchen vielleicht auch mal eine feministische Bewegung brauchen. So sieht's aus. Aber es kann natürlich sein, dass auch andere Tiere in ihrer Tierheit irritiert sind. Das weiß ich nicht. Ob die vielleicht auch rumlaufen und sich fragen: Was soll das hier? Was soll das eigentlich?«
»Und was ist eigentlich der Sinn des Lebens?«
»Ja. Vielleicht denken sich das die Löwen. Die haben schließlich viel Zeit, die liegen viel rum, soweit ich weiß.«
Es macht mir sofort Spaß mit Markus Gabriel. Wir reden noch keine zehn Minuten und sind schon auf der Tanzfläche der Gesprächsdisco. Ich will wissen, ob er eine Antwort darauf gefunden hat, wer wir sind.
»Ich glaube, wir sind das geistige Lebewesen. Das ist für mich schon die Antwort. Aber die ist halt ein bisschen schmal, ziemlich vage, ehrlich gesagt. Was soll das sein, ein ›geistiges Lebewesen‹? Irgendwie hat man sich mehr erwartet. Und deswegen denke ich: Wir sind diese Irritation. Wir sind diese Frage. Wir sind ein herumwandelndes Fragezeichen. Das sind wir alle. Das ist der universale Kern. Wir Menschen haben, egal, wo wir sind, eines gemeinsam: diese Art von Frage zu sein. Deswegen finden wir es wohl auch so merkwürdig, wenn wir anderen Menschen begegnen, auf die das nicht zutrifft, die fanatisch oder dogmatisch sind. Da gibt es also tatsächlich Menschen,

die in der vollsten Substanz etwas glauben. Die sich ganz sicher sind, dass sie eine unsterbliche Seele haben zum Beispiel.«

»Du meinst, der Kern ist, dass wir alle – egal, ob wir hier, in Schanghai oder in Bonn sind – uns fragen: Was soll das alles?«

»Genau. Ich glaube, das passiert die ganze Zeit. Auch wenn wir das ganz gerne übertünchen. Vieles von dem, was wir Menschen so tun, ist ein Versuch, nicht auf diese Stimme zu hören, die uns fragt: Was tust du hier? Was soll das? Warum machst du das?«

»Glaubst du, dass daher Alkohol, Betäubung, Überbeschäftigung, Überarbeiten, Über…, Über…, Über…, dass das daher kommt, dass wir versuchen, diese Frage leiser zu machen?«

»Das glaube ich tatsächlich.«

Und da haben wir sie, die erste große Erkenntnis. Die Frage nach dem Sinn führt uns immer wieder in die Vergangenheit, indem wir versuchen, den Weg, den wir gegangen sind, zu verstehen. Oder aber wir richten uns nach vorn, versuchen, in die Zukunft zu blicken und zu erahnen, was da kommt. In beiden Fällen verpassen wir, worum es eigentlich geht. Der Sinn des Lebens ist das Leben. Im Hier und Jetzt. So wie die Löwen das machen und die Hunde. Warum glauben wir Menschen eigentlich, dass es einen anderen Sinn gibt?

NUR EIN TROPFEN WASSER BIS ZUR PHILOSOPHIE

Wie werden Menschen, wie sie sind? Das ist eine zentrale Frage im *Hotel Matze*. Rückblickend ordnen sich die Geschichten meiner Gäste meistens zu fantastischen, meist sogar nachvollziehbaren Geschichten. Darum lese ich auch Biografien so gern. Markus' Geschichte fängt nicht erst auf dem Sofa mit einem verstauchten Fuß an, die Dinge zu hinterfragen, sondern unter einer Laterne.

»Ich war auf dem Weg zur Grundschule, als mir ein Tropfen Wasser ins Auge fiel. Dadurch entstand für einen Moment der einfache optische Effekt, dass aus der einen Laterne da über mir zwei wurden. Ich blickte auf die zwei Lampen und dachte mir mit einem Mal: Stopp. Wenn ich jetzt zwei Lampen sehe, warum glaube ich dann trotzdem, dass da nur eine ist? Wenn ich immer diese zwei Lampen sehen würde, würde ich dann glauben, es sind zwei? Oder würde ich trotzdem denken, es ist eine? Und was wäre, wenn ich drei sehen würde? Wie viele Laternen sind da, und wie stelle ich das fest? Denn Hingucken reicht ja offensichtlich nicht. Schließlich habe ich eben noch eine gesehen, und dann waren es plötzlich zwei. Das hat mich im Folgenden wahnsinnig beschäftigt. Gar nicht losgelassen hat mich die Frage, wie ich denn wissen kann, was die Wirklichkeit ist, wenn ich sie doch immer nur sehe. Deswegen bin ich Erkenntnistheoretiker geworden. Das ist eine der Fragen der Erkenntnistheorie.«

Diese Art von Fragen habe ich mir noch nie gestellt. Nicht einmal jetzt. Ich wollte in der Grundschule wissen, wie es bei *Gute Zeiten, schlechte Zeiten* weitergeht und ob Per Gessle und Marie Frederiksson ein Paar sind. Ich gebe es zu, aus mir wäre doch kein Philosoph geworden.

STEREOTYPEN

Markus ist der Erste in seiner Familie, der studiert hat. Seinen Weg aus einer typisch rheinischen Arbeiterfamilie zur Professur beschreibt er als nicht vorgegeben. Tatsächlich behauptet er, er habe seinen Aufstieg einer grundsätzlichen Chancengleichheit in Deutschland zu verdanken.

»Chancengleichheit in Deutschland. Wie bitte?«, frage ich irritiert.
»Ich kann natürlich nur von mir selbst ausgehen. In dem Teil in Deutschland, aus dem ich stamme, habe ich das überall beobachtet. Alleine aus den Straßen, aus denen ich stamme, kommen viele Bildungsaufsteiger, die große soziale Sprünge gemacht haben.«
»Wenn das stimmt, wie kann es dann diese enorme soziale Schere zwischen Arm und Reich geben, die immer noch größer wird?«
»Das rührt von einem gewissen Demokratiemangel her, dessen Ursache noch identifiziert werden muss. Wie wir übereinander denken, ist immer noch sehr stark in Stereotypen kategorisiert. Wir denken in Weiß, Frau, Mann, Schwarz. Das heißt, wir verwenden, ohne es zu wollen, Kategorien, die Individuen in Gruppen einteilen. Dann gibt es ›die Frauen‹ und die sind eine Gruppe, die so und so definiert ist. Irgendwas verbindet man damit. Oder ›die Männer‹, ›die Berliner‹, ›die Münchner‹, wer auch immer die sein mögen. Ich glaube, der Fehler liegt in dieser Gruppenbildung. Das heißt, der Fehler fängt in unserem Nachdenken über die Gesellschaft an.«
Ich sitze kerzengerade, hoch konzentriert vor Markus und versuche, jedes Wort einrasten zu lassen, um es zu verstehen.
»Die Kategorisierung unserer Gesellschaft hat wiederum ökonomische Auswirkungen, denn es gibt immer jemanden, der davon profitiert, dass wir auf bestimmte Art und Weise über die Gesellschaft sprechen. Und das führt schließlich dazu, dass Demokratiedefizite entstehen können. Das liegt daran, dass einige Menschen andere Menschen ausbeuten können, indem sie wissen, dass die bestimmte Verhaltensmuster haben.«
Indem ich also jemanden in eine Schublade stecken kann, weiß ich auch, was diese Person braucht, und kann es ihr verkau-

fen. Dadurch entstehen Strukturen, die die soziale Schere auseinandergehen lassen. In Berlin sehe ich es gerade an den vielen Lieferdiensten, die innerhalb von 10 Minuten Supermarkteinkäufe nach Hause liefern. So sitzen auf der einen Seite Menschen in schönen Altbauwohnungen auf ihren Sofas, sie bestellen bequem und müssen das Haus nicht verlassen. Zu ihnen kommen meistens Menschen mit Migrationshintergrund auf Fahrrädern und schleppen die Ware ins Dachgeschoss. Die Plattform profitiert, die Altbaubewohner und Altbaubewohnerinnen müssen das Haus nicht verlassen, der Fahrer und die Fahrerin bekommt – wenn es gut läuft – den Mindestlohn.

»Das hängt auch mit den Algorithmen zusammen, denen wir alle tagtäglich ausgeliefert sind. Wir müssen uns klarmachen, dass wir tatsächlich die ganze Zeit durch Suchmaschinen kategorisiert werden. Diese Prozesse liegen längst nicht mehr in den Händen der Demokratinnen und Demokraten, der Bürgerinnen und Bürger, sondern diese Prozesse finden komplett außerhalb der Demokratie statt, nämlich in global vernetzten Technologie-Konzernen.«

Ich versuche, mich kurz zu sortieren, das Gesagte fordert mich ganz schön heraus. An der Stelle bleiben Fragezeichen. Es ist kompliziert und sehr spannend. Wir machen mal weiter.

DU MUSST DEIN LEBEN VERKOMPLIZIEREN

Ich erlebe es in den letzten Jahren immer häufiger, dass ich komplett überfordert bin, und dabei sitzt nur ganz selten ein Philosoph vor mir. Mal ist es die Nachrichtenlage, mal die Faktenlage, mal ist es die Unendlichkeit einer Speisekarte. Ständig kommen neue Begrifflichkeiten dazu, immer kleiner werdende Subkulturen. Hast du die Serie schon gesehen? Hast du Bitcoins oder in Ethereum investiert? Ich habe dir doch geschrieben. Wo denn, bei WhatsApp, Signal, Messenger, Telegram, per DM, per Mail? Was ist richtig: Mitarbeitende, Mitarbeiter und Mitarbeiterinnen, oder machen wir eine Pause, Mitarbeiter*innen? Dazu die hochgezogenen Augenbrauen, wenn man es nicht richtig macht. Mein Anspruch ist es mitzukommen, ich will verstehen, will nicht zu Stephen King greifen, doch die Welt scheint für meine Kapazitäten irgendwie zu komplex geworden zu sein. Darum versuche ich, mir mein Leben gerade so einfach wie möglich zu gestalten. Wie kann es aber gelingen, dass wir aus einem Stereotypen-Bild rauskommen und gleichzeitig die Komplexität verringern? Dieses große Fragezeichen schiebe ich meinem Gast rüber.

»Ich setze tatsächlich auf das genaue Gegenteil. Die Formel, die ich jetzt zitiere, habe ich von Gert Scobel: ›Complexify your life.‹ Ich glaube, die Antwort auf dieses weitverbreitete Bedürfnis, die Komplexität dieser global vernetzten Weltgesellschaft zu reduzieren, ist noch mehr Komplexität. Denn der Fehler liegt eben genau in der Komplexitätsreduktion. Ich glaube auch, dass es kein Zufall ist, dass der Wunsch, zu meditieren oder Yoga zu machen, in der Pandemie zugenommen hat. Derlei Tätigkeiten führen dazu, dass man die Wirklichkeit ungefilterter wahrnimmt. Nach einer Meditation sehen die Farben anders aus. Die Wirklichkeit durchströmt einen geradezu, und man lässt es zu. Diese Erfahrung, die im Buddhismus als Leere bezeichnet wird, ist meiner Meinung nach das Gegenteil von Leere – es ist die reinste Fülle, die wir ganz unbewertet lassen. Wir sollten das unbedingt mehr üben: Auszuhalten, dass die Wirklichkeit nicht so ist, wie wir sie uns vorstellen.«

Markus spricht von all den Dingen, die gerade jetzt in diesem Moment in der gleichen Wirklichkeit stattfinden. Während wir im Studio miteinander reden, stirbt jemand, hat jemand einen

Orgasmus, kratzt sich am Ohr, bricht sich ein Bein oder überlegt, ob er oder sie ein Attentat verüben sollte. Es ist wirklich unvorstellbar, was alles gleichzeitig passiert.

»Die Wirklichkeit ist ein völlig fremder Ort. Das merkt man vor allem in Lebenskrisen, zum Beispiel nach einer schweren Trennung oder wenn jemand stirbt, der einem nahesteht. In Krisen merkt man, dass die Wirklichkeit wahnsinnig überfordernd ist, man wünscht sich dann Heimat, Nähe, Sicherheit – alles absolut berechtigte, wichtige Wünsche. Aber ich glaube, wir müssen gleichzeitig lernen, uns für dieses radikal Andere zu öffnen, das die Wirklichkeit selbst ist.«

»Und wenn wir uns für das radikal Andere öffnen, dann meinst du das große Panoramafenster und nicht das kleine Guckloch in der Tür, das unsere Sicht verengt, richtig?«

»Genau. Wir sollten das Fenster so groß wie irgendwie möglich machen, um uns zu vergegenwärtigen, dass wir alle lokal leben. Es ist ja klar, dass jeder von uns an genau einem Ort lebt, und der ist viel kleiner als die Wirklichkeit. Ich halte die Wirklichkeit für mehr als unendlich groß. Was in der alles passiert, ist unvorstellbar und unberechenbar und unkontrollierbar. Das war schon immer so. Wir haben aber lange gedacht, dass wir sie durch Technologie irgendwie kontrollieren können.«

So langsam verstehe ich, was Markus meint. Nehmen wir das Smartphone: Am Anfang fühlte es sich einfacher an, schnell und überall erreichbar zu sein, die Wirklichkeit wird vermeintlich kontrollierbarer. Es vermittelt uns, dass wir unendlich viele Möglichkeiten haben, wir können sogar nachts erreichbar sein, lassen das Handy neben dem Bett liegen und machen uns nach und nach, ohne es zu merken, abhängig von diesem kleinen schwarzen Kasten, denn wir können gar nicht mehr die Finger davon lassen. Inzwischen kontrollieren wir gar nichts mehr, sondern dieses Ding kontrolliert uns.

»Wir haben mehrere Jahrzehnte einer gefährlichen Vereinfachung hinter uns. Unser Wunsch nach beispielsweise einfachem Konsum – kauf dir dies, kauf dir das, dann wird es besser und so weiter. Vieles dieser vereinfachten Lebensweise hat dazu geführt, dass Menschen unvorstellbares Leid angetan wird.«

Um beim Handybeispiel zu bleiben: Nach Angaben von UNICEF haben 2017 rund 40 000 Kinder im Kongo in Minen gearbeitet, um Kobalt abzubauen, der für die Akkus von Smartphones notwendig ist. Es wäre zu einfach zu sagen, dass allein die Handyhersteller daran schuld sind. Auch Apple und Samsung möchten bestimmt nicht, dass Kinder ausgebeutet werden. Und dennoch passiert es.

»Das müssen wir ändern, da wird gar kein Weg dran vorbeiführen. Wir alle erleben gerade in dieser Pandemie, dass wir alle miteinander verbunden sind. Und es geht noch viel weiter. Wir sind wirklich mit jedem Menschen vernetzt, nicht nur mit denen, die in unserer Straße leben, sondern auch mit dem kleinen Jungen in Ruanda und dem Chiphersteller in Südkorea. Wir befinden uns alle im selben globalen System. Wenn man sich das bewusst macht, dann kann man, glaube ich, anders leben. Ich will ja auch keinen überfordern, sondern nur sagen: Wir müssen uns der Wirklichkeit gegenüber öffnen und uns immer wieder irritieren lassen. Raus aus diesen teils gefährlichen Denkgewohnheiten, denn die haben Konsequenzen. Wir brauchen mehr Mitgefühl und Nachsicht, und damit will ich gar nicht übermoralisieren. Ich will gar nicht sagen: ›Ihr müsst euer Leben ändern, und ich zeige euch, wie.‹ Sondern eher: ›Wir müssen ernsthaft darüber nachdenken, wie wir in Zukunft leben wollen, wer wir jetzt sind und wer wir in Zukunft sein wollen.‹ Mit Vereinfachung läuft das halt nicht mehr. So fahren wir an die Wand.«

WIR SIND ALLE JEFF BEZOS

Ich muss an Jeff Bezos, den Amazongründer, denken. Die Amazonaktien sind in den letzten Monaten immer weiter gestiegen, weil die Menschen zu Hause mehr und mehr online bestellt haben. Gleichzeitig wurde bekannt, dass die Arbeitsbedingungen in den Amazonlagern so schlecht sind, dass die Arbeiter und Arbeiterinnen in Flaschen pinkeln müssen, um ihr Soll zu erfüllen. Man kann wohl sagen, dass Jeff Bezos – der zweitreichste Mensch der Welt – wie kein anderer vom Wunsch der Vereinfachung profitiert hat. Mit nur zwei Klicks kann ich alles bei Amazon bestellen und bekomme es vor meine Tür geliefert. Während Jeffs Kontostand immer größer wird, wächst die Ungleichheit, werden Menschen und Ressourcen ausgebeutet. Wenn es stimmt, dass das niemand will, so wie Markus sagt, warum passiert es dennoch?

»Weil auch Bezos in Prozessen feststeckt. Auch Jeff Bezos hat irgendwann, was weiß ich, in Stanford gesessen und gesagt: ›Ich möchte reich werden.‹ Das ist ja auch erst mal legitim – wenn man sich überlegt, was möchte ich mal werden? Und dann denkt man: Reich. Das möchte ich jetzt gar nicht kritisieren. Jeff Bezos möchte also reich sein, und dann fällt ihm auch noch was Gutes ein. Gerade wurde das Internet erfunden, das heißt, Bezos erhält Zutritt zu einem hoch vernetzten neuen System und ist einer der Ersten, die zufällig – mehr oder weniger mit Glück – die Nase vorn haben. Und dann kommt er auf den genialen Gedanken, den Leuten ihr Zeug nach Hause zu liefern. Ein Otto-Katalog, nur besser. Er hat bestimmt nicht gedacht: Irgendwann werde ich die Arbeiterinnen und Arbeiter in meinen Fabriken furchtbar ausbeuten. Das war bestimmt nicht sein Plan, sondern da ist er hineingeraten. Das sind Dinge, die über Jeff Bezos und seine Intention hinausgehen. Auch er ist Teil von Produktions- und Ressourcenketten, die er natürlich nicht kontrolliert. Niemand ist Herr der Welt, Master of the Universe, nicht mal Jeff Bezos oder Elon Musk.«

»Aber ich gehe davon aus, dass Jeff es mitbekommen hat, dass er sehr viel Geld auf dem Konto hat und dass es sehr vielen Menschen schlecht geht aufgrund seiner Firma. Warum, glaubst du, macht er nichts dagegen?«

»Das ist natürlich die alles entscheidende Frage. Ich glaube, auch Bezos ist Opfer einer Verblendung. Genauso wie wir. Im Grunde sind wir alle nur Jeff Bezos im Kleinen. Nimm uns beide: Wir sitzen hier in dieser wunderschönen, ruhigen, tollen Straße in Berlin. Ja, und es ist hier deshalb so wunderschön und toll, weil irgendwo in der Verteilungskette Menschen leiden. In diesem Moment liefern wir unseren eigenen kleinen Beitrag. Du und ich haben kein Kind ermordet, aber die Dinge, die wir tun, haben am Ende sehr langer Ketten diese Konsequenz.«

»Vielleicht haben wir doch ein Kind ermordet«, überlege ich und denke an die Minen.

»Indirekt ja.« Markus nickt.

»Bei dem Telefon hier in meiner Hand wissen wir, dass da wahrscheinlich nicht alles korrekt zugegangen ist.«

»Das wissen wir nur abstrakt. Genauso wie auch Jeff Bezos erst mal nur ahnen kann, was in seinen Fabrikhallen abgeht.« Mit jedem Klick, den wir machen, mit jedem Buch, das wir bei Amazon bestellen und nicht im lokalen Buchhandel kaufen, unterstützen wir das System. Bevor wir Jeff Bezos kritisieren, was natürlich wichtig und richtig, aber eben auch schön einfach ist, müssen wir auf uns schauen. Der Weltschaden, den wir anrichten, ist zwar kleiner als der von Jeff, aber eben nur im Vergleich. Die traurigste Erkenntnis des Tages: Ich bin Jeff Bezos – in Klein.

Auch Markus ist fasziniert von ihm: »Jeff Bezos, der wirft für uns dieses Rätsel auf: Warum teilt der denn nicht? Und die Frage gilt dann aber auch für uns: Warum machen wir das nicht? Weil wir sind wie Jeff Bezos im Kleinen. Solange wir selbst noch wohlhabende Industrielandbewohner sind, verhalten wir uns zu anderen Menschen so, wie Jeff Bezos sich zu uns verhält. Aber wir sehen das nicht.«
Markus schlägt vor, dass wir mit jedem dritten iPhone, das wir uns kaufen, eine Reise in die Minen Ruandas machen sollten. Staatlich gefördert. Denn ähnlich wie der Soziologe Hartmut Rosa weiß er, dass es nicht ausreicht zu wissen, dass etwas schiefläuft. Wir müssen es erleben, um es wirklich zu begreifen.

LERNEN IST DAS GEILSTE

Wir sind schon einiges an Denkwegen abgelaufen, bei meinem Gast ist keinerlei Erschöpfung zu erkennen. Er ist vollkommen da, vollkommen wach. Wie beim Tetrisspielen kommen ständig neue Gedanken reingeflogen, die er schnell zusammenbastelt und an die richtige Stelle rückt. Nichts ist je zu Ende gedacht, mit einem neuen Fakt, einer neuen Erkenntnis kann sich alles verändern, und Markus scheint allzeit bereit dafür. Als ich ihn vor ein paar Monaten traf, hat er nicht gegendert, jetzt macht er es konsequent.
»Lernen ist für mich persönlich einfach das Interessanteste. Lernen heißt ja im Wesentlichen Fehler korrigieren. Lernen ist nicht Wissen anhäufen und immer besser werden. Lernen ist eher schlechter werden im Schlechtsein.«
Bei ihm scheint alles Mathematik zu sein. Nur gibt es keine Zahlen, sondern Informationen. Entdeckt er einen Irrtum, dann freut er sich: »Was heißt es eigentlich, im Irrtum zu

sein? Wir liegen alle irgendwie in irgendwas falsch. Wir wissen nur nicht, worin genau. Wir haben alle falsche Meinungen, wir haben nur keine Ahnung, welche das sind. Wir machen die ganze Zeit Fehler.«

FALSCHES DENKEN, RICHTIGES DENKEN

Noch einmal zurück zu den Stereotypen. Die einfachste und häufigste Zuschreibung ist die, Menschen und Verhaltensweisen in Gut und Böse zu sortieren. Im Kinderzimmer meines Sohnes sehe ich es die ganze Zeit. Es sind immer die einen gegen die anderen. Mal gewinnen die Guten, mal die Bösen, und natürlich ist klar, dass die Guten gut sind und die Bösen böse. Es ist schön einfach, aber wie wir wissen, ist »einfach« jetzt vorbei.

»Wir haben beides«, meint Markus. »Wir können das Böse tun, obwohl wir wissen, dass es das Böse ist. Das ist wie mit der Jeff-Bezos-Frage: Kann Bezos wissentlich das Böse wollen und tun? Meine Antwort wäre: Nicht ganz. Ich glaube, du brauchst immer das Element der Verblendung, des Schönredens. Ich bin kein Experte, und es ist ein heikles, hochkomplexes Feld: die Psychologie der Täter. Nehmen wir Auschwitz, um das schlimmste deutsche Beispiel zu wählen. Wie schafft man es, ein System zu errichten, in dem Menschen anderen Menschen etwas so Grauenhaftes antun? Das ist hochkomplex. Es geht bestimmt nicht ganz ohne Verblendung. Das waren sicher echte Überzeugungstäter, die von ihrem Standpunkt aus dachten, dass sie das Richtige, das Gute tun. Aber um zu glauben, es sei gut, Menschen zu töten, weil sie Juden sind, dafür braucht es eine Menge Verblendung, in diesem Fall in Form von Rassismus. Dafür braucht es dehumanisierende Groß-

Verblendungen, und das ist nicht einfach. Deswegen mussten die Nazis so eine gigantische Propagandamaschine erzeugen, um erst mal das Gewissen derjenigen, die mitmachen sollten, abzuschaffen. Ich bin natürlich kein Antisemitismus-Forscher, das ist meine rein philosophische Betrachtungsweise solcher Extremfälle. Denn ich muss ja irgendwie erklären, warum das Böse geschieht, obwohl wir einen Kompass dafür haben. Es muss Systeme der Verblendung geben, die es uns erlauben, das Böse zu tun, obwohl wir wissen, aber nicht hundertprozentig realisieren, dass es böse ist.«

Da sind wir wieder bei uns. Verdammt, wir kommen aus der Sache nicht raus. Oder doch?

»Jede und jeder von uns – und zwar in alle Richtungen, es sind nicht nur die weißen Männer, auch junge Schwarze Mädchen haben so etwas –, jeder Mensch hat teils verwerfliche Vorurteile gegenüber anderen Menschen. Und die sind nicht nur über Hautfarben konnotiert. Manche Menschen haben sogar Vorurteile gegenüber denen, die einen Zopf tragen. Die Vorurteilsstruktur der Menschen ist hochkomplex. Deswegen brauchen wir in diesem neuen, diversen ›Wir‹, das wir gemeinsam auf die Beine stellen müssen, ganz viel Nachsicht miteinander. Es ist genauso verwerflich zu glauben, dass der 67-jährige CSU-Wähler vom bayerischen Dorf eher Rassist ist als zum Beispiel die 22-jährige hippe, super klimaengagierte Berlinerin. Warum sollte das so sein? Das bloße Zurschaustellen des richtigen Denkens ist natürlich nicht das richtige Denken.«

Sich hinzustellen und zu behaupten, die Menschen richtig bewerten zu können, und sich selbst auf der richtigen Seite zu meinen, ist problematisch. Es ist wieder der Wunsch nach Vereinfachung. Wir müssen die Welt als das betrachten, was sie ist: Verdammt kompliziert.

Selten ist so ein großer Zug der Erkenntnis durchs Hotel gefahren. Mein Kopf rauscht, Markus könnte noch drei Stunden weitersprechen. Draußen ist es inzwischen dunkel. Die Straßenbeleuchtung ist an. Ich gehe zur Laterne, schaue nach oben und bin mir plötzlich nicht mehr sicher, ob da wirklich nur eine Laterne steht.

Das Gespräch fand im April 2021 statt.

MARGARETE STOKOWSKI

ÜBER WUT

Ich habe ein bisschen Schiss vor Margarete Stokowski. Den Tag vorm Interview verbringe ich komplett mit der Vorbereitung, so als würde eine Prüfung anstehen. Ich lese noch mal ihr Buch *Untenrum frei* quer, dazu ihre Kolumnen beim *Spiegel*, scrolle durch ihren Twitter-Account, vertiefe mich in Porträts über sie. Mein Freund Aki sagt am Telefon, dass er das verstehen kann, er hätte vor ihr auch ein bisschen Schiss. Margarete Stokowski ist eine der führenden Feministinnen Deutschlands und eine der meistgelesenen Kolumnistinnen noch dazu. Mann will einfach nicht doof dastehen vor ihr und schlimmstenfalls in einem ihrer Texte landen, denn das bedeutet meistens nichts Gutes.

Sie kommt ein bisschen verspätet ins Studio, ist aber richtig gut gelaunt. Berlin im Sommer ist einfach die beste Erfindung. Wir sprechen über unsere Liebe zu Sibylle Berg, sie raucht noch schnell eine Zigarette. Wie sie das macht, ist schon mal faszinierend. Ihre Finger sind ganz dicht an den Mund gepresst, ihre Augen weiten sich, wenn sie daran zieht, so als würde sie zum ersten Mal auf Lunge rauchen. Ich merke, dass eine Zigarette nicht reichen wird, und stelle den Schirach-Aschenbecher auf den Tisch. Ich fühle mich wohl und habe nach wenigen Minuten keine Angst mehr, auf dünnes feministisches Eis zu treten. Ich habe eher Lust, eine Decke zu holen und mit ihr in den Park zu gehen und diesen Tag zu genießen. Aber das wird nicht möglich sein. Unser beider Arbeitsethos würde das nicht zulassen.

Ich habe von Margarete Stokowski erfahren, was das Patriarchat ist, warum Frauen ihre Wut behalten müssen und Männer auch und was an Achtsamkeit politisch schwierig ist.

DAS PATRIARCHAT

Wir kommen direkt zu den großen Stokowski-Themen: »Margarete, was ist eigentlich das Patriarchat?«
Wie zu erwarten, hat sie eine messerscharfe Antwort: »Das Patriarchat ist ein System, das Frauen unterdrückt – ganz normal. Es heißt ja immer und es wird sich oft ein bisschen drüber lustig gemacht, dass es doch Frauen in Führungspositionen gibt, wir eine Kanzlerin haben und so weiter. Aber das Patriarchat ist ein gesellschaftliches System, das als strukturelles Problem geleugnet wird und deswegen weiterbesteht. Und strukturell heißt nicht: In allen Machtpositionen sitzen Männer. Es reicht nämlich nicht, dass irgendwo Frauen an der Spitze sind, denn auch die machen es nicht unbedingt besser. Es geht um grundlegende Themen von Macht, und das heißt meistens Geld und Gewalt. Es geht nicht nur darum, wer da oben sitzt, sondern was genau da passiert.«
Und das, was passiert, überwachen im Grunde Menschen wie Margarete Stokowski. Allerdings sitzt sie nicht in einem Überwachungsapparat wie dem BND, sondern in einem rosafarbenen Zimmer in ihrer Wohnung.

DIE ERREGUNGSSUCHT

Ganz nonchalant erzählt sie, dass die letzten Monate nicht leicht für sie waren. Eigentlich sollte es schon längst ein neues Buch geben, der Verlag hatte es schon vor einem Jahr angekündigt. Doch sie konnte während der ersten Corona-Wellen nicht schreiben, sie konnte sich nur schwer konzentrieren.

»Es ging mir nicht so gut.« In diesem kleinen Satz steckt eine ganze Welt. Ein Gefühl, das wir alle aus den vergangenen Monaten kennen. Sie holt eine neue Zigarette aus der Schachtel, einmal tief inhalieren und weiterreden. Ich denke an ihre letzten Tweets. Manche davon voller Rechtschreibfehler, richtig hingerotzt wirkten sie auf mich. Über 15 000 Tweets gibt es von @marga_owski.

»Oft denken die Leute, ich wäre wahnsinnig aufmerksamkeitsbedürftig und will immer provozieren, weil ich die Kolumne habe. Aber ganz ehrlich, ich wäre froh, wenn ich meinen Job ohne Namen und Gesicht machen könnte.«

Wenn man in die Kommentarspalte unter ihren Artikeln schaut, kann man diesen Gedanken schnell nachvollziehen.

»Bevor ich das erste Buch geschrieben habe, dachte ich, Lesungen werden nur anstrengend. Aber dann habe ich festgestellt, dass die Leute, die mich einladen, gut finden, was ich mache, dass die sich freuen, wenn ich komme. Und auch die Leute, die Tickets kaufen, machen das natürlich nicht aus Hass. Ich war halt so an diese Online-Kommentare gewöhnt, aber tatsächlich bekomme ich so gut wie nie Hass-Kommentare zu irgendetwas, das ich in Büchern geschrieben habe. Wenn ich nur Bücher schreiben würde, hätte ich bestimmt ein entspannteres Leben.«

Aber da kann sie nicht aus ihrer eigenen Haut. Sie muss das machen, sie kann nicht anders. Sie braucht diese Aufregung von außen, denn die ist auch in ihr. Ich sehe es, wie sie raucht, wie sie hibbelig vor mir sitzt. Und sie ist nicht nur ständig Sender, sondern immer auch Empfängerin. In ihrer Wohnung läuft permanent Deutschlandfunk, sie hat sogar zwei Radios, damit sie nichts verpasst. Margarete erzählt, dass sie richtig süchtig danach ist, süchtig nach Informationen und nach dieser Erregung.

Sie beschreibt ihr Schreibzimmer: Es gibt Stapel voller Bücher mit bunten Post-its, zwei Tische und einen Sessel mit Hocker davor zum Lesen. Die Wände sind rosa gestrichen. Ich muss darüber schmunzeln, dass die feministische Autorin diese Farbe wählt. Sie schmunzelt auch. Man merkt, dass sie sich ab und zu von außen betrachtet und je nach Stimmungslage über sich lacht oder sehr hart mit sich ins Gericht geht.

»Das Schreiben ist an sich natürlich gut für mich, weil ich meine Meinung sagen oder Sachen aufschreiben kann, über die ich nachdenke. Und es ist ja auch in dem Sinne eine sehr privilegierte Position, als ich einfach schreiben kann, was ich denke, und dafür auch noch Geld bekomme. In anderen Jobs verliert man den Job, weil man sagt, was man denkt.«

EINE GUTE ÜBERFORDERUNG

Margarete ist in Berlin aufgewachsen, ging auf eine katholische Schule. Mit 15 Jahren las sie Simone de Beauvoirs Buch *Das andere Geschlecht* und nennt es eine Erleuchtung. Es ist im Grunde das feministische Standardwerk. Als richtungsweisend nennt sie außerdem ihre Philosophielehrerin Ursula Kurth: »Sie hat uns total oft überfordert mit Themen, sie hat Sachen gesagt wie: ›Geht mal alle eine halbe Stunde auf den Schulhof und überlegt euch, was der Unterschied zwischen Unendlichkeit und Ewigkeit ist.‹ Oder: ›Überlegt euch mal, was eigentlich Zeit ist.‹ Natürlich sind wir heimlich zum Supermarkt gegangen, statt nur darüber nachzudenken, aber gleichzeitig war klar, dass wir mit einer Antwort auf diese Frage zurückkommen müssen.«

»Mit welcher Antwort bist du zurückgekommen?«

»Das weiß ich nicht mehr. Aber ich weiß, dass ich später viel darüber nachgedacht habe. Sie hat uns Zeitungstexte diskutieren lassen oder Sachen von Adorno, die wirklich viel zu schwierig für Teenies sind, aber ich war total angefixt davon und habe versucht, diese Sachen in meiner Freizeit zu lesen.«

»Indem sie euch überfordert hat, hast du gemerkt, die vertraut uns schon, dass wir das hinkriegen?«

»Ja, überfordert, aber auf eine positive Art. Eher so: ›Ich traue euch zu, euch darüber Gedanken zu machen. Ich glaube, dass diese Antworten in euch drinstecken.‹ Das war interessant, denn es gab natürlich auch diese Lehrer, die rumgebrüllt haben, weil sie nicht wussten, wie sie sonst mit uns Teenagern umgehen sollten. Sie war hingegen so jemand, die in den Raum reinkam, sich hingesetzt hat, und die Leute wurden leise. Und zwar nicht, weil sie etwas gesagt hat, sondern einfach, weil sie so geguckt hat, als würde sie gleich was Interessantes sagen.«

So eine Lehrerin hatte ich selbst nie. Ich mag das Prinzip der positiven Überforderung. Bei Menschen, die man mag, kann einen das zu völlig neuen Leistungen führen, bei Menschen, die man nicht so mag, findet man das einfach nur anstrengend. Ein guter Sympathie-Indikator.

KEIN BOCK AUF NIX

Wenn Margarete Stokowski an ihr jüngeres Ich denkt, bezeichnet sie sich selbst als kapitalismuskritischen Teenie, der sich für das Wohl der Tiere eingesetzt hat und natürlich gegen Neonazis war, obwohl sie keine persönlichen Erfahrungen mit ihnen gemacht hat. Sie war eher still und auch schüchtern. Ihr Vater ist Physiker, die Mutter Psychologin, und die war es auch, die Margarete als Erste attestierte, dass sie eine Depression hat.

»Ich hatte einfach keinen Bock auf nichts. Ich weiß gar nicht mehr, wie alt ich da war. Aber es war mir selbst natürlich auch schon aufgefallen. Als ich angefangen habe zu studieren, habe ich auch angefangen, Antidepressiva zu nehmen. Das hat vieles verbessert.«

»Warum nicht vorher?«

»Da habe ich nie drüber nachgedacht. Ich habe auch eine Therapie gemacht mit ungefähr 17 Jahren. Aber ich weiß gar nicht, gibt man Jugendlichen Antidepressiva? Mit 19 bin ich jedenfalls zu einer Ärztin gegangen und habe sie einfach drum gebeten. Da ging es mir aber auch maximal schlecht. Ich war in der Schule von einem Lehrer missbraucht worden, habe mich selbst verletzt, hatte einen Waschzwang, Essstörungen und auch Depressionen. Das war ganz schön viel. Also habe ich mir Tabletten verschreiben lassen, und es ging mir ziemlich schnell besser. Das lag natürlich nicht nur an den Antidepressiva, sondern auch an meiner veränderten Lebenssituation, dass ich nicht mehr zur Schule ging und diesen Lehrer erst mal los war. Aber warum ich nicht früher Tabletten genommen habe, weiß ich nicht.«

Während sich meine Stimmung sofort ändert, ändert sich bei Margarete nicht viel. Ihr Gesichtsausdruck bleibt, ihre

Stimmlage auch, sie raucht noch eine, schaut manchmal aus dem Fenster, während sie spricht. Waschzwang, Essstörungen und auch Depressionen sind typische Reaktionen auf sexualisierte Gewalt. Wie reagiert man darauf? Wie reagiert man darauf, dass das Gegenüber in einem Tonfall davon redet, als wäre der Mann beim Bäcker heute ein bisschen unfreundlich gewesen? Ich kann damit schwer umgehen und umschiffe das Thema erst kurz.

SEXUELLE BELÄSTIGUNG

Margarete hat ein Einser-Abitur gemacht, und auf die Frage, ob sie beliebt war, sagt sie: »Teils-teils.« Sie hat ihren Mitschülerinnen und Mitschülern bei Diktaten geholfen, indem sie zum Beispiel immer, wenn ein Komma kam, mit dem Fuß aufgetippt hat. Sie hat mit einem unbeliebten Schüler die Klassenarbeiten getauscht, um zu sehen, wie dann die Benotung ausfällt.

»Ich war schon eine Art Streberin, weil ich so gute Noten hatte, aber ich hatte irgendwie auch Spaß daran, ein bisschen Ärger mit Autoritäten zu machen.« Diese Rolle der kleinen Rebellin gegen die da oben gefällt ihr. Sie grinst stolz.

Nach diesen Anekdoten stelle ich eine Frage, die nicht ganz korrekt ist. »Wenn jemand so ist wie du, zwar schüchtern, aber doch auch ein bisschen frech, wie kann es dann zu so einem Missbrauch kommen?«

»Das ist eine schwierige Frage«, sagt sie und überlegt. Ich biete ihr direkt an, diesen Teil rauszuschneiden, wenn sie das nicht beantworten will. Bei vielen Begegnungen, über die ich in diesem Buch schreibe, gibt es so einen Moment der Unmittelbarkeit. Ein kurzes Überlegen, ein Innehalten für ein paar Sekunden. Wie geht man jetzt weiter? Was sagt man? Wie viel sagt man? Es sind die Momente, die sich einbrennen, die ich danach nie vergesse und die sich auch auf den Zuhörenden übertragen. Die persönlichen Nachrichten, die ich später bekomme, drehen sich meistens genau um diese Passagen. Margarete entschließt sich weiterzugehen.

»Es gab diese AG, in der ich mitgemacht habe an der Schule. Und AGs sind eh so eine Sache, du duzt irgendwie den Lehrer und bist auch mal zu dem nach Hause eingeladen. Und dann fährt er dich auch mal mit dem Auto nach Hause, weil das liegt ja eh auf dem Weg und so. Er hat es geschafft, mir einzureden, dass wir eine besondere Beziehung zueinander hätten, das aber unser Geheimnis bleiben müsse. Ich dürfe niemandem davon erzählen, denn sonst würden wir beide von der Schule fliegen. Das stimmte natürlich nicht, ich wäre gar nicht von der Schule geflogen, wenn das rausgekommen wäre. Aber ich glaubte ihm, was hätte ich auch sonst glauben sollen? Ich hätte damals auch nicht von Vergewaltigung sprechen können, denn ich wusste gar nicht, was das ist. Ich hatte nur ein sehr abstraktes Konzept davon im Kopf. Und er hat es geschafft, mich psychisch so zu manipulieren und zu isolieren, dass ich das nicht durchbrechen konnte. Er hat versucht, mein Mitleid zu erregen, hat immer gesagt, seine Frau langweile ihn. Er war verheiratet und hatte drei Kinder, und ich kannte die auch. Er beteuerte immer wieder, dass er es einfach so schwer hätte und er alles verlieren würde, wenn das mit uns herauskommen würde und dass seine Kinder ja noch so klein wären. Das war natürlich nicht nur körperlicher, sondern auch psychischer Missbrauch.«

Erst später lerne ich, dass die Frage nicht korrekt war, weil es falsch ist anzunehmen, dass so eine Vergewaltigung nicht auch einer starken, frechen Person wie Margarete passieren kann. Es kann auf Opfer sexualisierter Gewalt wirken, als müssten sie sich dafür rechtfertigen, dass ihnen das passiert ist. So meinte ich es nicht, hätte die Frage jedoch anders stellen sollen.

Damals konnte Margarete kaum darüber sprechen, manchmal nicht einmal dazu in ihr Tagebuch schreiben.

»Ich habe das die Jahre danach ziemlich erfolgreich verdrängt und auch gar nicht darüber nachgedacht, diesen Mann anzuzeigen. Ich habe mich erst viel später, als ich eine Psychoanalyse gemacht habe, gefragt, warum das so war, warum das ging. Ich habe ihn dann endlich angezeigt. Das hat aber lange gedauert und war nach den damaligen Verjährungsfristen schon verjährt. Inzwischen wurden die geändert, aber damals war das so. Ich habe trotzdem gewissermaßen gewonnen, denn er ist von der Schule geflogen. Ich erzähle das jetzt so knapp, aber es war langwierig. Es war für mich bestimmt eine Überlebensstrategie, das erst mal wegzuschieben und ein anderes Leben zu führen, wo ich nicht über all das nachdenken musste. Ich war erst später und mit einer gewissen Distanz dazu bereit, das rauszukramen und mich zu fragen: Warum? Warum war das damals so?«

Auch viele Jahre später ist das Thema für sie nicht beendet. Der Lehrer hat den Job an Margaretes Schule zwar verloren, unterrichtet inzwischen jedoch wieder woanders. Sie hat die neue Schule kontaktiert, doch diese ignoriert sie. In ihren Texten geht es immer wieder um die Ermächtigung von vermeintlich Schwachen und um das Zerschlagen von patriarchalen Machtstrukturen. Ihren Antrieb kann ich jetzt noch viel besser nachvollziehen. Es ist ihr ganz persönliches Anliegen und auch ihr ganz persönlicher Kampf.

DIE WUT BEHALTEN

In ihrem Buch *Untenrum frei* spricht sich Margarete dafür aus, dass Frauen ihre Wut behalten sollten. Ich möchte darüber mehr wissen, denn Wut ist ein Thema, das mich auch als Mann sehr beschäftigt.

»Wut ist eine absolut natürliche Reaktion, die einem als Mädchen aber schon früh aberzogen wird. Man soll eben nicht zu laut sein, soll sich lieber um Harmonie sorgen und sich um andere kümmern. Wütende Frauen werden gesellschaftlich sanktioniert, indem man sagt, sie sind zickig, sie sind Furien, sie sind hysterisch, sie sind anstrengend im Umgang, machtgeil, aufmerksamkeitsgeil, aggressiv und whatever. Deswegen glaube ich, dass es bei Mädchen nicht so sehr darum geht, ihnen beizubringen, wütend zu sein, sondern die ganz normale gesunde Wut zu behalten, die man eigentlich eh schon hat, wenn man sie nicht aberzogen kriegt.«

Ich glaube, das kennen sehr viele Frauen. Ich beobachte es manchmal auf Spielplätzen, wie Mädchen immer wieder gelobt werden, wie brav sie im Sand spielen, während die Jungs wild herumtoben, sich anbrüllen und mit Plastikschwertern auf den Kopf hauen. Und später ist es super, wenn sich der junge Mann durchbeißt, aber bei einer jungen Frau sagt man, sie sei stutenbissig.

»Wir müssen lernen, gelassen zu sein«, fährt Margarete fort. »Wir müssen nicht alles klären. Von Frauen wird erwartet, dass sie in Gruppensituationen, egal ob im beruflichen oder privaten Kontext, diejenigen sind, die für Harmonie sorgen, Streit schlichten, sich kümmern. Das sollte sich aber eigentlich gleichmäßig auf alle Gruppenmitglieder verteilen, die dazu fähig sind. Aber immer noch sind dafür eher Frauen zuständig. Das muss sich ändern, es muss Frauen auch einfach mal scheißegal sein dürfen, wenn irgendwo ein Konflikt ist. Diese Fähigkeit, manchmal was einfach sein zu lassen, braucht man, wenn man gut durchs Leben kommen will.«

Mit dem Gefühl der Wut habe ich mich in den letzten Monaten deshalb tiefer auseinandergesetzt, weil ich gemerkt habe, dass ich mir diese Emotion am allerwenigsten zugestehe. Ich erlaube mir nicht, wütend zu sein, weil meine Annahme ist, dass es sich für einen modernen Mann nicht gehört, wütend zu sein, laut zu werden. Wut ist eine Form der Machtausübung. Ich berichte Margarete davon und frage, was sie dazu sagt.

»Das ist interessant. Ich habe über diese positive Wut bei Männern bisher wenig nachgedacht, weil ich mich viel mit der negativen beschäftige, im Kontext von Gewalt gegen Frauen. Aber das ist natürlich Quatsch. Männer, die wütend auf das Patriarchat sind oder auf ungerechte Zustände, brauchen wir ja genauso wie Frauen.« Margarete unterscheidet also zwischen positiver und negativer Wut. Interessant.

Sie spricht weiter: »Ich weiß, dass es ein großer Trend ist, achtsam zu sein und irgendwie mit dem Zeigefinger den Ringfinger zu fühlen und so kleine Übungen zu machen. Achtsamkeit ist ja ein großer Trend seit Jahren. Ich hasse es. Also es gibt darin sicherlich sinnvolle Ansätze, aber insgesamt, politisch betrachtet, finde ich, kann das problematische Konsequenzen haben, nämlich wenn die Message ist: Du kannst da draußen in der Welt sowieso nicht so viel ändern, du kannst nur auf dich selber schauen und dass es dir gut geht. Also ciao, dann ändert sich eben überhaupt nichts. Dann wählst du eben FDP und bist ein Arschloch am Ende.«

Sie zieht noch einmal tief an ihrer Zigarette. Und dann drückt sie sie ein bisschen wütend und gleichzeitig sehr achtsam in den Aschenbecher. Ich erwähne nicht, dass ich auf meinem

Nachttisch *Selbstbetrachtungen* vom stoischen Philosophen Marcus Aurelius habe.

»Aber man muss das natürlich für sich selber rausfinden. Also ich finde es superschwierig auch in meinem Beruf, dass mir Sachen auch mal egal sind. Denn die Frage ist natürlich: Wie viel kannst du dich mit Sachen beschäftigen? Wann hörst du auf und sagst, jetzt ist mal genug und ich kann jetzt nicht noch einen offenen Brief oder eine Petition unterschreiben und auf Social Media teilen. Politisches Engagement ist ein Fass ohne Boden, und wenn du eine politische Autorin bist, dann sind die Überforderung und die Überarbeitung im Grunde schon mit in der ganzen Idee eingepreist.«

Ich denke an die beiden Radios, die die ganze Zeit Deutschlandfunk in ihre Wohnung senden und auf die Zustände in der Welt aufmerksam machen. Good News gibt es eher selten.

»Es gibt ja auch das Phänomen vom Aktivisten-Burn-out, dass du einfach so viel machst und tust und nicht aufhören kannst angesichts des Elends in der Welt, deine Kräfte für diese Sachen aufzubrauchen, und dann irgendwann merkst: Puh, ich bräuchte eine Pause, aber die Welt macht keine Pause. Wer gibt mir eine Pause? Niemand. Außer ich selbst. Das ist megaschwierig, und ich glaube nicht, dass ich da das richtige Rezept gefunden habe oder überhaupt finden kann, weil es wird ja immer noch was übrig sein.«

BIST DU (DIR) SELBST SICHER?

Wir kommen zum Ende. Ich merke, dass es zwischen der schreibenden Margarete und der sprechenden einen großen Unterschied gibt. Ohne viel Fantasie kann ich mir vorstellen, den ganzen Tag mit ihr auf einer Picknickdecke rumzusitzen, darüber zu philosophieren, was der Unterschied zwischen Endlichkeit und Unendlichkeit ist, und mich mit ihr ein bisschen darüber aufzuregen, was in der Welt los ist. Die Angriffslust und auch die rhetorische Überlegenheit ihrer meinungsstarken Texte werden im Original nicht überliefert. Weil ich selten eine feste Meinung zu Dingen habe, es liebe, den Blickwinkel zu verändern, machen mir Menschen etwas Angst, die so eine feste Meinung vertreten, wie es Margarete in ihren Texten tut. Was ich in den zwei Stunden Gespräch bisher nicht herausfinden konnte, ist, ob ihr Blick selbstsicher oder unsicher auf die Welt schaut, und danach frage ich sie nun noch.

»Ich bin bezüglich mancher Sachen total selbstsicher, ich weiß, was ich gut kann und was ich nicht gut kann, und die Sachen, die ich kann, mache ich, und die Sachen, die ich nicht gut kann, mache ich nicht. Ich weiß, ich kann Sachen schriftlich besser formulieren als mündlich. Deswegen mache ich das. Ich kann lustige Lesungen geben, wo ich zwischendurch Witze reiße. Aber abseits meiner beruflichen Kompetenzen gibt es ja noch den zwischenmenschlichen Umgang, und da habe ich total oft das Gefühl, dass ich etwas falsch mache. Meine Therapeutin fragt mich auch, wofür ich mich bestrafe, wenn ich so hart zu mir bin. Da gibt es viel Luft nach oben, wo ich noch was ändern könnte. Aber ich finde ehrlich gesagt allzu selbstsichere Menschen auch nicht so angenehm. Ich finde, ein bisschen Unsicherheit und ein Gefühl für Ambivalenzen und eigene Fehler schon auch wünschenswert.« Margarete zieht die letzte Zigarette aus ihrer Schachtel und freut sich, dass es so gut passt.

»Viele der Entscheidungen, die ich im Nachhinein richtig fand, wie zum Beispiel Philosophie statt Physik zu studieren, kamen daher, dass ich dachte: Na ja, mit 30 habe ich mich eh schon umgebracht, dann kann ich bis dahin auch irgendwas machen, was interessant ist.«

»Das hast du gedacht?«
»Ja. Ich habe, als ich angefangen habe, Philosophie zu studieren, gedacht, ich weiß schon, dass man damit kein Geld verdienen kann, aber ich glaube eh nicht, dass ich alt werde, von daher fuck it.«
»Und jetzt hängste da.«
»Und jetzt hänge ich hier mit 35. Und blicke auf mein Leben zurück. Ich habe oft so eine fatalistische Einstellung gehabt, aus der dann aber wieder was Gutes geworden ist. Und das ist auch immer noch so.«
»Vielen Dank.«

Margarete bestellt sich ein Taxi und fährt zurück in ihr rosafarbenes Zimmer. Eigentlich möchte sie weniger arbeiten. »Aber solange noch nicht Revolution ist, ist halt noch viel zu tun, gell?«
Stimmt, die zwei Radios warten schon.

Das Gespräch fand im Juni 2021 statt.

CAROLIN KEBEKUS

ÜBER IHRE EMANZIPATION

Man sollte hübschen, kleinen Mädchen besser nicht sagen, dass sie hübsch und klein sind, es könnte passieren, dass die Antwort ein Spruch über Blähungen oder ein Rülpser ist. So hat sich jedenfalls Carolin Kebekus gegen solche »Komplimente« gewehrt. Und es hat ihr so viel Spaß gemacht, dass sie daraus eine riesige Karriere gebastelt hat. Für mich war dieser Humor anfangs noch zu drüber. Ich wollte Witze über Ausscheidungen nicht plötzlich gut finden, nur weil eine Frau sie erzählt. Vielleicht war es aber auch nur meine aufgeschreckte Männlichkeit, die mit dem »PussyTerror« – so hieß ihr erstes großes Programm – nicht umgehen konnte. Wer weiß? Im Laufe der letzten Jahre hat sich das geändert. Statt immer derber zu werden, wurden ihre Witze vielschichtiger, die Themen politischer und auch ich offener. Regelmäßig behandelt Caro jetzt in ihren Sendungen und Stand-ups sexistische, rassistische und allgemein diskriminierende Strukturen unserer Gesellschaft. Aus dem Pussy-Terror wurde ein Pussy-Dialog. Sie hat sich damit eine neue Art von Fan angelacht. Mich zum Beispiel.

Ich treffe Caro in Köln. Im Zug lese ich ihr Buch *Es kann nur eine geben*. Darin schreibt sie über das Konkurrenzverhalten unter Frauen. Sie fragt sich, warum sie in der Vergangenheit manchmal so krass auf der Männerseite war und sich so sehr von der weiblichen Seite wegpositioniert hat. Sie musste erst lernen, auch für andere Frauen zu kämpfen. Ich habe mich

immer wieder gefragt, wie es sein kann, dass sich Männer immer verbrüdern, während Frauen übereinander lästern. In den letzten Jahren entwickelten sich endlich mehr Frauennetzwerke, die ganz bewusst darauf aus waren, sich gegenseitig zu stärken. In den ersten Fernsehjahren sah man Caro meistens allein unter Männern, jetzt stehen Hazel Brugger, Jeannine Michaelsen, Mai Thi Nguyen-Kim und Tijen Onaran links und rechts daneben.
Passenderweise treffen wir uns im Studio von Hazel und ihrem Mann Thomas. Caro hat ewig einen Parkplatz gesucht und ist erkältet, dennoch sieht sie aus, als käme sie gerade von einer Ayurveda-Kur. Sie ist lässig, warm, ein wenig zurückhaltend. Ich merke, wie sie mich mustert, und ich mustere zurück.

Ich habe von Carolin Kebekus erfahren, dass man manchmal alles auf eine Karte setzen und größenwahnsinnig sein muss, dass ein gut gemeinter Rat nicht immer gut ist und warum Frauen über andere Frauen lästern.

KINDLICHE PRÄGUNG IN DER BÄRCHENGRUPPE

Caros PR-Agent und Thomas verlassen den Raum und suchen einen Parkplatz für Caros Auto, das sie im Halteverbot abstellen musste. Gut für mich, denn ich versuche ja immer, möglichst allein mit meinen Gästen zu sein. Für jede Podcast-Folge bleibt am Ende eine zentrale Frage, die sich im Gespräch ergibt und mir dann als Überschrift dient. Bei Caro hat sich die Frage schon in der Vorbereitung aufgedrängt. Von ihr will ich heute hauptsächlich erfahren, wie sie sich emanzipiert hat. Denn auch wenn ihre Karriere steil verlief, war sie nicht so frei, wie es den Anschein hatte. Aber ich will von vorne beginnen.

»Mit welchem Bild von Weiblichkeit bist du aufgewachsen?«
»Mein Bild war klar: Die Mamas bleiben zu Hause und schmieren Leberwurstbrote, und die Papas kümmern sich um alles, was anstrengend ist und bei dem man sie auf keinen Fall stören darf. Zum Glück hatte ich neben diesem klassischen Hausfrauen-Bild, das meine Eltern mir vorlebten, noch meine Oma. Mit ihr habe ich viel Zeit verbracht, und obwohl auch sie eine Hausfrau war, war sie in meinen Augen gleichzeitig so was wie eine Firmenchefin. Sie hat einfach alles gemanagt.«
Caros Oma kam nach dem Zweiten Weltkrieg von Polen nach Deutschland. Sie war eine streng katholische Frau und enge Bezugsperson für Caro. Als Kind durfte Caro so sein, wie sie ist, erzählt sie weiter, für Wut und Aggression, die bei kleinen Mädchen nicht so gern gesehen werden, gab es keine Sanktionen. Ihr Bruder David ist vier Jahre jünger, auch im Vergleich zu ihm hat sie keine Unterschiede in der Erziehung bemerkt. Erst in der Außenwelt ist ihr ein Ungleichgewicht bewusst geworden.
»Das erste Mal, dass ich gespürt habe, dass Mädchen nicht so viel Platz haben wie Jungs, war beim Krippenspiel. Ich erinnere mich noch gut daran, wie die Kindergärtnerin gesagt hat: ›Ich weiß schon, wer die Maria spielen darf.‹« Caro imitiert die säuselnde Stimme der Kindergärtnerin, und ich muss unwillkürlich grinsen. Comedy-Gen halt. »Da wurde eine richtige Challenge draus gemacht. Wir waren 20 Mädchen in der Bärchengruppe, und es war klar, dass es nur eine weibliche Rolle im ganzen Krippenspiel gibt. Ich hätte alles gegeben, die Maria zu spielen, aber nie hat es geklappt. Interessanterweise wollte ich auf keinen Fall den Josef oder einen anderen Mann spielen und mir dafür einen Bart ankleben. Also war ich immer das Schaf, und einmal war meine Babypuppe Jesus.«
»Das war natürlich gut für die Babypuppe. Da hatte sie eine größere Rolle als du.«

»Ja, näher kam ich dem Ruhm damals nicht. Und da habe ich gemerkt, dass das irgendwie ungerecht ist. Warum habe ich nicht so viel Platz, so viele Möglichkeiten wie die Jungs? Warum können wir Frauen eigentlich nicht aus so vielen Rollen aussuchen wie die?«

Auch ich habe jahrelang beim Krippenspiel mitgemacht und mich bis zum Josef hochgespielt. Wir waren in der Gruppe mehr Mädchen als Jungs, aber mir ist bis jetzt nie aufgefallen, dass es in der christlichen Weihnachtsgeschichte nur eine weibliche Rolle gibt.

Als prägende Institutionen ihres Lebens nennt Carolin die katholische Kirche und den Kölner Karneval: »Beide haben mich qua Geschlecht als minderwertiges Mitglied behandelt.« Da Frauen keine Priester werden dürfen, hat sie sich mit 15 Jahren entschieden, sich nicht firmen zu lassen. Da war es endgültig vorbei mit der Bärchengruppe und dem Krippenspiel.

DAS KOMISCHE TALENT ERNST NEHMEN

Caro rührt in ihrem Ingwertee und nimmt einen großen Schluck. Sie hat gestern bereits den ganzen Tag Interviews zu ihrem Buch gegeben. Seit zwanzig Jahren ist sie im Showgeschäft, und entsprechend oft wurde sie befragt. Dennoch wirkt sie nicht abgebrüht. Ich glaube, das liegt daran, dass sie immer wieder bereit war und ist, sich selbst und die eigenen Anschauungen zu hinterfragen. Schon früh wurde ihr bestätigt, dass sie ein Comedy-Talent hat. In der WG-Küche unterhielt sie die anwesenden Partygäste; wenn halbstarke Jungs sich auf dem Schulweg cool in den Weg stellten, machte sie sich über sie lustig. Im Grunde genau das, was sie jetzt im großen Stil betreibt. Talent ist das, was einem leichtfällt.

»Damals habe ich überhaupt nicht daran gedacht, dass das ein Beruf sein könnte. Ich habe schon immer gespürt, dass ich gern auf einer Bühne stehen würde, habe mich aber nicht getraut, das laut zu äußern. Ich hatte zu viel Schiss, dass die Leute dann fragen, ob ich größenwahnsinnig bin.«
»Haben diese Angst und die Zurückhaltung eher damit zu tun, dass du eine Frau bist, oder damit, dass du niemanden im Bekanntenkreis hattest, der oder die auf einer Bühne steht?«
»Ich glaube, ein bisschen von beidem. Als Frau will man, dass alle einen lieb haben und bloß nicht denken, man will Karriere machen oder so.«
»Als Mann aber auch«, entgegne ich.
»Als Mann auch, ja. Aber ich glaube, wenn ein Mann sagt, ich will probieren, Schauspieler zu werden, dann gilt das als mutige Entscheidung. Bei Frauen neigt man dazu zu sagen: ›Na ja, soll sie mal versuchen‹.«
Heute ist es vollkommen normal, dass man in der Medienbranche arbeiten möchte. Einer der häufigsten Berufswünsche bei Jugendlichen ab 14 Jahren ist »Influencer«. Ausgerechnet Caros Vater, ein klassischer Banker im grauen Anzug, war es, der sie ermutigt hat, den Weg auf die Bühne und ins Fernsehen zu wagen. Sie machte ein Praktikum bei einer Produktionsfirma. Als sich ein Schauspieler zum Dreh verspätete, sprang sie kurzerhand für einen Sketch ein. Einige Leute befanden, dass sie das regelmäßig machen sollte. Und das tat sie dann auch.
»Woher kam es, dass dein Papa dich da so unterstützt hat?«
»Er hat gesehen, dass ich Potenzial habe und dass ich hart arbeite, um besser zu werden. Ich habe Camera-Acting-Kurse belegt und versucht, in Kurzfilmen mitzuspielen. Ich habe zwar nach außen hin so getan, als ob das alles nur ein Spaß für mich ist, weil ich Angst davor hatte zuzugeben, dass ich das

wirklich machen will, aber innen war ich total zielstrebig bei der Sache.«
Manchmal redet man die Dinge, die einem besonders wichtig sind und für die man sich richtig anstrengt, eher klein. Dann kann man später nicht so tief fallen. Für Frauen scheint das noch mehr zu gelten, um bloß nicht zu karrieregeil zu wirken.

ALLES AUF EINE KARTE SETZEN

Zwischen 2002 und 2007 nutzte Caro gefühlt jede Auftrittsmöglichkeit. Sie war Ensemblemitglied der *heute-show,* hatte Nebenrollen in Kinofilmen und kleine Live-Auftritte bei Mixed Shows.
In vielen Biografien berühmter Menschen gibt es mindestens einen Moment, in dem sie nicht wissen, ob das Eis sie tragen wird, doch entgegen der Vernunft wagen sie den waghalsigen Schritt. Oft wird bei erfolgreichen Menschen von Glück und harter Arbeit gesprochen, doch gerade am Anfang gehört auch richtig viel Mut dazu, alles auf eine Karte zu setzen. So war das auch bei Caro.
»Ich lebte in einer absoluten Zwischenwelt. Ich habe gleichzeitig für *Was guckst du?* gedreht, bei anderen Sendungen mitgewirkt und stand auch noch ab und zu auf der Bühne. Ich habe alles gemacht, aber nichts so richtig. Irgendwann habe ich gemerkt, dass ich mich für eine Sache entscheiden muss. Ich habe mich gefragt: Will ich wirklich auf der Bühne stehen und Stand-ups machen, oder will ich das nicht? Denn wenn ich das will, dann muss ich das mit allem machen, was ich habe. Ich weiß noch, wie ich mich bewusst entschieden habe, dass ich die Beste werden will.«
Diesen deutlich formulierten Ehrgeiz kenne ich eher von Sport-

lerinnen und Sportlern. Ich behaupte, dass viele Menschen, die wir als exzellent in ihrem Fach ansehen, so eine Entscheidung irgendwann getroffen haben. Denn diesen *einen* Weg zu gehen, bedeutet auch, dass man auf vieles verzichten muss. Das geht nur sehr bewusst. Heute ist die Bühne Caros sicherster Ort.

»Ich habe das Gefühl, live auf der Bühne kann mir nichts passieren.«

»Das sieht man auch.«

Caro freut sich sichtlich über meine Bestätigung.

SCHLECHT BERATEN

Man kann durchaus behaupten, dass Caro es geschafft hat. Sie wurde zur erfolgreichsten Frau im Stand-up-Comedy-Geschäft. Auf immer größeren Bühnen polterte sie über Themen, über die sonst eher männliche Kollegen sprechen. Frauen, Fußball, Pornos, Anmachsprüche, Furzgeräusche – und das alles sehr direkt, sehr laut. Es ging um stinkende Damenbinden, um Pimmel und Scheiden. Hinter ihr war in Großbuchstaben der Schriftzug »PussyTerror« zu lesen. Damals wurde sie in einem Interview gefragt, wie es ist, als Frau auf die Bühne zu gehen. Das »süße, kleine Mädchen« antwortete: »Ich setze einen Fuß vor den anderen. Aber so eine Vagina ist ein Hohlraum. Da bin ich nur am Ausbalancieren. Gott sei Dank habe ich meine Brüste als Gegengewicht.«

Man gewinnt schnell den Eindruck, dass sie auf und hinter der Bühne schon immer ganz klar den Ton angibt. In ihrem Buch klingt es nun anders, da schreibt sie von toxischen Geschäftsbeziehungen. Ich will wissen, seit wann sie wirklich selbst entscheidet und was das Toxische war.

»Ich sitze noch nicht so lange auf dem Fahrersitz, würde ich sagen. Ich habe sehr lange in einer Konstellation gearbeitet, in der ich nicht die beste Beratung an meiner Seite hatte.«
Caro erzählt von einem Umfeld, das sie kleingehalten hat. Immer wieder musste sie sich anhören, dass ihre Show noch nicht ganz fertig sei oder dass sie selbst für den nächstgrößeren Karrieresprung noch nicht bereit sei. Sie solle bloß nicht durchdrehen.
»Im Hintergrund wurde mir immer gesagt: ›Bist du verrückt geworden? Willst du mit einem Truck mit deinem Gesicht drauf auf Tour gehen, oder was?‹ Es hat lange gedauert, bis ich gemerkt habe: Ah, okay, da profitiert jemand von mir, aber der profitiert auch davon, dass ich gleichzeitig kleingehalten werde.«
Mich überrascht das, denn eine Agentur verdient prozentual am Gewinn, meistens sind es zwanzig Prozent. Was hat die Firma davon, ihre Künstlerin kleinzuhalten? Caro erklärt:
»Ich sag's mal so: Ich habe mich mit sehr vielen Frauen über diese Situation ausgetauscht. Insgesamt geht es dabei sehr stark um Macht. Ich weiß noch, dass ich irgendwann gesagt habe: ›Ich habe keinen Bock, zum zehnten Mal im Kölner E-Werk zu spielen.‹ Ich habe gefragt, ob wir stattdessen nicht in der Lanxess Arena auftreten können, da das ungefähr die gleiche Größe hat. Die Antwort der Agentur lautete, dass die Leute von der Arena sich nicht zurückgemeldet hätten. Ich habe dann selbst angerufen, und ab da bröckelte die Zusammenarbeit.«
Zweimal hat sie diese riesige Halle 2016 gefüllt, es scheint ein großer Wendepunkt in ihrer Karriere gewesen zu sein. Ich kann ihr ansehen, dass sie sich zurückhält, um nicht weiter ins Detail zu gehen. Bestimmt gäbe es hier viel zu erzählen. Sie hat ein Elefantengedächtnis. Vielleicht, so denke ich, genießt sie es,

dass ihre damaligen Geschäftspartner das genau wissen. Sie hat sich die Macht zurückerobert.
»Woher hattest du den Mut, dich am Ende von deiner Agentur zu trennen und den Schritt zu wagen? Oft ist das Umfeld ja eine Art Familie, und man fragt sich, ob man es wirklich auch alleine schafft, da gibt es viele Zweifel.«
»Ich habe gemerkt, dass es immer Unsicherheiten gibt im Leben, aber auch, dass ich selbst für mich da bin, dass ich mich auf mich und auf meine Arbeit verlassen kann. Kennst du das Imposter-Syndrom? Damit bin ich jahrelang rumgelaufen. Ist auch gar kein Wunder. Von engen Beratern wurden mir Sachen gesagt wie: ›Pass bloß auf, dass nicht jemand deine Blase durchsticht und sagt, dass du gar nichts kannst und einfach nur ein albernes Mädchen bist, das auf der Bühne steht.‹«
»Hat das jemand so formuliert?«, frage ich entsetzt nach.
»Ja.«
»Wow! Mann oder Frau?«
»Ein Mann. Das hat mich so beschäftigt und auch lange kleingehalten, aber am Ende hatte ich den Mut und die Kraft, diesen Schritt zu gehen. Ich hatte das tiefe Bedürfnis, mich davon zu lösen. Und das habe ich gemacht, und es war die beste Entscheidung. Heute frage ich mich, warum ich das nicht früher getan habe. Aber das ist ja wie mit allem, ne?«
Und genau in dem Moment verschluckt sie sich an ihrem Tee. Sie lacht über sich selbst, nuschelt eine Bemerkung, die ich nicht verstehe. Unser Gespräch ist konzentriert und ernst. Caro passt genau auf, was sie sagt, vermutlich fragt sie sich gerade, ob das nicht alles ein bisschen zu ernst ist. Ich wechsle das Thema und frage schnell weiter, damit sie nicht auf lustige Gedanken kommt.

PATRIARCHALE FEMINISTIN

»Ab wann hast du dich als Feministin bezeichnet?«
»Eine feministische Grundhaltung hatte ich eigentlich schon immer. Wenn ich mir heute Nummern von früher angucke, erkenne ich zwar viel Frauenfeindliches darin, aber trotzdem ging es mir im Grunde schon damals darum, mit diesen stereotypen Frauenbildern zu brechen und einen Platz einzufordern. Trotzdem war mir die Bezeichnung als Feministin anfangs zu krass. So geht es übrigens vielen Frauen meiner Generation. ›Feministin ist man nur, wenn man keinen Freund findet‹ war lange das Credo.«
Vor sieben Jahren wurde Caro von einer Journalistin zu diesem Thema befragt. Diese Journalistin wollte wissen, ob sie Feministin sei, was sie damals noch verneint hat. »Daraufhin hat sie mir gar keine Vorwürfe gemacht, sondern meinte nur: ›Schade, das ist richtig schade. Denn eigentlich bist du durchaus eine, und es wäre wirklich wichtig, dass jemand wie du das auch ausspricht.«
Caro wusste damals noch nicht genau, was Feminismus bedeutet. Nach dem Gespräch begann sie, sich mehr mit dem Thema zu beschäftigen. »Ich habe Bücher gekauft, mir die Geschichte der Frauenbewegung angeguckt, habe Texte von Margarete Stokowski gelesen und mich darin wiedergefunden. Ich habe gemerkt, das bin ich, aber auch nicht so richtig. Irgendwas ist hier komisch. Ich habe gespürt: Ich bin eigentlich eine Feministin, aber gleichzeitig wahnsinnig geprägt vom Patriarchat. Das ist immer noch eine spannende Reise, ich lerne jeden Tag dazu.«
Diese Prägung ist es vermutlich auch, die dafür sorgt, dass Frauen in Führungspositionen nicht zwingend anders agieren als die Männer vor ihnen. Manchmal hat man das Gefühl,

dass es unter weiblicher Führung sogar noch unfeministischer zugeht.

DAS »PICK ME«-SYNDROM

Wie ich schon erwähnt habe, war mir lange nicht bewusst, dass es in unserer kulturellen Prägung so wenig weibliche Rollen gibt. Nicht nur die Geburt Jesu prägt das Bild, in Schlumpfhausen sieht es zum Beispiel ebenso mau aus. Während alle männlichen Schlümpfe nach Funktion oder Eigenschaft benannt werden, gibt es nur eine Schlumpfine. Die braucht anscheinend keine Eigenschaft, es reicht, dass sie weiblich ist. Caro erklärt mir das sogenannte »Pick me«-Syndrom, das besagt, dass man die eine sein will, für die sich der Mann entscheidet. Caro hat sich lange als zu cool für andere Frauen empfunden, war die *eine* Frau, die Schlumpfine im männlichen Freundeskreis »mit Sneakern statt mit High Heels«. Ich erzähle ihr, dass ich oft beobachtet habe, dass vermeintlich feministische Frauen im Hintergrund ziemlich ellbogig unterwegs sind und dass ich dieses Konkurrenzgebaren nicht nachvollziehen kann.

Sie erklärt es mir: »Das ist ein Phänomen, das seinen Ursprung in unserer frühen Geschichte hat. Natürlich waren Frauen jahrhundertelang abhängig davon, dass sich ein Mann für sie entscheidet. Also musste man gucken, dass man die eine Auserwählte ist. Denn wenn du nicht geheiratet wurdest, war das gleichzeitig dein Todesurteil. Dann hattest du niemanden, der sich um dich kümmert und dich beschützt. Und natürlich konnte es jederzeit passieren, dass eine Jüngere kam und der Mann dich gegen sie austauschte. Daher rührten auch die ganzen Intrigen, die am Hof gesponnen wurden, damit die Königinnen und Prinzessinnen nicht von einer Mätresse ersetzt wurden. Inzwischen haben Frauen andere Wege gefunden, Macht zu gewinnen. Manche haben es geschafft, mit den Männern an einem Tisch zu sitzen, und dadurch ein bisschen von deren Macht abbekommen. Aber zwischen hundert Männern ist nur Platz für eine Frau. Und der Korridor dorthin ist extrem eng. Deshalb haben wir heute noch das Gefühl, dass wir uns untereinander bekämpfen müssen: Es gibt nur diesen einen Posten.«

Caro war im Showgeschäft lange die Auserwählte. Es hat niemanden, auch sie selbst nicht, gewundert, dass sie oft als einzige Frau in Shows aufgetreten ist. Den anderen Comediennes wurde dann gesagt, dass es leider schon eine Frau im Programm gebe. Caro wurde nach oben durchgereicht, wie sie selbst sagt, und hat im Grunde vom Patriarchat profitiert.

»Das ist natürlich keine bewusste Entscheidung von mir gewesen, aber dadurch, dass es dieses ungeschriebene Gesetz gab, dass es nur eine Frau pro Show geben kann, war natürlich klar, dass keine andere eingeladen wird, solange ich da bin. So habe ich unbewusst Platz weggenommen.«

» Ich achte darauf, dass ich nicht mehr mit Arschlöchern zusammenarbeite. Ich habe ein wahnsinnig gutes Arschloch-Radar mittlerweile. «

DER MÄNNLICHE BLICK BEI FRAUEN

Was mir auch häufiger begegnet, ist ein gegenseitiges Mustern und Abchecken unter Frauen. »In welchen Momenten vergleichst du dich?«, will ich wissen.

»Das habe ich komplett abgelegt. Ich habe mich irgendwann dazu gezwungen. Das macht das Leben so viel leichter, es ist viel geiler, wenn man nicht mehr darauf guckt, was andere machen.«

»Manchmal stellt meine Frau viel schneller als ich fest, dass eine andere Frau einen schönen Hintern hat. Ich denke mir dann: Wäre das nicht mein Job gewesen?«, erwidere ich.

»Da hast du recht, eigentlich ist es nicht typisch weiblich, sich mit dem Aussehen anderer Frauen zu vergleichen. Was sollen wir mit dieser Information? Das ist natürlich der männliche Blick, den wir in diesen Momenten übernehmen. Genauso funktioniert es andersrum, wenn Frauen untereinander über andere Frauen lästern: ›Boah, hat die einen fetten Arsch.‹ Ich denk mir heute dann nur: Das ist überhaupt nicht unser Thema, Leute, worüber reden wir hier?«

Hier widerspreche ich Caro: »Ich finde nicht, dass das ein männlicher Blick ist. Ich zum Beispiel habe den nicht, da wird es für mich zu allgemein. Ich glaube durchaus, dass es Verhaltensweisen gibt, die man eher einem Mann zuschreiben würde, und andere, die häufiger von Frauen kommen, aber ich würde nicht sagen, dass die deshalb gleich rein *männlich* oder *weiblich* sind.«

»Bei der Beurteilung des Aussehens und des Körpers von Frauen geht es eher um einen evolutionsbiologischen Hintergrund. Dass wir Frauen uns quasi auf einem Gebiet bekämpfen, welches eigentlich nicht unseres ist. Wenn du ganz weit zurückgehst in der Geschichte des Menschen und unsere Entwicklung betrachtest, dann bewertet der Mann in der Fortpflanzungs-

Arie die Frau als ein fruchtbares Weibchen. Deswegen spricht man von dem männlichen Blick, doch das heißt natürlich nicht, dass alle Männer alle Frauen nur sexuell bewerten. Es ist eher auf das evolutionsbiologische Phänomen bezogen.«
Ich merke, dass ich durch die vielen Gespräche im *Hotel Matze* immer allergischer auf Stereotypen reagiere. Männer sind so, Frauen sind so. Ich hätte richtig Lust, jetzt noch tiefer in die Diskussion mit Caro zu treten. Aber vor der Tür wartet schon der nächste Interviewer darauf, sie zu befragen. Ich habe heute gegen mein eigenes Prinzip verstoßen, niemals Teil von Interview-Tagen zu sein, an denen ich nur einer von vielen bin. Vielleicht gibt es irgendwann eine zweite Runde.

ANDERS MACHEN

Nach ihren männlichen Kollegen Jan Böhmermann, Joko Winterscheidt und Klaas Heufer-Umlauf hat Caro nun ihre eigene Produktionsfirma gegründet. Im Hauptprogramm der ARD läuft die von ihr selbst produzierte Sendung *Die Carolin-Kebekus-Show*.
Ich möchte wissen, was dabei anders ist und was sie selbst anders macht.
»Es passieren immer Dinge, zu denen man sich als Produzentin verhalten muss. Oft handelt man einfach aus Reflex. Man stellt sich zum Beispiel automatisch auf die Seite des mächtigen Mannes statt auf die der vermeintlich schwächeren Frau. Ich finde es krass, dass diese Strukturen im Kopf einfach immer noch vorherrschen.«
»Bei dir selbst auch?«
»Bei mir selbst auch, klar. Aber ich finde es total spannend, hier anzusetzen, die Dinge zu ändern und auch zuzugeben,

wenn was falsch war. Ich muss Entscheidungen revidieren und noch mal zurückgehen, das passiert mir immer wieder.«
Ich finde es gut, dass sie sich hier nicht heiligspricht.
»Wo willst du selbst noch hin?«, frage ich.
»Ich glaube, ich will noch mehr Frauen unterstützen.«
»Das klingt jetzt gönnerhaft.«
»Gönnerhaft, ja. Aber deshalb nicht schlecht, oder? Ich habe jetzt zum Beispiel in ein Unternehmen investiert, welches von Frauen gegründet wurde. Das ist keine Charity, die ich da betreibe, sondern ich habe gutes Geld in eine Firma investiert, von der ich glaube, dass sie Erfolg haben wird.«
Caro weiß, statistisch gesehen sind weiblich geführte Unternehmen erfolgreicher. Sie lernt gerade viele neue Wörter, lernt, eine Geschäftsfrau zu werden, lernt neue Menschen kennen. Als sie festgestellt hat, dass bei großen Musikfestivals in der Regel nur Männer auftreten, hat sie ein Festival mit nur weiblichen Acts veranstaltet.
»Ich hoffe einfach, dass ich in diesem Bereich wachsam bleibe. Ich finde, das ist das Schönste auf so einer Reise als Künstlerin: Man kann sich immer verändern und hungrig darauf bleiben, Dinge zu verstehen und zu hinterfragen.«
In ihrer beruflichen Laufbahn scheint es bisher zwei große Wendepunkte gegeben zu haben. Einmal die Entscheidung klar auf ihr Bühnen-Talent zu setzen und zweitens sich von ihrem Management zu trennen, um auf eigenen Füßen zu stehen. Den dritten Punkt dürfte sie erreichen, wenn sie es wirklich anders macht als ihre männlichen Vorgänger und es nicht mehr darum geht, die eine zu sein. Bisher sieht es gut aus.

Das Gespräch fand im September 2021 statt.

FAHRI YARDIM

ÜBER SEINE MÄNNLICHKEITEN

Fahri Yardim wohnt bei mir im Kiez, im Berliner Prenzlauer Berg. Ab und zu sehe ich ihn mit seinem umgedrehten Basecap selbstbewusst in seinen großen weißen SUV steigen, bestimmt hört er darin fetten Hip-Hop und regt sich über so lahme Verkehrsteilnehmer wie mich auf. In Interviews ist er schlagfertig, manchmal auch ein bisschen drüber. Mit seinem Hamburger-Slang klingen seine Sprüche auch mal derb (er würde sagen pimmelig), dennoch gibt es etwas Melancholisches, etwas Uneindeutiges an ihm, was ihn sehr anziehend macht. Schon in der Vorbereitung auf dieses Gespräch hat sich mein Bild verschoben, die Uneindeutigkeit sogar noch verstärkt. Da war gar nicht so viel derber Hip-Hop, sondern die gleiche Gitarrenmusik, mit der ich auch aufgewachsen bin: Tocotronic, Blumfeld, Die Sterne. An der Universität in Hamburg hatte er sich für Ethnologie, Germanistik und Erziehungswissenschaften eingeschrieben, außerdem scheint Fahri einen ausgeprägten Hang zur Spiritualität zu haben.

Meine Kolleginnen Lisa und Maxi sind jedenfalls aufgeregt, dass er gleich vorbeikommt. Sie haben sich die Haare mit den Händen gekämmt, den Lippenstift nachgezogen und sitzen jetzt unnatürlich gerade an ihrem Schreibtisch. Doch Fahri registriert die beiden gar nicht, als er ankommt. Leise sagt er: »Hallo, ich bin Fahri.« Ich mache schnell einen Tee und gehe mit ihm direkt ins Studio.

Fahri Yardim ist Schauspieler. Er spielte in *Almanya* und *Halbe Brüder* und war an der Seite von Til Schweiger im Hamburger *Tatort* zu sehen. In der Improvisations-Serie *jerks.* spielt er den eitlen, egozentrischen, aber sehr charmanten Fahri, seinen Gegenpart übernimmt der etwas trottelige Christian Ulmen. Ein Fehler, den die Zuschauenden hier gerne machen, ist, dass man den echten Fahri und den echten Christian mit ihren Serienfiguren verwechselt. Auch mir ist das passiert.

Ich habe von Fahri erfahren, welches Bild von Männlichkeit er hat, wie Lastenfahrradfahrer und -fahrerinnen seine toxischen Anteile heilen und wie er zwischen starken Männern einen weichen Platz gefunden hat.

DIE EIER BAUMELN LASSEN

Wir setzen uns hin, ich drücke den Record-Knopf, und es geht direkt los. Nach wenigen Minuten merke ich, dass Fahri mir nicht richtig in die Augen schaut. Normalerweise würde ich das nicht ansprechen, denn so etwas verunsichert, doch Fahri strahlt aus, dass ich nachfragen kann. Er entgegnet darauf einen Satz, der sein öffentliches Bild gleich einreißt und noch einmal ganz neu zusammensetzt: »Ich bin eigentlich schüchtern, nur mein Schutz ist wahnsinnig laut.«
Ich gebe zu, dass mein Bild von ihm offensichtlich zu sehr von *jerks.* beeinflusst ist. Er findet das nicht schlimm: »*jerks.* ist ein ausgestellter und wirklich abgründiger Anteil von mir, dem ich mit großer Lust diesen Raum gebe. Das Patriarchat, gewisse Rassismen und Sexismus fließen durch mich. Nicht explizit, nicht als Ideologie, doch ich bin in der Serie Stellvertreter für diese alten Strukturen. Ich hinterfrage das nicht. Mein Über-

Ich ist abgeschaltet, wenn ich der Fahri in *jerks.* bin. Ich lasse die Eier mehr baumeln. Ich schau mir einfach an, was für ein Typ da rauskommt, wenn das Toxische wieder ein bisschen mehr fließen darf. Dabei spiele ich schon auch mich selbst, ja, aber es ist auch Therapie, meine Kur. Danach bin ich wirklich ein Engel.«
Ich muss erst einmal damit klarkommen, dass aus Fahris Mund an der Hotelbar keine Schenkelklopfer kommen, sondern dass wir uns hier verdammt schnell in einer Art psychotherapeutischen Umgebung befinden. Mein Plan war zwar, auch über das Thema Männlichkeit zu sprechen, doch ich hätte nicht vermutet, dass es damit direkt losgeht. Wie ich selbst beschäftigt sich Fahri offensichtlich gerade damit.

MÄNNERWELTEN

Ich bin wie so viele in meiner Generation mit dem Bild des männlichen Superhelden aufgewachsen. Die Männer im Fernsehen rauchten Marlboro auf Pferden, kloppten sich brennendes Rasierwasser ins Gesicht und schossen sich mit einem Stirnband durch den Dschungel. Der Familienernährer fuhr früh zur Arbeit und kam spät zurück. Herbert Grönemeyer fragte im Radio, wann ein Mann ein Mann ist, während ich mit einem Puppenhaus spielte, das meine Eltern versteckten, wenn Besuch kam. Es war ihnen peinlich. Ich kenne noch den Satz, dass Indianer keinen Schmerz kennen, und habe erst viel später gelernt, dass der aus zweierlei Gründen so gar nicht geht – weil er Empfindungen kleinredet und weil er Rassismus reproduziert. Männerbünde haben mich immer abgeschreckt, beim Sich-Messen, ob auf dem Spielfeld oder im Beruf, habe ich nie mitgemacht.

In den letzten Jahren habe ich eine Verunsicherung bei vielen Männern in meinem Umfeld bemerkt. Der Autor Tobias Haberl schreibt in seinem Buch *Der gekränkte Mann*, dass Männer die Geisterfahrer der modernen Gesellschaft sind. Es ist gar nicht so einfach, einen Kultur- und Normenwandel anzunehmen, der alles, was einem jahrzehntelang als erstrebenswert verkauft worden ist, als peinlich, fragwürdig oder unmoralisch entwertet. Die Frage, die viele in meinem Umfeld und auch Fahri beschäftigt, ist, wie man heute ein Mann sein kann, der offen und empathisch ist, aber nicht dressiert und glatt geschliffen.

»Es gibt aber auch eine ganz schöne Männlichkeit, und die ist nicht nur weich«, meint Fahri. »Es gibt auch eine Männlichkeit, die erdig daherkommt. Die durchaus auch was von den Stereotypen hat. Aber sie poltert nicht gegen alles – sie hat eben etwas Haltendes. Und wenn ich diese Art der Männlichkeit an mir entdecke, dann kann ich auch mal einer Frau eine Schulter bieten. Das klingt jetzt fast schon wieder patriarchal ... Aber nein, auch daran kann was Wundervolles sein. Toxisch wird es da, wo es ignorant, selbstgefällig und verletzend ist.«

EIN GORILLA IM STRASSENVERKEHR

Ich erzähle Fahri, dass ich ihn im Kiez ein paarmal mit seinem großen SUV gesehen habe. Es ist ihm ein bisschen peinlich, denn er will gar nicht so gesehen werden. »Repräsentiert der nicht auch das Bild dieser ellbogigen Männlichkeit?«, frage ich ihn.

»Ja, im Straßenverkehr haue ich mir gerne auf die Brust. Da kriege ich eine richtig hässliche Art. Das Wichtigste scheint dann, mich durchzusetzen, andere zu übertrumpfen und kleinzumachen. In diesen Momenten bediene ich meinen toxischen Männlichkeitsanteil. Diese verschiedenen Anteile, die ich in mir vereine, habe ich schon immer gesehen. Der eine Anteil fährt SUV, der andere trennt Müll. Es ist ein richtiges Ringen in mir. Das, was ich in der Welt erlebe, erlebe ich durchaus auch in mir. Das ist ein Prozess, mit dem ich erst lernen musste klarzukommen. Oft bin ich mir einer Sache schon bewusst, aber mein Handeln kommt nicht hinterher. Aber ich denke, solange ich das Gefühl habe, ich bin zumindest auf dem Weg in die richtige Richtung, mache ich schon viel richtig. Vielleicht reicht das Tempo nicht, dafür darf ich auch gern kritisiert werden, aber zum Beispiel versuche ich gerade, Vegetarier zu werden, und irgendwann tausche ich auch meinen SUV noch ein.«

Ich glaube, je weiter wir als Gesellschaft kommen, desto genauer können wir hinschauen. Dadurch werden die kleinen, verschiedenen, bisher unentdeckten Anteile in uns sichtbarer. Dass darin Widersprüche erkennbarer werden, ist neu. Den Umgang mit diesen inneren Widerständen nennt man Ambiguitätstoleranz, das bedeutet zunächst einmal die Fähigkeit, Uneindeutiges oder Mehrdeutiges zu ertragen, nicht sofort auszuweichen oder abzulehnen. Es geht darum, genau diese Widersprüche auszuhalten. Mit Maja Göpel und Juli Zeh habe ich auch darüber gesprochen.

DER MENSCH VOR DER WELT

Fahri hat sich offensichtlich intensiv mit sich selbst beschäftigt. »Wie hast du dir diesen analytischen Blick auf dich erarbeitet?«

»Es ist ein grundsätzlicher gesunder Zweifel, der mir vorgelebt wurde. Ich hatte tolle Lehrer, Eltern und gute Freunde, die mir eine Idee von Demokratie und Persönlichkeitswerdung mitgegeben haben. Auch die Bücher, die ich in meinem Leben gelesen habe, haben mir dieses Bewusstsein vorgelebt. Und daraus schöpfe ich immer noch. Ich interessiere mich für Politik, Philosophie, Psychologie. Das waren schon im Studium Felder, die mich angezogen haben: Der Mensch vor der Welt. Und was passiert mit diesem Menschen, wenn er auf die Welt trifft? Wie schützen wir uns davor, den Abgründen zu viel Raum zu geben? Das sind die ganz großen Kämpfe, denen wir gerade ausgesetzt sind. Die einen wollen Macht, und die anderen versuchen, Macht zu teilen. Demokratie versucht, Macht zu teilen. Im Grunde schützt uns die Demokratie vor unseren eigenen niederen Instinkten und vor uns selbst. Ist das nicht fantastisch? Und auch das hat der Mensch geschaffen.«

Ja, das ist fantastisch. Fahri kennt die streitenden Anteile in sich, möchte aber nichts davon schönreden. »Es soll auf keinen Fall so rüberkommen, als würde ich meine toxischen Anteile verteidigen. Ich will niemanden verletzen und dann sagen, dass das schon okay ist, weil ich ja auch gute Seiten habe. Das ist kein Ausgleich, das Toxische ist einfach scheiße!«

VERÄNDERUNG KOMMT DURCH VERBINDUNG

Nun bin ich, wie du vielleicht schon bemerkt hast, nicht gerade der typische Mann-Mann, doch auch ich tappe in alte Denk- und Verhaltensmuster, reproduziere veraltete, patriarchale Strukturen und drücke mich falsch aus. Der öffentliche Umgang mit Fehlern kippt in meiner Wahrnehmung gerade zu schnell Richtung Häme. Wenn die sogenannten alten weißen Männer Äußerungen von sich geben, zum Beispiel eine gegenläufige Meinung zum Thema Gendern, dann können

Menschen gerade sehr unbarmherzig werden, was wiederum zu einer Verhärtung und damit zum Stillstand führt. Ich spreche Fahri auf dieses Problem an: »Was ist da eine gute Dialogform? Denn ich glaube, wir Männer kriegen das in letzter Zeit häufig zu spüren.«

»Ich bin fest davon überzeugt, dass man eine Veränderung im besten Sinne erreicht, indem man etwas Verbindendes an den Tag legt. Ich sympathisiere mit lauten Frauen, die dürfen auch hauen, und ich darf auch als Mann mal unfassbar verunsichert sein. Aber ich bin auch für andere Töne dankbar, die mich versöhnlicher abholen. Ich brauche eine offene Geste.«

Man kann die Arme nicht öffnen, wenn man in eine Ecke gedrängt wird. Fahris Kollege Christian Ulmen scheint einen Weg gefunden zu haben, mit den Alpha-Momenten seines Freundes umzugehen: »Christian ist keine Frau, aber er hat einen sehr weiblichen Anteil. Er kennt mich gut, er kennt auch meine weiche, verletzliche, schnell überforderte Seite. Wenn ich aus einer Überforderung heraus, die meistens aus einer tiefen Unsicherheit kommt, laut und ein bisschen aggressiv werde, dann kommt er zu mir und holt mich ganz weich ab. Und prompt fängt bei mir der Panzer ein bisschen an zu schmelzen. Und dann komme ich wieder zu was Versöhnlichem in mir selbst. Wenn er es schafft, den kleinen Anteil hinter meinem Schutzreflex zu sehen und mir die Hand zu reichen, dann löst es sich auf. Das ist die Geste von außen, die mir hilft. Aber ehrlicherweise will ich mich davon nicht abhängig machen.«

TRIGGERWARNUNG VOM LASTENRAD

Nicht immer gibt es eine offene Hand, einen Kollegen, der die richtigen Worte findet, um Fahri aus seinen Reflexen rauszuholen. Er hält darum Ausschau nach den inneren Warnsignalen und findet sie erneut im Straßenverkehr: »Wenn ich merke, ich reagiere zu heftig, dann versuche ich, sofort in mich zu gehen. Bleiben wir beim Autofahren: Wenn es nicht so läuft, wie ich will, und ich vor mich hin schimpfe: ›Du doofer Lastenradfahrer, der mir gerade den Weg versperrt, ich komme nicht rum mit meinem SUV, und du bist auch noch eine lahme Kröte, weil du keine Elektrounterstützungs-Scheiße hast, dackelst mit deinem beschissen breiten Lastenfahrrad auf der Straße rum, und ich komme nicht vorbei. Wie kannst du nur?!‹ Diesen Impuls zu nehmen und zu sagen: Aha, okay, da scheint was Tieferes zu liegen. Was erträgst du gerade nicht? Was löst diese tiefe Spannung aus? Das ist eine unfassbar spannende Reise. Der Lastenradfahrer ist ein Trigger, der mich auf einen tiefer sitzenden Schmerz hinweist. Wenn ich es schaffe, dahin zu kommen, mir das einzugestehen und vielleicht sogar die eigentliche Ursache zu finden, dann umarme ich am Ende den Lastenradfahrer und sage: ›Danke, dass du mir den Weg geebnet hast. Das war nur meine eigene Mickrigkeit und Ungeduld, die sich da entladen hat, weil ich nicht ertragen habe, dass ich den Weg für meinen dicken Arsch nicht frei bekommen habe.‹ Das ist schön, das ist richtig befreiend. Dann kann ich auch über mich lachen.«
Es dauert übrigens nur 0,0000001 Sekunden, bis ein Trigger ein körperliches Gefühl auslöst. Man muss also schnell sein. Wie gut, dass immer mehr Lastenräder in Großstädten unterwegs sind – da kann man gut üben.

IN DER HARTEN MÄNNERWELT BESTEHEN

Die Schublade, in die ich Fahri vor unserem Gespräch gesteckt habe, nenne ich die klassische Til-Schweiger-Männerwelt. Männer, die am liebsten Zeit mit anderen Männern verbringen, um irgendwelche Deals einzutüten, und die sich immer auch in einer Art Wettstreit miteinander befinden. Männer, die mit freiem Oberkörper am Pool vorbeilaufen, Frauen als »Ladys« bezeichnen und einen Martini, gerührt, aber nicht geschüttelt, an der Bar bestellen. Ein bisschen sehr klischeebehaftet, ich weiß.

»Wie konntest du da überhaupt bestehen? Wie können weiche Männer generell in dieser Welt bestehen?«

»Indem ich meine Weichheit angeboten habe, witzigerweise. Ich war nie hart genug, um in der harten Männerwelt mitzuhalten. Keine Chance. Ich habe früher Judo gemacht, da bin ich einmal Dritter geworden – als einer von dreien. Da stand ich auf einem Podest mit einer Medaille als Verlierer. Ich habe jeden Kampf verloren, aber ich hatte eine Medaille. Das war im Grunde meine Welt. Ich habe Männer oft dadurch bezirzt, auch Männer, die in ihrem eigenen Gebaren gefangen waren, dass ich ihnen angeboten habe, ungefährlich zu sein.«

Plötzlich wackelt Fahri ein wenig unruhig auf seinem Stuhl hin und her. Christian Ulmen hat ihn einmal liebevoll mit einer Kugel im Flipperautomaten verglichen. Man weiß nie, wohin diese Kugel fliegt.

»Wenn wir so viel über Weichheit und Zärtlichkeit sprechen, merke ich, da baumelt innerlich etwas zurück«, sagt Fahri unvermittelt. »Da werden die anderen Anteile plötzlich lauter und sagen: ›Junge, jetzt lös dich nicht komplett auf in dieser Verweichlichung. Wo ist denn deine Naturverbundenheit? Wo ist der Axttyp?‹ Denn den gibt es auch, und das ist in Ordnung.

Man kann im Fußball auch mal beißen – ich bin immer weggesprungen, habe mich weggeduckt. Ich frage mich: Wo kann mich das hinführen, wenn ich auch mal versuche zu gewinnen? Mich durchsetze, nicht auf Kosten der anderen oder um jemanden zu verletzen, aber doch auch mal ein Tor schieße und nicht immer nur wegspringe. Mal nicht alles absichere. Wenn ich auch mal von der Klippe runterhüpfe, auch wenn es mal ein bisschen klatscht. Ob man das ›männlich‹ nennen will oder nicht, aber auch diese Seite hat was Natürliches.«
Da sind sie wieder, die verschiedenen Anteile. Fahri ist in diesem Moment des Gesprächs ganz anders präsent, er wirkt fast ein bisschen wütend. Er kann sich wunderbar echauffieren, und mir tut es auch ganz gut, dass unser Gespräch mal kurz durchgelüftet wird. Wir machen eine kleine Pause.

Meine Beschäftigung mit dem Thema Männlichkeit begann Anfang 2020. Ich war zu einem größeren Dinner eingeladen und saß neben einer Galeristin, wir kannten uns vorher nicht. Dort gab es einige Axttypen. Wir beobachteten sie gemeinsam, und ich erzählte ihr von meiner Abneigung gegen Alphatiere und lästerte über Männer. Sie schaute mich ernst an und sagte, dass das nicht gut ist, da ich doch selbst ein Mann bin. Und dann folgte ein Satz, der sehr lange nachklang: »Du solltest dich mal mehr mit deiner Männlichkeit auseinandersetzen, denn du bist ja ein Mann.« Und das habe ich gemacht. Laut einer Studie vom Men's Health Forum aus dem Jahr 2017 werden drei von vier Suiziden von Männern begangen. Männer sind dreimal so anfällig für Alkoholismus als Frauen, Männer stellen 95 Prozent der Gefängnisinsassen. Mir ist bewusst geworden, dass der Axttyp auch leidet und dass es nicht darum geht, das patriarchale System für die unterdrückten Frauen aufzulösen, sondern für alle. Das Gefühl von Wut habe ich lange nicht zugelassen und den Alphas untergeschoben. Ich musste lernen, dass es keine schlechten Gefühle gibt, und darum finde ich es vollkommen in Ordnung, dass Fahris Pendel gerade in die andere Richtung geschwungen hat.

DER MILDE VATER UND DIE WILDE MUTTER

Wir sind uns beide einig, dass wir in der Öffentlichkeit, in der aktuellen Popkultur, wenig Vorbilder für eine Männlichkeit haben, die sowohl Verletzlichkeit als auch Verbindlichkeit in sich trägt. In diesem Zusammenhang kommen wir auf Roger Willemsen und Christoph Schlingensief, die für mich große Vorbilder sind.

»Welche Vorbilder hattest du noch?«, will ich wissen.

»Mein Vater ist bis heute mein Vorbild, aber auch er hat viel zu kämpfen mit seinen lauten Anteilen und seinem harten Schutzpanzer. Aber seine Milde und seine Sanftmut sind für mich Faktoren, die ihn für mich zum Vorbild machen. Seine Härte ist Ausdruck eines überforderten Menschen, der sich nur noch durch Lautstärke zu schützen weiß. Aber es gibt gleichzeitig einen unfassbar weichen, sanften Anteil an meinem Vater, und den lebt er auch. Ich könnte heulen, wenn ich an meinen Vater denke. Wenn er was sagt, sind es nie Floskeln. Er ist der unmittelbarste Mensch, den ich kenne, er kann gar nicht anders, als wahrhaftig zu sein, und das ist ein Geschenk.«

»Und was hast du von deiner Mutter? Wie ist sie?«

»Sie ist eine wundervolle Frau. Ich habe wirklich Glück mit meinen Eltern. Aber meine Mutter ist für mich insofern eine Herausforderung, als sie als junge Mutter noch total auf der Suche war und gewisse Freiheitskämpfe führen musste, die ein bisschen auf Kosten meiner Bedürfnisse als Kind stattfanden.

Ich verstehe sie im Nachhinein, aber es hat sicherlich mein Verhältnis zum Thema Vertrauen geprägt, dass sie in einer Zeit, in der ich sie vielleicht doch ein bisschen mehr gebraucht hätte, so sehr mit sich und dem Menschwerden beschäftigt war. Aber ich verzeihe es ihr, weil sie so eine unfassbar tolle Frau ist. Sie hat Dreadlocks, hört Weltmusik, vereint die ganze Erde in ihrem Kochtopf, und sie tanzt auch unfassbar großartig. Sie ist eine Erscheinung, so eine Mutter, auf die du so richtig stolz sein kannst, mit der du gern unterwegs bist und bei der die Leute sagen: ›O Gott, hast du eine tolle Mutter!‹ Von ihr habe ich, glaube ich, das Schauspielerische. Sie ist so eine Traumtänzerin. Während mein Vater eher erdig und unmittelbar echt ist, kann sie das Künstlerische, manchmal auch das Künstliche hervorragend bedienen. In so einem Spannungsfeld bin ich groß geworden.«

Fahri ist ein Dazwischen-Kind, ein Migrantenkind, das in zwei Elternhäusern aufgewachsen ist. In einem anderen Interview habe ich diesen Satz von ihm gelesen: »Seit ich denken kann, schaffe ich es nicht, eindeutig zu werden.« Genau aus diesem Spannungsfeld scheint seine Uneindeutigkeit herzukommen.

DIE UNTERSCHÄTZTE JUGEND

Da wir gerade bei Uneindeutigkeit sind: Fahri möchte das psychoanalytische Feld nicht nur Sigmund Freud überlassen, nach welchem entweder Vater oder Mutter die Ursachen von allem sind.

»Wir unterschätzen, wie prägend die Jugend ist, das ist mein Eindruck. Kindheit wird sehr stark betont, und das hat sicherlich auch seine Richtigkeit, aber für mich war es die Jugend, die mich richtig heftig geprägt hat. Ich war ein unglaublich durchlässiges, unfertiges, suchendes Etwas als Teenager – da prasselte alles auf mich ein, besonders die Gesellschaft. In dieser Zeit bin ich auch zum ersten Mal Frauen auf einer romantischen Ebene begegnet, habe Partnerinnen gefunden, die mich mit all meinen Suchbewegungen, Unfertigkeiten und Kanten geliebt und geschätzt haben. Und dieses Geschenk, trotz allem geliebt zu werden, das hat überhaupt erst den Raum geliefert, auch ein schönerer Mensch zu werden. Ich bin denen so dankbar. Ich finde, Frauen sind das Allertollste, was es auf der Welt gibt. Die haben eine solche Kraft, das Mütterliche oder das Weibliche entwickelt die reinste Magie. Man sagt immer ›Kinder an die Macht‹. Aber ich finde, das ist völliger Bullshit. Kinder würden sofort auf jeden blöden roten Knopf drücken. Frauen haben jedoch eine friedensstiftende Kraft, die ich unglaublich bewundere. Im Zweifel sind Frauen doch eher immer für den Frieden als für den Kampf.«

» Lasst uns Frauen in Machtpositionen bringen, am Ende haben wir alle was davon. Vor allem die Männer, die sich sonst abschlachten wie die letzten Idioten. «

AUFGESCHRECKTE MÄNNLICHKEIT

Das Thema Männlichkeit wird Fahri, mich und die Gesellschaft noch viel beschäftigen. Für heute muss es reichen.
»Was lernst du gerade, was du noch nicht so gut kannst?«
»Ich frage mich, wie ich den Spagat zwischen dieser aufgeschreckten Männlichkeit und einer schönen Männlichkeit schaffe. Wie kann ich bei diesen berechtigten Angriffen noch Mann sein? Ich sehne mich nach einer inneren Festigkeit und Ruhe, denn die Verunsicherung ist so stark. Ich mache ja mit und stelle mich infrage, aber wer bin ich dann noch nach dem Infragestellen? Das gilt ja für mich insgesamt, wie du merkst. Wo sind meine Antworten? Wofür stehe ich? Das ist schwer zu beantworten als Mann – aber auch als Mensch. Und das lerne ich gerade.«

Drei Jahre nach unserem Gespräch schicke ich Fahri eine Nachricht und frage ihn, ob er den weißen SUV eigentlich noch hat. »Nee, gerade autolos unterwegs«, schreibt er. Vielleicht hat er sich ja ein Lastenrad zugelegt.

Das Gespräch fand im November 2020 statt.

LUKE MOCKRIDGE

ÜBER DEFIZITE

Luke Mockridge findet kaum noch statt. Die große Tour wurde verschoben, die Fernsehshows wurden auf Eis gelegt, prominente Freundinnen und Freunde haben heimlich auf Instagram »Unfollow« gedrückt. Man möchte besser nicht mit ihm gesehen werden, auch nicht digital. Ich schreibe das im Februar 2022. Vor wenigen Wochen ist er aus einer psychiatrischen Klinik entlassen worden. Seine Familie hatte ihn im Herbst suizidgefährdet eingewiesen. Zuvor gab es einen großen Artikel im *Spiegel*. Darin die sogenannte Akte Mockridge, die Einblick in Schlafzimmer, Chatverläufe, Discoabende und Hotelzimmer gab, in denen sich der berühmte Comedian gegenüber Frauen mutmaßlich nicht im Griff hatte. Mit zehn Frauen will der *Spiegel* gesprochen haben. Alle, bis auf seine Ex-Freundin Ines Anioli, bleiben namenlos. Große Teile des Artikels dürfen aufgrund von Verletzung der Privatsphäre inzwischen nicht mehr gezeigt werden – so hat es ein Gericht entschieden. Alldem ging eine Online-Kampagne von Aktivistinnen voran, in der Konsequenzen für Lukes Handlungen gefordert wurden, nachdem eine Strafanzeige von Anioli zweimal ohne Konsequenzen blieb.

All das war noch nicht abzusehen, als wir uns im Spätsommer 2019 im *Hotel Matze* trafen. Luke stand damals noch mit beiden Beinen im Showgeschäft. Die anstehende Riesenhallentour war fast ausverkauft, eine Netflix-Miniserie mit ihm als

Hauptdarsteller in den Startlöchern, es fühlte sich so an, als würde es jede Woche eine neue Fernsehshow mit ihm geben. Die Quoten herausragend, die Haare wuschelig, das Grinsen breit – doch wackelig war er auch da schon.

Ich habe mich lange gefragt, ob unsere Begegnung in diesem Buch stattfinden soll. Eine Freundin fragte mich, ob ich Luke damit nicht auf eine Bühne hebe. Doch ich sehe es nicht so. Ich möchte keine Person in irgendeinem Scheinwerferlicht präsentieren, sondern im Kerzenschein an der Hotelbar mein Ohr an ihr Herz legen, um zu hören, für was es schlägt. Die meisten haben selbst eine viel größere Plattform, jemand wie Luke sogar ein Stadion, der braucht meine Bühne nicht. Meine Bühne, wenn sie denn eine ist, ist eher ein kleiner Club, in dem man seiner Lieblingsband etwas näherkommen kann. Aber vielleicht hinkt dieser Vergleich auch. Ich bin der festen Überzeugung, dass wir Menschen miteinander im Gespräch bleiben müssen. Durch Zuhören und Fragen, auch kritisches Fragen, kommen wir als Gesellschaft weiter.

Wenn ich heute an das Gespräch im Hotel denke, dann fällt mir zuerst meine Überraschung und Überforderung darüber ein, wie offen Luke über seine Familie, seine Karriere, seine inneren Leerstellen gesprochen hat. Selten hat sich jemand so verletzlich gezeigt. Kein anderes Gespräch hat mich so schwermütig zurückgelassen. Und darum gehört es auch in dieses Buch. Und nein, das war kein warmes Scheinwerferlicht, was an diesem Tag auf ihn gestrahlt hat, es war eher ein Blaulicht.

Ich habe von Luke Mockridge erfahren, was ihm im Leben fehlt, warum er seinen Eltern keine Vorwürfe macht und was passiert, wenn man alles erreicht hat.

DIE KNALLERFAMILIE

Wir setzen uns ins Studio. Luke trägt Jeans und eine Art verwaschenes Hawaii-Hemd. Die Haare sind etwas länger als sonst. Im Fernsehen wirkt er oft, als würde er spontan vom WG-Sofa aufstehen und ein bisschen den Raum unterhalten. Das konnte er schon früh üben, denn er wurde quasi in eine TV-Wohngemeinschaft hineingeboren. Seine Eltern sind Schauspieler und Schauspielerin, sie spielten in der *Lindenstraße* und haben sechs Jungs großgezogen. Alle Brüder machen irgendwas mit Kunst und Kultur, im WDR lief die eigene Serie *Die Mockridges – Eine Knallerfamilie*.

In der Region um Bonn wusste jeder, wer die Mockridges sind. Meine Kollegin Camila ging zur gleichen Schule wie Luke. Ich habe sie vor dem Gespräch gefragt, woran sie sich erinnert. Sie berichtete, dass alle in der Schule die Mockridges mochten, dass der Schwarm der Familie eindeutig Matthew war, der in einer Boyband gesungen hat, und dass Luke eher nerdig, aber auch beliebt war. Ich erzähle ihm davon, er wirkt kurz überrascht über meine Recherche.

»Ich war echt ein sehr krudes Kind, hatte einen sehr kruden Humor.«

»Camila sagte auch, dass du lustig warst.«

Er freut sich sichtbar, dass das von ihr bemerkt wurde. »Ja, das war schon ein bisschen meine Waffe, weil ich immer das Gefühl hatte, dass man mich in meiner Familie und in Bonn so ein wenig auslachte. Ich dachte, ich sehe nicht so gut aus wie die anderen, bin nicht so sportlich und nicht so gut in der Schule. Ich fühlte mich manchmal wie der Loser in der eigenen Familie. Mein Bruder Matthew hat megaviel Sport gemacht, sah super aus. Nick war sehr intellektuell, die anderen waren musikalisch begabter und auch beim Fußball besser. Und ich

habe von allem ein bisschen gemacht, aber nie überragend gut.«
Nie überragend gut. Die Schultern sacken zusammen, der Blick geht an mir vorbei. Lukes Vater Bill kommt aus Kanada, seine Mutter Margie aus Italien, beide wirken in der Serie wahnsinnig liebenswürdig, locker und auf angenehme Art von ihren sechs Jungs überfordert. Sie tauchen auch immer wieder in den Jokes des Sohnes auf. Eine schrecklich nette Familie. Luke erzählt vom hohen Standard zu Hause, der nicht unbedingt gezeigt wurde. Er erinnert sich an den Satz »Better be good«, den alle Brüder immer wieder von den Eltern hörten. Was als Ansporn gedacht war, erhöhte den Druck.
»Daraus entwickelte sich tatsächlich eine Art Minderwertigkeitskomplex, der sich, als ich zwölf Jahre alt war, so äußerte, dass ich nicht etwa gedacht hätte, ich wäre weniger wert als meine Brüder – ich habe es gewusst. Und das ist noch mal ein fundamentaler Unterschied. Für mich war das in Stein gemeißelt: Die sind alle krasser als du, sei froh, dass du in diese Familie hineingeboren wurdest und dass du da umsonst mitfahren darfst. Das war mein Selbstbild als Teenager.«
Ich hatte mir vorgenommen, zum Start mit Luke über seine Familie zu sprechen. Ich hatte auf ein paar witzige Anekdoten zu Beginn gehofft, um später, wie bei vielen Gesprächen, dann etwas tiefer zu tauchen. In seinem Bühnenprogramm schafft er es, wunderbar über die Zeit zwischen Kindheit und Jugend zu sprechen, über die naiven Freuden und die aufgesetzte Coolness, mit der wir uns alle identifizieren können. Doch Luke muss sich nicht erst aufwärmen, er scheint hier nicht auf einer Bühne stehen zu wollen, sondern hat nach wenigen Minuten längst den Taucheranzug an und befindet sich im Tiefgang. Ich springe hinterher und muss mich beeilen, um mitzuhalten.

DER FERNBAHNHOF

Luke ist früh von zu Hause ausgezogen, hat in Kanada studiert, um sich von seiner Familie zu emanzipieren.
»Ich wusste, ich muss anfangen, mich selbst zu mögen und mich wertvoll zu fühlen, und habe dann relativ schnell gesagt: Ich werde Star! Ich muss irgendwie Star werden.«
Dieser für mich ungewöhnliche Berufswunsch war bei Luke schon früh präsent. Als Teenager saß er vorm Fernseher und hat Stefan Raab beim Witzereißen zugeschaut und geträumt, selbst irgendwann die Show-Treppe runterzuspazieren. So richtig erlaubt hat er sich das Träumen allerdings nicht: »Ich habe heute noch eine von meiner Kindheit geprägte Stimme, die einfach alles zerredet. Die den Erfolg zerredet, die sagt: ›Kannst du eh nicht, machst du eh nicht, schaffst du eh nicht.‹«
Am 6. Dezember 2011 hatte Luke es trotzdem geschafft: Er betrat die Treppe im Raab-Studio zum ersten Mal. Er rannte sie fast hinunter, musste sich am Geländer festhalten, es konnte nicht schnell genug gehen. Am Ende der Treppe landete er auf den Schlussakkord mit einem Sprung auf der Bühne. Man findet den Auftritt im Internet. Die Selbstverständlichkeit, mit der er da steht, sich mit dem Publikum verbindet und Witze über seine Schulzeit macht, ist faszinierend. Kein trockner Mund, kein Gezappel. Auch Stefan Raab erkannte das Talent, er wurde Lukes Mentor, sein Produzent, später sein Geschäftspartner.
»Wenn du dir ein Ziel setzt, es ganz klar spürst und immer wieder visualisierst, dann triffst du unbewusst jede Entscheidung in deinem Leben so, dass du dieses Endziel, diesen Fernbahnhof irgendwann erreichst. Die Weichen werden immer so gestellt, dass du irgendwie doch dahin kommst. So war es zumindest bei mir.«

Vor vielen Jahren habe ich den großen Bestseller *The Secret*, der sich mit der Kraft der Visualisierung auseinandersetzt, gelesen und mir erhofft, darin den Schlüssel für ein glückliches, zufriedenes Leben zu finden. Die Autorin empfiehlt darin, dass man alles, was man haben möchte, einfach beim Universum bestellen solle. Zum Beispiel einen freien Parkplatz direkt vor der Tür. Ich habe es probiert und war wirklich enttäuscht, dass es so gar nicht funktioniert hat. Es war mir wohl nicht wichtig genug.

»Ich brauche einfach Applaus, ich brauche Zuneigung, ich brauche Lacher, ich brauche Aufmerksamkeit.«

DAS DEFIZIT AUF DER BÜHNE

Eine große Gemeinsamkeit zwischen Luke und mir ist unsere Liebe für die Band Coldplay. Mein Lieblingssong ist »Fix You«, seiner ist »Yellow«. Auf der Bühne sitzt er auch am Klavier und covert Songs. Man merkt, wie viel ihm Musik bedeutet, und im Gegensatz zu anderen, denen es ähnlich geht, kann er auch singen.

»Warum bist du Comedian und nicht Sänger geworden?«

»Weil der Sänger es ernst meint und der Comedian nicht.

Du kannst als Comedian singen und dich gleichzeitig lustig machen, du kannst auch mal einen geilen Ton singen, aber das alles findet immer auf einer Ich-meine-das-alles-nicht-so-ernst-Ebene statt. Ich habe auch mal eine Band gehabt, aber ich nehme mich und das Leben einfach nicht ernst genug, um einen ernsten Song zu schreiben. Ich suche immer die Pointe, das liegt einfach in meiner DNA.«
»Würdest du dir wünschen, dass du das könntest?«
»Ja klar. Ich glaube, jeder Comedian möchte eigentlich Rockstar sein. Comedians sind die Rockstars, die leider scheiße aussehen und Minderwertigkeitskomplexe haben.«
»Das trifft jetzt aber nicht gerade auf dich zu.«
»Doch, so einen Mut zur Hässlichkeit haben Rockstars nicht. Deswegen sind Comedians häufig die viel größeren Psychopathen, die rumbrüllen, zynisch sind, Dinge durch die Gegend werfen, cholerische Anfälle kriegen.« Er grinst mich an, zwinkert. »Es liegt einfach daran, dass wir nicht ernst genommen werden, weil wir eben Spaßmacher sind. Doch natürlich wollen wir ernst genommen werden. Jeder Comedian kommt aus einem Defizit und möchte mit dieser Schwäche auf die Bühne gehen und daraus eine Stärke machen, um dann einen gemeinsamen Nenner mit dem Publikum zu suchen. Das ist Comedy in a Nutshell.«
»Was ist das Defizit, das du auf die Bühne stellst?«
Ohne zu überlegen, sagt er: »Mangelnde Aufmerksamkeit der Eltern. Und das ist gar kein Vorwurf an meine Eltern, sie hatten einfach sehr viele Kinder, und alle wollten gesehen werden. Auch ich. Vielleicht zu sehr. Ich wollte mich wertvoll fühlen, und das tue ich, wenn ich auf der Bühne stehe und Applaus bekomme. Wenn ich eine Weile nicht auftrete, wie aktuell wegen Corona, dann geht es mir schlechter, und ich habe umgehend eine geringere Meinung von mir selbst. Mir fehlt

dann einfach die Zutat im Leben, der Applaus von 15 000 Leuten. Das ist eine unfassbare Energie, wenn du im Raum stehst und als Einziger in die eine Richtung guckst und 30 000 Augen in die andere Richtung schauen. Das bin ich, der von 30 000 Augen angesehen wird, der beklatscht und bejohlt wird. Das tankt den Wagen und den Selbstwert natürlich sehr schnell auf.«

Ich erzähle Luke von meinem Interview mit dem ehemaligen Fußballer und Fußballtrainer Stefan Kunz. Der erzählte mir, dass er nach Beendigung seiner Fußballkarriere gemerkt hat, dass er süchtig nach dem Applaus aus der Fankurve war. Er machte eine Therapie und lernte, sein inneres Kind zu umarmen, denn durch Tore und den Applaus versuchte er nur einen Mangel zu füllen.

»Ja, also, was heißt, ich brauche die 15 000 Menschen, ich brauche das, was die darstellen. Das können einem leider auch Drogen geben. Das kann einem eine intensive Beziehung geben oder Freunde. Ich brauche einfach Applaus, ich brauche Zuneigung, ich brauche Lacher, ich brauche Aufmerksamkeit. Ich glaube, ganz viele Künstler sind sich gar nicht dessen bewusst, was da im Unterbewusstsein abläuft. Das führt dazu, dass sie diese irrationalen Dinge tun, von denen man dann liest: Britney Spears rasiert sich den Kopf und zeigt ihre Scheide, wenn sie aus dem Auto steigt, weil sie einfach nicht mehr klarkommt. Das ist der Schrei nach Hilfe. Und ich glaube, das ist ganz wichtig für Leute, die in einem Beruf arbeiten, der so extrovertiert ist. Ich glaube, und das gilt für jeden Menschen, dass man eine Außensicht auf sich braucht und sich ab und an mal fragen sollte: Warum mache ich das eigentlich? Woher kommt das, was ich gerade empfinde? Wenn man es schafft, eine Vogelperspektive einzunehmen, dann checkt man, warum man ist, wie man ist. Und das ist schon mindestens die Hälfte

der Arbeit. Du musst wissen, warum du Dinge tust. Und dann, ja, entdämonisiert man quasi sich selbst und die eigenen Handlungen – nimmt sie und sich selbst nicht so wichtig.«
Wir sprechen noch keine dreißig Minuten. In dieser Situation ist es für mich gar nicht so einfach zu entscheiden, wohin ich das Gespräch lenken soll. Mein Instinkt will tiefer tauchen, meine Vernunft will das verhindern. Ich glaube an eine Grenze zwischen persönlich und privat. Manchmal gehe ich mit meinen Gästen sinnbildlich gesprochen nach einem ersten Plausch an der Hotelbar noch mit aufs Zimmer, und wir sprechen dort tiefgründiger weiter. Aber wir gehen nicht ins Bett. Ich glaube, dass private Angelegenheiten den Menschen selbst gehören müssen. Die meisten Personen des öffentlichen Lebens muss man sogar ein wenig überreden, das Persönliche zu zeigen. Aber was macht man, wenn ein Gast von ganz allein die Tür zum Privatbereich öffnet? Ich tendiere eher dazu, den Menschen zu schützen. Einen Tag nachdem Stefan Kunz mit mir über sein inneres Kind gesprochen hat, hat die *Bild-Zeitung* reißerisch darüber berichtet.

EIN UNAUSGEFÜLLTES LEBEN

Wir schwimmen noch einmal zum ersten Auftritt bei Stefan Raab. Luke war 22 Jahre alt, als die Showtreppe, von der er seit seiner Kindheit geträumt hatte, für ihn Wirklichkeit wurde. Ich kenne solche Träume. Für mich war es ein Auftritt bei »Rock am Ring«. Ich malte mir ewig aus, dass ich mit meiner Band eines Tages dort auf der Bühne stehen würde. Meine erste Band habe ich tatsächlich aufgelöst, weil meine Bandmitglieder diesen Traum für nicht realistisch hielten. Mit Virginia Jetzt! hat es dann geklappt. Das Interessante war, dass es in dem Moment, in dem es wahr wurde, komplett egal war. Das Konzert war gut, aber im Grunde nichts Besonderes. Zu Hause in Berlin hat sich nichts verändert. Ich bin in dieselbe schmutzige WG zurückgekehrt, und meine Mitbewohner rissen dieselben schmutzigen Witze. Ich erzähle Luke davon.

»Wie war das bei dir?«

»Bei Raab war das auch so. Das war zwar krass, aber da passierte im selben Jahr sowieso ganz viel. Der Radiosender *1Live* hatte mich entdeckt. Ich war zu diesem Zeitpunkt, ohne das jetzt so hoch hängen zu wollen, der erste Comedian, der mit Anfang 20 erfolgreich war und eine komplette, bisher von der Comedyszene ignorierte Generation ansprach. Aber ich kann jetzt mit 31 Jahren dein »Rock am Ring«-Bild bestätigen. Ich wollte immer Selbstwertgefühl haben, und ich habe immer gedacht, ich muss Star werden, um das zu erreichen. Ich muss einfach ganz viele Treppen hochlaufen und ganz oben die Tür aufreißen, und irgendwo versteckt sich dann der Heilige Gral, der mir diesen Selbstwert verleiht. Ich habe alle hinter mir gelassen, bin alle Treppen hochgelaufen, habe die Tür aufgerissen, und der Raum war leer. Ich wollte Comedy-Star werden, und seit drei Jahren bin ich der erfolgreichste in Deutschland. Aber auch hinter dieser Tür, ganz am Ende aller Treppen, verbirgt sich halt nichts. Da liegt gar nicht die Antwort auf all diese Fragen, die ich mir in der Kindheit gestellt habe. Seitdem ich das begriffen habe, versuche ich, mit neuen Sachen die Lücke aufzufüllen.«

Es gibt so viele Ratgeber mit Glücks-Anleitungen, die erzählen, wie das mit dem gelungenen Leben geht. Das besagte Buch *The Secret* wurde 30 Millionen Mal verkauft. Ich frage mich: Sind vielleicht diejenigen am glücklichsten, die nicht nach dem erfüllten Leben in irgendwelchen Büchern und Podcasts suchen und eben nicht danach streben, sondern einfach glücklich sind?

DIE DEFINITION VON GLÜCK

Vielleicht ist das »glücklich sein müssen« ihm aber auch zu sehr vorgegeben worden. Wenn man Luke heißt, ist das Wort »Lucky« nicht weit, und so taucht es ständig auf. Wenn er auf der Bühne steht (oder stand), dann konnte man groß »Luckyland« hinter ihm lesen. Sein erstes Programm hieß »I'm lucky, I'm Luke«.

»Was ist deine Definition von Glück?«, frage ich ihn.

Hier muss er kurz nachdenken. »Boah. Ich glaube, das ist ganz pur. Das ist nur eine Sekunde. Mir fallen drei, vier Momente in meinem Leben ein, in denen ich pures Glück empfunden habe. Das war zum einen meine erste Arena-Show. Ich habe ein Lied auf der Gitarre gespielt, und instinktiv gingen die Taschenlampen hoch, und alle haben mitgesungen.«

»Hast du den Song selbst geschrieben?«

»Das war ein witziger Song, eine Art Cover auf ›Chasing Cars‹. Im Song geht es darum, dass ich als Kind nicht von meiner Mutter im Kindergarten abgeholt wurde. Ich bin ganz allein im Kindergarten, und meine Mutter holt mich nicht ab.«

»Ein wahrer Song?«

»Ja, true story. Als das Publikum mitgesungen hat, ist die Freude wie ein Blitz durch meinen ganzen Körper geschossen. Wirklich jede Zelle war berührt – Körper und Geist waren mit 15 000 Menschen verbunden, alle Ampeln waren auf Grün.

Aber zum ersten Mal habe ich mit ungefähr drei Jahren komplettes Glück empfunden: Ich war in ein Bettlaken reingeklettert und kam nicht mehr raus. Ich habe panische Angst bekommen und geschrien ohne Ende. Plötzlich habe ich das Gesicht meiner Mutter am Ende des Bettlakens gesehen, sie hat reingegriffen und mich rausgeholt. Das ist eine meiner ersten Erinnerungen. Anscheinend habe ich schon mit drei Jahren kognitiv zusammengelegt: Ey, wenn die Scheiße brennt, dann ist sie da. Das war ganz instinktive Mutterliebe, das war auf jeden Fall ein Moment des puren Glücks.«

»Interessant, dass zweimal deine Mutter drin vorkommt.«

»O Gott, ja, Freud.«

»Darf ich da noch einmal genauer nachfragen? Denn das eine ist ja wirklich die Mutter, die einen beschützt, aber auf der anderen Seite ist das auch die Mutter, die dich nicht abholt. Was ist da? Was verarbeitest du da?«

»Das komplette Erwachsenenleben besteht darin, die Wunden der Kindheit zu heilen. Ganz gleich, ob die Kindheit nun schön war oder nicht. Ob es Konsum ist, ob es viele One-Night-Stands oder Drogen sind oder ob es Arbeit ist. Ich glaube, es geht jedem Menschen so. Der erste Kniff ist, dass man seinen Eltern keinen Strick draus dreht. Eltern sorgen sicherlich immer für ein paar Probleme im Leben, aber ich persönlich würde meinen das niemals zum Vorwurf machen. Ich weiß, dass sie alles gegeben haben.«

Während er das sagt, frage ich mich, ob seine Mutter das Gespräch hören wird. Was würde ich empfinden, wenn mein Sohn irgendwann so über mich in der Öffentlichkeit sprechen würde? Ich denke an die Momente, in denen ich überfordert und ungerecht zu ihm war. Man sagt schnell, dass man ja nur das Beste für die eigenen Kinder will, aber weiß man denn, was genau das Beste ist? So wie es unendlich viele Ratgeber zum zufriedenen Leben gibt, gibt es unendlich viele Ratgeber, die erklären, wie man Kinder erziehen soll. Gerade meine Generation will ja alles richtig, alles besser machen. Ich sehe das, wenn ich im Park bin und beobachte, wie die Väter dort mit ihren Kindern spielen, und ich sehe mich, wie ich mit meinem Sohn spiele. Mein Vater hat das nie gemacht, nie die Gespräche geführt, die ich schon jetzt beim Ins-Bett-Bringen mit meinem

Sohn führe, aber ich weiß, dass er es nicht böse gemeint hat. Auch er wollte das Beste. Nur weil ich meine, dass es so, wie ich es mache, richtig ist, heißt es nicht, dass es das auch ist. Wer weiß, wie mein Sohn in 21 Jahren über mich spricht.

DER TRAURIGE GLÜCKSBÄR

Die Psychologin Ursula Nuber erklärte mir mal, dass eine schwere Depression da anfängt, wo man nicht mehr in der Lage ist, die Entscheidung, »glücklich zu sein«, selbst zu treffen. Egal, in welche Richtung ich versuche, das Gespräch mit Luke zu lenken, es läuft immer auf das Defizit hinaus.

»Ich würde gern künstlerisch wertvollere Sachen machen, doch die funktionieren nicht. Ich frage mich, bin ich mutig genug, diesen Weg trotzdem zu gehen, weil ich daran glaube, oder muss es dem Fan gefallen? Bei mir gibt es eine Kompassnadel, die immer wieder neu ausgerichtet werden muss, um den Kompromiss zwischen den Fans, meinem eigenen Anspruch und dem Erfolg zu schaffen.«

In dem Moment, in dem Luke auf der Bühne steht und mit dem Publikum interagiert, fühlt sich einfach alles richtig an. In seinen Augen ist das seine DNA. Sein ganzer Körper, jede Zelle macht das, wofür er gebaut ist.

»Es ist wie bei Jagdhunden, die so hingezüchtet wurden, dass sie die Ente, sobald sie erschossen wurde, holen und zum Jäger bringen. Das ist meine Bühnenpersönlichkeit.«

»Wie ist das, wenn man das, was einem leichtfällt und das einem auch noch über alle Maßen gut gelingt, gar nicht so richtig gut findet? Man hofft doch, dass gerade die Menschen, die oben auf der Bühne stehen, das machen, was sie machen wollen.«

»Ich würde das gar nicht so sehr als Krise festmachen. Ich bin halt ständig auf der Suche nach Dingen, die mich gut fühlen lassen. Ich bin jetzt 31, und es hat eine gewisse Entspanntheit eingesetzt. Mit 20 war noch jeder Tag ein Endspiel, alles war ganz wichtig, vor allem man selbst. Jetzt kann ich mit einem Augenzwinkern auf die Dinge gucken. Aber klar, ich bin immer auf der Suche nach Erfüllung. Nach etwas, das mich komplett ausfüllt. Ich habe es noch nicht gefunden, aber so bleibe ich wach, so bleibe ich im Game.«

Ich habe schon erwähnt, dass Luke ein Talent dafür hat, kleine Alltagsmomente in seinen Bühnenprogrammen zu verdichten und zu einer kollektiven Andockung zu machen. Diese permanente Suche nach Erfüllung ist auch eine Anstrengung, mit der sich sicher viele identifizieren können. Das Reisen, das Swipen, das Scrollen, nie ankommen, nie zufrieden sein können. Immer weiter. Ja, wir sind das wandelnde Fragezeichen, wir sind diese Suche. Ich frage Luke, ob er noch Hunger hat.

»Ich habe jetzt gar nicht mehr so sehr den erfolgsgetriebenen Hunger im finanziellen Sinn. Ich möchte etwas machen, was ich auch selbst gern konsumieren würde. Ich würde wohl als 31-jähriger Luke Mockridge nicht *Luke! Die Schule und ich* gucken. Das ist gerade nur ein Arbeitsplatz. Ich bin stolz auf die Sendung, sie macht Spaß, aber wie schön wäre es, wenn man was machen würde, was man selbst rundum toll findet.«

Das ist mir auch vorher noch nicht passiert, dass jemand öffentlich zugibt, dass er das, was er gerade produziert, selbst gar nicht schauen würde. Vor dem Fenster zeigt eine Mitarbeiterin des Managements, dass wir langsam zum Ende kommen müssen. Katastrophenfilme sind deswegen ja so fesselnd, weil man als Zuschauer immer schon mehr weiß als die Protagonisten selbst. Sie weiß in diesem Moment nicht, in welche Katastrophe der Film »Mockridge« steuert, und der Hauptdarsteller und ich wissen es auch nicht.

»Neulich habe ich im Urlaub mit ein paar Freunden darüber diskutiert, ob wir mit uns selbst befreundet wären, ob wir uns selbst cool finden. Meine Freunde haben ausnahmslos gesagt: ›Ja, klar.‹ Ich war der Einzige, der darauf fragte: ›Echt?‹ Ich nehme mich als wahnsinnig bemüht wahr oder affektiert, weil ich immer so eine berufliche Draufsicht auf mein Schaffen habe und das als unauthentisch empfinde. Auch das ist etwas, wo ich irgendwann hinkommen möchte: Mit mir selbst so im Reinen zu sein, dass ich gerne mit mir befreundet wäre. Das finde ich viel wichtiger als die viel zitierte Selbstliebe.«

DAS ENDSPIEL

Ich frage mich, ob morgen wohl der Anruf vom Management kommt, der darum bittet, dieses Interview nicht auszustrahlen. Doch dieser Anruf kommt nie. Ich stelle noch ein paar schnelle Fragen, bevor wir zum Ende kommen.

»Was lernst du gerade, was du noch nicht so gut kannst?«

»Mich selbst und das Leben nicht zu ernst zu nehmen. Ich habe es ja schon angedeutet: Mit 20 ist jeder Tag ein Endspiel, alles ist wahnsinnig wichtig. Die Liebe deines Lebens ist die Liebe deines Lebens, und deine Freunde sind die besten, und die Familie ist schwierig, und dein Job der anstrengendste. Ich tue mich jetzt auch wahnsinnig schwer mit so Sachen wie diesem Zynismus auf Twitter und Co., mit der ganzen Cancel Culture und all den anderen negativen Dingen. Warum haben alle so Bock auf Negativität? Warum haben alle Bock auf Zynismus und darauf, Leute durchs Dorf zu jagen und an den Pranger zu stellen?«

Da haben wir wieder den Katastrophenfilm und die Kraft der Andeutung. Als Letztes möchte ich wissen, was er auf eine imaginäre große Plakatwand am Alexanderplatz für alle Berliner und Berlinerinnen schreiben würde. Er würde »Every little thing is gonna be alright« draufsetzen.

Viele Katastrophenfilme enden mit ersten Sonnenstrahlen, mit einem neuen Morgen und einem Ist-gerade-noch-mal-gut-gegangen-Ende. Draußen ist es gerade sehr kalt, Wladimir Putin hat gestern angefangen, die Ukraine anzugreifen. Ich schwöre, dass sich gerade jetzt, während ich das schreibe, die Sonne über die Dächer geschoben hat und auf mein Gesicht strahlt. Ich hoffe, die warmen Strahlen finden ihren Weg auch zu Luke und allen anderen in seinem Film. Für ein Happy End ist es vermutlich zu spät, aber für ein Ende auch noch zu früh.

Das Gespräch fand im August 2019 statt.

THILO
MISCHKE

ÜBER DAS BÖSE

Thilo und ich kennen uns schon seit zwanzig Jahren, aber richtig kennengelernt haben wir uns im Grunde erst im *Hotel Matze*. Als Anfang Zwanzigjährige sind wir uns häufig im Berliner Nachtleben begegnet, standen schlaksig neben der Tanzfläche und haben uns altklug und angetrunken etwas in die Ohren gebrüllt. Thilo war in meiner Wahrnehmung schon immer ein Schreibender und auf eine gute Art speziell. Einer, der sich ernsthaft für Insekten interessiert und darüber spricht, einer, der beruflich über Sex schreibt und um die Welt reisen darf. Einer, der nicht wie alle anderen auf der Suche nach dem war, was aus ihm werden könnte, weil er es schon war und schon immer wusste. Irgendwann fing Thilo an, Beiträge fürs Privatfernsehen zu produzieren, wurde ein moderierender Reporter, was insofern ungewöhnlich war, weil er keine klassische Fernseh-Schönheit ist. Seine Nase ist ein bisschen zu krumm und zu groß, seinem Gesicht sieht man die Anstrengung nicht als etwas Heldenhaftes, sondern als etwas Gequältes an. Und außerdem wollte er eigentlich gar nicht zum Fernsehen, zumindest hat er mir nie davon erzählt. Die Beiträge und Reiseziele wurden immer extremer. Für seine preisgekrönte Dokureihe *Uncovered* hat er mit Banden in Tokio gedreht und mit Schmugglern den Darién Gap durchquert. Einziges Ziel dieser Reise: nicht erschossen zu werden. Apropos Schüsse – in den Straßen von Bamako wurde tatsächlich auch auf ihn geschossen.

Unsere Büros lagen lange in direkter Nachbarschaft. Manchmal haben wir uns zwischen Thilos Reisen beim Späti an der Ecke getroffen. Der Kaffee war nur so mittel und oft viel zu heiß. Doch das war uns beiden egal, denn unsere ostdeutsche Mentalität erlaubte es nicht, uns über so etwas wie schlechten Kaffee zu beschweren. Immer wieder habe ich daran gedacht, ihn ins Hotel einzuladen, aber es sollte genau im richtigen Moment sein. Und dann kam dieser Moment. Ein paar Wochen vor unserem Gespräch wurde Thilos Dokumentation *Rechts. Deutsch. Radikal.* ausgestrahlt. Zum ersten Mal hatte er das Extreme nicht an Orten gesucht, für die es Reisewarnungen gibt, sondern in Sachsen, Brandenburg und Bayern. Er fragte, ob ich ihn zur Pressevorführung begleiten möchte. Der Fahrer entpuppte sich als Personenschützer, im Kofferraum lag eine kugelsichere Schutzweste. Zum ersten Mal konnte ich Angst bei Thilo erkennen, aber die galt nicht nur seiner Sicherheit.

Ich habe von Thilo Mischke erfahren, wie sich Todesangst anfühlt, was er von seiner Oma und einem IS-Kämpfer gelernt hat und warum er unerträglich tolerant geworden ist.

DAS ELTERNVERHÄLTNIS

Wir steigen sanft ins Gespräch ein und starten mit der Familie. Ich kenne wenige 40-jährige Männer, die so ein gutes Verhältnis zu ihren Eltern haben wie Thilo. Sie fahren zusammen in den Urlaub, sehen sich ständig, nehmen am Leben der anderen teil und erzählen sich nicht nur eine aufgehübschte Kurzversion am Telefon.

»Was haben deine Eltern richtig gemacht?«, will ich wissen.
»Wir reden viel darüber, warum unser Familienverhältnis so gut funktioniert. Unter anderem liegt es sicherlich daran, dass meine Eltern akzeptiert haben, dass sie meinen Bruder und mich nicht mehr erziehen müssen. Sie wissen, dass sie viel eher auf uns hören sollten, weil wir viele Dinge anders sehen als sie.«
Die Mischkes sprechen ganz selbstverständlich über Politik, Gesellschaft und Kultur. »Meine Eltern hören uns zu und beharren nicht auf vorgefertigten Denkmustern. Zuerst natürlich schon, aber dann fragen sie uns um unsere Meinung und lassen sich von uns erklären, warum sie bestimmte Sachen so nicht mehr sagen sollten. Meine Eltern sind bereit, sich zu verändern, aber trotzdem so zu bleiben, wie sie sind.«
Thilos Mutter führt eine schöne Buchhandlung. Ab und an ist Vater Mischke, der inzwischen in Rente ist, in Thilos Podcast *Alles muss raus* zu Gast, und dann sprechen sie über Computerspiele. Zum Geburtstag bekommt Thilo Dinge, die er sich nicht vorher wünschen muss und die immer ins Schwarze treffen. Er erzählt mir von einem besonders cleveren Geschenk seiner Eltern: Im Teenageralter hat er tatsächlich ein *Playboy*-Abo bekommen, jenes Pin-up-Magazin, für welches sich prominente und weniger prominente Frauen ausziehen. Die Eltern wussten, für was sich ihr 14-jähriger Sohn neben den Geschichten aus der Welt noch so interessiert.
»Es gab einen Deal: Pornoheft oder *Playboy*. Meine Eltern sagten: Wenn du dir dein erstes Pornoheft bestellst, bestellen wir dir das *Playboy*-Abo ab. Sie wussten, dass der *Playboy* zwar ein verqueres Frauenbild hat, aber auch gute Reportagen drin sind.«
Was für ein geniales Geschenk für einen pubertierenden Sohn!

MACH ES RICHTIG GUT

Neben seinen Eltern und seinem Bruder spricht Thilo oft von seiner inzwischen verstorbenen Oma Karin: »Ich mache ja relativ oft gefährliche Sachen. Als meine Oma noch lebte, war sie diejenige, der ich alles erzählt habe.«
Vor seinen Reisen nach Afghanistan, Somalia und Panama war er bei ihr, stellte den Rucksack kurz ab, es gab Schwarzbrotstullen und türkischen Kaffee, und der Enkel erzählte von seinen Plänen. Oma Karin war meist die Einzige in der Familie, die wusste, wohin er fährt, da sich alle anderen Familienmitglieder zu sehr gesorgt hätten. Sie hat auch immer ihren eigenen Reisepass erneuert, denn es war klar, dass sie zur Not ihren Enkel aus Kabul zurückholen würde.
Oma Karin saß im Keller in Friedrichshain, als Berlin im Zweiten Weltkrieg zerbombt wurde. »Sie wusste, im Krieg ist auch Menschlichkeit möglich – Krieg ist nicht immer nur das, was wir in der *Tagesschau* sehen, sondern es gibt durchaus auch schöne und ruhige Momente. Und deswegen konnte sie damit besser umgehen, wenn ich sagte: ›Ich fahre nach Kabul und versuche mich dort mit den Taliban zu treffen.‹«
Von seiner Großmutter hat Thilo sein Selbstbewusstsein und sein Leitbild: »Einer der wichtigsten Sätze, die meine Oma je zu mir gesagt hat, lautet: ›Egal, was du machst, sei der Beste darin. Mache es richtig gut. Lass dich von niemandem verängstigen.‹«
Thilo war schlecht in der Schule, blieb sitzen, auch beim Studium lief es nicht. Aber er wollte immer schreiben, wollte Journalist werden und hat auf seine Oma gehört. Heute erscheinen seine Texte in allen großen Magazinen. Sein Buch, das wie sein Podcast *Alles muss raus* heißt, ist ein Bestseller. Leider konnte es seine Oma nicht mehr lesen. Aber ihr hat er es gewidmet.

» Journalist ist der geilste Beruf, den es gibt. Du kannst wie ein Hochstapler um die Welt reisen, kannst 1000 tolle Geschichten erleben, kannst dich immer wieder mit neuen Themen auseinandersetzen. Und die Geschichten dann auch noch aufschreiben und einem Publikum zur Verfügung stellen. Das ist doch super. «

AUSDAUER UND GEDULD

Es ist unsere erste Begegnung seit der Pressevorführung von *Rechts.Deutsch.Radikal.* Im Auto auf der Rückfahrt habe ich Thilo ungewöhnlich ängstlich und verunsichert erlebt. So kannte ich ihn bisher nicht. Am Tag nach der Ausstrahlung musste ein hoher AfD-Funktionär zurücktreten, dessen abscheuliche Thesen in der Doku entlarvt wurden. Das Büro von Thilos Produktionsfirma blieb für ein paar Tage geschlossen, die Buchhandlung der Eltern wurde überwacht. Sein Personenschützer begleitete Thilo sogar zur Hochzeit seines Bruders. Safety first. Nach dem Tod von Walter Lübcke, der von militanten Neonazis auf seiner Terrasse erschossen wurde, ist man besser vorsichtig.

Heute frage ich Thilo, was ihm damals nach der Ausstrahlung durch den Kopf ging: »Galt deine Verunsicherung am Abend dem Inhalt deiner Arbeit oder eurer Sicherheit?«
»10 Prozent war dieses Personenschutz-wir-müssen-aufpassen-Ding. Zu 90 Prozent beherrschte mich aber die Qualitätsfrage der Reportage. Die ganze Zeit bist du davon überzeugt, dass du das Richtige machst, trotzdem wird es ja gemessen am Zuschauer, am Konsumenten. Und wenn der das kacke findet, dann habe ich das, was ich mache, falsch eingeschätzt. Und das ist nur einer von zahllosen Gedanken der Unsicherheit, während man solche Filme herstellt.«
»Was sagt dir das über deine Arbeit?«
»Dass ich sie nie für reine Scoops gemacht habe, sonst hätte ich mich schon viel früher drangesetzt und versucht, möglichst viel Aufmerksamkeit auf mich zu ziehen. Diese Reportage haben wir nicht mit der Intention gemacht, etwas aufzudecken. Wir wollten etwas zeigen. Dass wir dann tatsächlich etwas aufgedeckt haben, war ein Produkt der Ausdauer und Geduld, die wir an den Tag gelegt haben.«
Ich bin überzeugt, dass das der richtige Weg ist, wenn man langfristig mit dem, was man macht, erfolgreich sein will.

WIE FÜHLT SICH TODESANGST AN?

Schon mit Mitte zwanzig fing Thilo an, auf privaten Reisen waghalsige Dinge zu unternehmen, wie zum Beispiel auf Kamelen durch die Westsahara bis zur libyschen Grenze zu reiten. Zufällig war er während eines Bombenattentats in Casablanca vor Ort und ging danach zu der Straße, wo der Anschlag stattgefunden hatte. Ähnliches passierte auf seiner ersten Dienstreise nach London. Er sollte eigentlich über eine Spielemesse schreiben, in der Nacht gab es einen Anschlag auf die U-Bahn-Station vor seinem Hotel. Dass Thilo nicht an Schicksal glaubt, wundert mich.

»Gehst du zu diesen Orten für dich selbst, oder gehst du für mich, für deine Zuschauer hin?«, frage ich.

»Für mich. Ich finde es toll, dass ich damit mein Geld verdienen kann, und ich finde es toll, dass es Menschen gibt, die das gerne anschauen. Aber das Urbedürfnis ist, dass ich wissen möchte, wie es in Syrien ist. Ich möchte wissen, wie es in Mogadischu ist. Ich möchte durch den Urwald laufen und wirklich echte Ängste ausstehen. Das sind eigene, innere, echte Bedürfnisse.«

»Wie fühlt sich Todesangst an?«

»So wie der Moment, kurz bevor man eine Rede hält. Diese unangenehme Aufgeregtheit auf einem größeren Familiengeburtstag oder bei einer Hochzeit, wenn sich alle Blicke auf einen richten und man irgendwas Kluges, Lustiges oder Romantisches sagen soll. Dieses Pochen, dieses Ziehen in der Mitte deines Körpers – das über mehrere Tage konstant. Du gewöhnst dich irgendwann dran, und dann ist die Todesangst vorbei.«

Dieses Herzklopfen vor öffentlichen Reden kenne ich und versuche, es so gut wie möglich zu vermeiden und mich nicht noch mit Absicht dem auszusetzen. Ich befürchte, Thilo ist ein wenig süchtig danach geworden. Wie ein Extremsportler sucht er regelrecht nach dem maximalen Herzschlag, dem ultimativen Kick. Ich will mehr über das Gefühl der Todesangst erfahren.

Thilo erklärt: »Todesangst ist eigentlich ein zu drastischer Begriff, ich würde es eher als krasse Angst vor allen möglichen Dingen, die passieren könnten, bezeichnen. Wenn du nach Syrien reist, gehst du nicht davon aus, dass du stirbst. Du gehst eher davon aus, dass du schwer verletzt wirst. Du fängst an, dich zu fragen: Wie werde ich dann eigentlich aus diesem Ort rausgeholt? Müssen die mich tragen? Müssen die mich direkt rausfliegen?«

Vollkommen selbstverständlich sucht er in einem großen Kaufhaus und sogar hier im Studio als Erstes nach dem Notausgang. Das ist für ihn zur Normalität geworden.

»Kennst du jemanden, der einen ähnlichen Beruf hat wie du und ihn schon zehn oder zwanzig Jahre länger macht?«, will ich wissen.

»Menschen, die in Krisen- und Kriegsgebieten unterwegs sind und das zwanzig Jahre lang machen, sind einfach kaputt. Die meisten, die ich kennengelernt habe, sind krasse Alkoholiker, total irre, haben eine völlig verschobene Wahrnehmung. Ich will irgendwann einen Schritt zurücktreten. Vielleicht schreibe ich doch irgendwann noch ein Märchenbuch und nicht immer nur Kriegsgeschichten.«

Thilo weiß, dass er aufhören muss, wenn die zerschossenen Menschen, die er manchmal sieht, ihn nicht mehr berühren. Es gehört dazu, das Leid der Familien zu erfassen, die diese Menschen hinterlassen.

»Egal, ob es ein IS-Kämpfer war, egal, ob es ein kurdischer Kämpfer war, egal, zu welcher Seite in einem Konflikt diese Person gehört: Wenn ich das nicht mehr fühle, weiß ich einfach, dass ich keine richtigen Gespräche mehr mit diesen Menschen führen kann, die diese Konflikte und Kriege betreffen. Und dann kann ich meine Arbeit eben nicht mehr im Sinne meiner Oma machen. Etwas zu fühlen, ist für das eigene Gefühl am besten.«

DIE UNERTRÄGLICHE TOLERANZ

Den *Playboy* liest Thilo inzwischen nicht mehr, seine kindliche Begeisterung für Comics hält hingegen an. Bei den Superheldengeschichten gibt es immer ganz klar die Guten und die Bösen, im echten Leben wünscht man sich manchmal, dass es auch so einfach wäre.

»Wie haben die Reisen zu den Taliban, zu Banden, zu Drogenschmugglern, wie haben die deinen Blick auf Gut und Böse verändert?«, will ich vom Comicleser wissen.

»Das ist massiv. Meine Eltern nennen das meine unerträgliche Toleranz. Weil ich gelernt habe, dass es den Bösen nicht gibt. Das Schlechte. Den Verbrecher. Den Psychopathen. Diese Welt, in der ich mich bewege, ist grau und nicht schwarz oder weiß. Es ist so kompliziert, dass ich es am besten an einem Beispiel erzähle: In unserer Welt, in unserer Wahrnehmung gelten die IS-Kämpfer als das personifizierte Schlechte, als das Böse, als pervers. Wie kann man im 21. Jahrhundert Frauen unterdrücken, Menschen den Kopf abschlagen und im Namen seiner Religion so mittelalterlich handeln? Und natürlich denke ich das auch und bin mit diesen Gedanken ins Gespräch mit einem Kämpfer gegangen. Meine Einstiegsfrage war, wann er das letzte Mal mit seiner Mutter gesprochen hat. Und er sagte daraufhin: ›Du wirst es nicht schaffen, dass ich jetzt weine, aber sie fehlt mir.‹ In diesem Moment bricht dieses ganzes IS-Schlächter-Ding, die Aggression, die gegen die Menschen aufgebaut wird, sofort zusammen. Vor dir steht ein Mensch, der seine Mutter vermisst. Wir wissen eigentlich alle, dass es das Böse und das Gute nicht gibt. Die Welt ist schattiert. Aber wenn du es zum ersten Mal wirklich erlebst und persönlich damit umgehen musst, verändert dich das massiv. Es gibt für mich nicht mehr das absolut Richtige, es gibt keine Haltung,

keine Position mehr, wo ich sagen würde, wenn du die einnimmst, dann hast du recht.«
Wir machen eine kleine Pause. Thilo sagt, dass ihn dieses Gespräch mitnimmt. Auf seiner Stirn ist ein leichter Schweißfilm, es fällt mir schwer zu begreifen, was es ist, was das bei ihm auslöst. Ich hole Schokolade aus der Küche, und dann sprechen wir weiter.
»Wie blickst du auf jemanden wie Donald Trump?«
»Als Thilo denke ich natürlich, das ist der größte Idiot aller Zeiten, wie kann man nur solche Dinge sagen? Als jemand, der ihn möglicherweise interviewen könnte, frage ich mich, was hat dazu geführt, dass er so ist, wie er ist? Wer ist die Person im Leben von Donald Trump, die so ungerecht zu ihm war, dass er so handelt und solche Entscheidungen trifft?«
Der Gedanke kommt nicht aus dem Nichts. Thilo hatte so eine Person in seinem Leben. Sein erster Textchef war ein ziemlich cholerischer Typ, der ihn im zweiten Jahr seines Volontariats immer wieder vor den Kollegen und Kolleginnen vorgeführt, gemobbt und hart angegangen ist. Thilo hat schon häufiger von ihm erzählt. Es ist eine Person, die definitiv Spuren hinterlassen hat, die ihn jetzt aber auch qualitativ antreibt. Wenn Thilo vor öffentlichen Reaktionen zu seiner Arbeit Angst hat, dann sieht er den wütenden Textchef vor sich. Ich glaube, viele Personen haben so jemanden im Leben. Bei mir waren es Lehrerinnen und Lehrer in der Schule, die uns aufgehetzt oder mit dem Schlüsselbund nach mir geworfen haben. Und weil das vermutlich eine universelle Erfahrung ist, frage ich: »Warum wird aus der einen Person ein Journalist, und die andere wird ein Wannabe-Diktator? Warum wird aus dem einen ein guter und aus dem anderen ein böser Mensch?«
»Für Donald Trump bin ich ein Böser. Für die Rechtsextremen bin ich ein Böser. Für die Corona-Demonstranten bin

ich ein Böser. Für den IS-Kämpfer sind wir alle die Bösen. Versuche dich mal in den Kopf eines IS-Kämpfers reinzudenken. Der *Kufr*, der Ungläubige, ist der Böse. Und er ist der Gute. Wer bin ich zu entscheiden, dass alles, was er denkt, falsch ist? Wenn ich dir jetzt sage, dass dein ganzes Weltbild falsch ist, dann würdest du doch aus der Perspektive deines Weltbildes sagen: ›Nö.‹ Und ich muss akzeptieren, dass dein ›Nö‹ genauso viel wert ist wie mein ›Dein Weltbild ist falsch‹.«

Was Thilo damit sagen will, ist, dass man eine andere Meinung haben kann, aber sich dennoch die Mühe machen sollte, zu überlegen, woher diese Überzeugung kommt. Menschen, die wir als die sogenannten Bösen bezeichnen, sitzen nicht unbedingt da und planen etwas Gemeines. In deren Weltbild sind wir die Bösen, die es verdient haben. Interessanter Blick, den ich bisher noch nicht hatte.

Thilo spricht weiter: »Ich war früher ein Mensch, der sehr absolut diskutiert hat, der immer fest davon überzeugt war, dass das, was ich als Thilo denke, richtig ist. Das ist heute anders. Ich habe bestimmte Haltungen und Meinungen und Überzeugungen, die ich auch meinen Gesprächspartnern mitteile, aber ich würde niemals mehr jemanden davon überzeugen, dass er unrecht hat.«

»Bist du bei Fremden toleranter als bei Freunden?«

»Auf jeden Fall. Denn bei Freunden meinst du ja zu wissen, warum sie handeln, wie sie handeln.«

DAS BÖSE GEWINNT IMMER

»Was, glaubst du, hält die Welt zusammen? Das Gute oder das Böse?«

»Ich würde gern sagen, das Gute überwiegt, aber das ist Quatsch. Das Gute ist ein ganz, ganz kleiner Teil unserer Welt. Ich habe das Gefühl, dass es wirklich erheblich mehr Böses gibt. Man muss sich die Welt wie eine Petrischale vorstellen, ein kleines Glasgefäß, auf dem man Bakterien züchten kann. Die Nährlösung, in der die Bakterien wachsen, ist das Böse unserer Welt, und die Bakterien sind das Gute. Das Gute wächst also auf dem Bösen.«

Thilo erzählt eine Geschichte, die das Gute im Bösen einzigartig beschreibt: »In El Salvador war ich mit einem Vater an der Ausgrabung eines 16-jährigen Jugendlichen, der ermordet wurde, beteiligt. Ich habe einem Forensiker geholfen. Der Vater saß den ganzen Tag daneben und hoffte, dass es nicht sein Junge ist. Er hat bitterlich geweint, als er erkannt hat, dass es sich doch um seinen Sohn handelt. Und dann hat er mich in den Arm genommen und gefragt, ob ich ihm eine Zigarette geben könnte. Wir haben zusammen geraucht, er hat seine Hand auf meine Schulter gelegt und erzählt, dass sein Sohn doch in zwei Monaten eine Ausbildung beginnen wollte. Aber er sagte auch, dass er froh sei, dass ich jetzt da bin. Wir haben geraucht, die untergehende Sonne hat uns dabei zugesehen, und irgendwann hat der Vater sich beruhigt. Das war ein sehr besonderer Moment in meinem Leben, der bis heute eine große Rolle spielt. In diesem Moment lag trotz dieser ultimativen Hässlichkeit des zerhackten Jugendlichen, der da vor uns in einem Loch lag, trotz des Vaters, der gerade festgestellt hat, dass er seinen Sohn verloren hat, eine ganz kleine keimhafte Schönheit. Es war nicht hässlich, dass wir zusammen geraucht haben. Das war nicht schlimm, dass wir da beide gesessen haben, aber alles drum herum war grausam. Ich bin mir ziemlich sicher, dass sich auch der Vater immer an das Finden seines Sohnes erinnern wird, aber auch an die Ziga-

rette, die wir geraucht haben. Es ist schwer zu beschreiben, doch ich sehe ebendiese Schönheit im Hässlichen eher als umgekehrt.«
»Glaubst du, dass man seinen Blick auch dadurch ändern kann? Dass man auch sagen kann: ›Es ist jetzt alles scheiße, aber lass uns mal versuchen, hier den schönen Moment zu sehen?‹«
»So macht man das nicht. Es ist genau andersrum: Alles ist scheiße, und es passiert automatisch was Schönes. Du musst nicht danach suchen. Der Mensch macht das. Er ist getrieben von dem Bedürfnis nach Harmonie, egal, wie schlimm die Situation ist, in der er sich befindet.«
Ich denke an Thilos Oma Karin, die von den ruhigen, den barmherzigen und schönen Momenten während des Zweiten Weltkriegs sprach. Die Schönheit des ersten fallenden Schnees kommt mir in den Sinn. Aber das passt nicht für Thilo: »Schnee wäre nicht gut gewesen, darüber hätte sie sich nicht gefreut bei kaputten Öfen und Heizungen. So funktioniert es nicht mit der Schönheit in solchen Momenten.«
»Nein? Dann musst du es mir erklären.«
»Wenn der Mensch im Grauen ein persönliches Bedürfnis befriedigen kann, seine Zigarettensucht zum Beispiel, wenn er einen warmen Tee trinken, gemeinsam lachen, Musik hören kann, dann entsteht die Schönheit. Wenn meine Oma gesagt hätte, sie kann nur Ruhe empfinden, wenn es schneit, dann entsteht durch den fallenden Schnee die Schönheit. Aber nicht der Schnee an sich kann das. Ein individuelles Bedürfnis muss in dem Moment befriedigt werden, in dem so viel Hässliches um einen herum existiert.«
Und dann erzählt Thilo noch so eine schöne und grausame Geschichte, die ich auch nie wieder vergessen werde: »Ich war mit einer Gruppe Kurdinnen, mit Peschmerga-Kämpfe-

rinnen, im Nordirak unterwegs und habe ein ganz tolles blühendes Weizenfeld gesehen. Ich habe darauf gezeigt und mich gefreut, wie schön es dort blüht. Und eine der Frauen sagte: ›Du freust dich über die Blüten, wir haben Angst davor, denn das ist ein Massengrab, und wenn die Pflanzen treiben, ziehen sie die Haare der Opfer mit hoch. So sehen wir diese Massengräber.‹«

Ich stelle mir ein Weizenfeld in Brandenburg vor, in meiner Kindheit habe ich oft darin gespielt. Unvorstellbar, dass sich darunter ein Massengrab befinden könnte. Jetzt bräuchte ich eine Stück Schokolade. Leider ist sie alle.

»Schönheit ist ein singuläre, eine ganz persönliche Empfindung. Man kann niemals für ganz viele Menschen festlegen, was schön ist. Für mich ist es schön, nachdem ich 48 Stunden lang Angst hatte, Hühnchen mit Reis zu essen oder eine Toilette mit einem richtigen Toilettensitz drauf. Man denkt, man könne für viele entscheiden, was schön ist. Ich würde niemals mehr sagen, dieses oder jenes ist schön für ganz viele Menschen, das könnte allen gefallen.«

Jetzt sind wir beide durch. Ich habe Thilo mit meinen Fragen und er mich mit seinen Antworten erschöpft. Das Gute, das Böse, das Schöne, das Hässliche – wir meinen immer genau zu wissen, was das ist, und gehen davon aus, dass das alle Menschen doch genauso sehen müssten. Thilo ist mutig für uns in der Welt unterwegs und zeigt, wie sehr wir uns irren. Unser Gespräch fand im Herbst 2020 statt, ich schreibe das hier im Mai 2022. Zum Schluss erzählt mir Thilo, dass er als Nächstes für 14 Tage in die Ukraine fliegen wird.

»Wir machen einen Film über diesen Krieg in Europa oder ganz nah an Europa dran, von dem wir eigentlich gar nichts mehr mitbekommen. Erstaunlicherweise haben wir heute viel

darüber gesprochen: Ich suche nämlich das Schöne, das es dort auch noch gibt, trotz dieses seit 2014 andauernden Konflikts.« Diesen Konflikt haben wir alle übersehen, genauso wie wir den Frieden für selbstverständlich ansehen und dass am deutschen Weizen keine Leichenhaare nach oben gezogen werden.
»Und worauf freust du dich?«
»Es sind so kleine beknackte Dinge. Ich freue mich sehr auf die Nationalschwimmhalle in Kiew. Ich freue mich darauf, Kakao in einem Hotel am Majdan, an diesem berühmten Platz, zu trinken. Und ich freue mich darauf, nach Odessa zu kommen und dort die Treppen hoch- und runterzurennen. Auf diese Dinge freue ich mich.«

In Kiew und Odessa herrscht heute seit Monaten Krieg. Vermutlich geht dort gerade niemand schwimmen. Aus dem Schönen ist etwas Hässliches geworden.
Auf die Frage, was Thilo auf eine große Plakatwand am Alexanderplatz für alle sichtbar schreiben würde, antwortet er: »Ruft öfter eure Omas an.«

Das Gespräch fand im Oktober 2020 statt.

CLAUDIA
ROTH

ÜBER AUTHENTIZITÄT

Ich habe schon einige spontane Absagen für das *Hotel Matze* bekommen. Wolfgang Joop zum Beispiel sagte mir unseren Termin am gleichen Tag mit der Begründung ab, dass er heute keine Lust habe. Wie sich die Zeiten ändern und wie ernst sie auch werden können, zeigt die Absage von Claudia Roth. Unseren ersten Gesprächstermin musste sie verschieben, weil ein Tag zuvor der Krieg in der Ukraine begonnen hatte. An manchen Tagen kann man nichts anderes tun, als sich über den Zustand der Welt zu sorgen. Und von solchen Tagen gibt es gerade viele.

Knapp drei Monate später hält der Krieg noch immer an. Die Nachrichten darüber werden weniger, die Titelseiten haben neue Themen gefunden. Für Claudia Roth ist dieser Krieg jedoch auch ein Angriff auf unsere Kultur, deswegen bleibt er auf ihrer persönlichen Titelseite.

Ihre politische Karriere begann 1985, als sie Pressesprecherin für die Grünen wurde, damals war die Partei gerade mal fünf Jahre alt. Davor hat Claudia als Dramaturgin am Theater und als Musikmanagerin für die Band Ton Steine Scherben gearbeitet. 1989 wurde sie ins Europäische Parlament gewählt, war später Parteivorsitzende von Bündnis 90/Die Grünen und wurde nach dem Ausscheiden zur Vizepräsidentin des Deutschen Bundestags gewählt. Man kann sagen, sie hat den politischen Betrieb längst durchgespielt, doch im letzten Jahr ist sie unerwartet Kulturstaatsministerin geworden. Passender könnte ein Amt nicht besetzt sein.

Wir treffen uns an einem Montagmorgen. Claudia, die sonst sehr farbenfroh auftritt und damit auch viel Bunt in den dunkelgrauen Bundestag bringt, ist heute in Schwarz gekleidet und sieht eher aus wie eine Galeristin. Während des letzten Wahlkampfs habe ich sie auf einer Veranstaltung erlebt, ihre Erdung, Offenheit und Energie haben mich und alle Anwesenden umgehauen. Danach habe ich sie eingeladen, und jetzt ist sie da. Sie grüßt herzlich, schwäbelt ein wenig mit meinen Kolleginnen und ist immens präsent. Normalerweise wollen Politiker und Politikerinnen immer ihre Pressesprecherinnen und -sprecher bei der Aufnahme dabeihaben. Bei Claudia ist das nicht notwendig.

Ich habe von Claudia Roth erfahren, wie sie die geblieben ist, die sie immer war, wofür sie jeden Tag kämpft und was Kunst und Kultur nicht sind.

CLAUDIA IST WENIG

Claudia setzt sich hin, ich drücke währenddessen die Record-Taste, ohne dass sie es bemerkt. Wie viele Politikerinnen und Politiker, die lange dabei sind, hat auch sie viel gesehen und noch mehr erlebt. Vermutlich gewöhnt man sich irgendwann daran, dass immer irgendwas los ist. Doch sie sagt: »So wie jetzt war es noch nie. Zumindest empfinde ich es so. Kriege gab es schon viele, aber ein Krieg, der so nah dran ist und der gleichzeitig auch klar ein Krieg gegen die Kultur ist, das ist neu.«

»Gelingt es dir ab und zu, das komplett beiseitezuschieben?«, will ich wissen.
»Das ist schwer im Moment. Wenn man mich fragt, wo eigentlich die private Roth gerade ist, dann sage ich ›Claudia ist wenig‹. Es muss schon Weihnachten sein, wo ich bei meinen Schwestern bin, dann kann ich das ganze Drumrum mal wegschieben, aber im Moment gelingt es mir nicht. Klar, manchmal zappe ich nachts durch die Programme, schaue mir irgendwas an, aber selbst dabei merke ich, dass die Grundemotion so stark ist, dass ich wirklich bei der kleinsten Geschichte in jedem noch so blöden Spielfilm anfange zu weinen.«
»Das kenne ich auch«, gebe ich zu.
»Die Tränen sind noch näher, als sie eh schon sind.« Sie holt einmal tief Luft. »Lass uns anfangen.«
»Wir sind doch schon dabei.« Sie schaut mich kurz überrascht an. Manche Gäste ändern leicht den Tonfall, wenn sie meinen Trick mit dem direkten Start durchschauen. Sie wissen, ab jetzt wird gesendet. Bei Claudia ändert sich nichts.
Sie steht jeden Tag um kurz vor sechs Uhr auf. Ich will wissen, wann sie sich zum ersten Mal Sorgen um die Welt macht.
»In der Nacht, also schon vor dem Aufstehen. Das ist das Problem. Ich kann einfach nicht aufhören, denn das Handy liegt immer neben mir.«
»Das ist dein ständiger Begleiter?«
»Es liegt immer da, denn es kann ja immer was passieren. Ich erinnere mich noch gut, wie vor ein paar Wochen nachts um zwei die Eilmeldung reinkam, dass das ehemalige Atomkraftwerk in Tschernobyl angegriffen wird. Ich dachte, jetzt sind sie vollkommen entgrenzt. Insofern sind die Nächte aktuell nicht wirklich ruhig, aber morgens um sechs, da mache ich mir nicht zuallererst Sorgen um die Welt, sondern hoffe, dass die Kaffeemaschine funktioniert.«

DER KAMPF GEHT WEITER, JEDEN TAG

»Wofür stehst du auf?«
»Für meinen Tag, für meine Arbeit, für das, was ansteht. Und es steht eigentlich jeden Tag ziemlich viel an.«
»Du hast mal gesagt: ›Der Kampf geht weiter, jeden Tag.‹ Wofür kämpfst du?«
»Ich kämpfe für dasselbe, was ich schon mit 15/16 wollte: dass diese Welt friedlicher wird, dass diese Welt gerechter wird. Meine Oma Franziska Frank hat auf Schwäbisch immer gesagt: ›Mir kann es nicht gut gehen, wenn es meinem Nächsten, wenn es meinem Nachbarn schlecht geht.‹ Sie hat mir beigebracht, dass es legitim ist, dass es einem selbst gut geht. Das finde ich auch. Ich will, dass es mir gut geht, aber mir geht es nur gut, wenn es anderen nicht schlecht geht. Und es geht vielen schlecht. Seien es Geflüchtete, seien es Menschen, die Opfer von Rassismus werden, oder Menschen, die nicht mehr wissen, wie sie ihren Strom oder ihre Heizung bezahlen sollen. Das treibt mich um. Und ich kämpfe dafür, dass sich mehr Glück, mehr Liebe und mehr Friedlichkeit und Humanität breitmachen.«
Was sich bei anderen wie Floskeln anhört, klingt bei ihr echt.
»Wenn du heute auf die 15-jährige Claudia blickst, was habt ihr geschafft, eure Generation? Was hat sich verändert?«, frage ich weiter.
»Es hat sich wirklich viel verändert. Wenn man zurückschaut und sich anguckt, wie Deutschland Anfang der Siebziger aussah. Das war eine bleierne Zeit, es gab totale Konflikte und viel Gewalt in unserem Land. Das hat mit Beginn der Achtziger angefangen, sich zu ändern, als die großen sozialen Bewegungen zusammenkamen: Die Frauenbewegung, die Eine-Welt-Bewegung, die Friedensbewegung, die Anti-AKW-Bewegung.

Aus ganz verschiedenen Richtungen sind Menschen zusammengekommen und haben sich gefragt, ob sie nicht eine neue Partei gründen sollten, da die Parlamente nicht die Realität in unserem Land repräsentierten. So hat es mit den Grünen begonnen.«
Das war 1980 in Karlsruhe. 1983 gelang der Einzug in den Bundestag, und von 1985 bis 1987 stellten die Grünen mit Joschka Fischer erstmals einen Landesminister. Zu dieser Zeit fing auch Claudia bei den Grünen an. Durch die Grünen kam nachhaltiges Wirtschaften in den Bundestag, Ökolandbau war plötzlich auf der Agenda. 2000 verhandelte Jürgen Trittin den ersten Atomausstieg. Claudia erinnert sich an das Eheschließungsrecht, was seit 2017 endlich auch homosexuellen Menschen erlaubt zu heiraten.
»Es war ein unendlich langer Kampf für gleiche Rechte. Als es geschafft war, als dieses Recht durchgesetzt wurde, haben wir einen kleinen Empfang im Bundestag gegeben. Ein altes Paar, zwei ältere Herren, kamen weinend zu mir und sagten: ›Jetzt gehören wir auch dazu in diesem Land.‹ Es ist wichtig, erlebt zu haben, dass Veränderung möglich ist. Das ist mein Motiv, weiterzukämpfen und nicht aufzuhören.«
Ich glaube, man muss erst etwas älter sein, um überhaupt sehen zu können, wie viel man geschafft hat. Darum liebe ich das Wandern auch so sehr. Am Abend schaut man zufrieden ins Tal und sieht, woher man gekommen ist. Am nächsten Tag läuft man weiter.

IN ZEITEN WIE DIESEN

Vor der Corona-Pandemie war eines der beherrschenden öffentlichen Themen die Klimakrise. Die Grünen haben mit

den damaligen Parteivorsitzenden Robert Habeck und Annalena Baerbock von diesem neuen Bewusstsein profitiert. Kurz sah es so aus, als würden sie die neue Bundesregierung anführen. Ein gutes Zeichen. Und jetzt? Zur Klimakrise kam die Pandemie, zur Pandemie kam der Krieg in der Ukraine.
»Das Neue ist, dass Krisen nicht nacheinander ablaufen«, erklärt Claudia. »Wir leben in einer Zeit, in der sich Krisen wie tektonische Platten übereinanderlegen.«
Dazu erleben wir ein Aufbäumen von alten Mächten. Wir sehen diktatorische Ideologien und autoritäre Staaten. Trump, Bolsonaro, Putin, Erdoğan, Xi Jinping und Maduro.
»Wie konnte es dazu kommen? Woran liegt das?«, frage ich.
»Ich glaube, wir waren uns zu sicher. Wir leben in einer Demokratie, aber wir haben gar nicht kapiert, was das für ein riesengroßes Geschenk ist. Auf der einen Seite haben wir Meinungsfreiheit, Pressefreiheit, Kunstfreiheit und Demonstrationsrecht, auf der anderen aber auch die Verantwortung, uns das jeden Tag bewusst zu machen, dafür einzutreten und zu kämpfen. Es gibt Demokratiefeinde, nicht nur in der weiten Welt, sondern auch bei uns im Land.«
Diese Demokratiefeinde sieht man in den Kommentarspalten in den sozialen Netzwerken, auf Demonstrationen und sogar im Deutschen Bundestag. Wenn es mir zu viel wird, dann verbringe ich manchmal Wochen, ohne auch nur die Titelseiten der großen Zeitungen zu überfliegen. Ich richte mich dann in meiner kleinen Welt ein, in der es diese Menschen und Krisen nicht gibt. Wie privilegiert es allein ist, diese Möglichkeit zu haben, merke ich gerade, und wie groß Claudias Sorge ist, sehe ich in ihrem Gesicht.
»Mir sagen viele Freunde und Freundinnen, Künstler und Künstlerinnen, dass der Krieg in der Ukraine auch ein Krieg gegen die Demokratie und gegen die Kultur der Demokratie

ist. Denn was Putin am allermeisten zu fürchten hat, ist wahrscheinlich genau diese Demokratie, die individuelle Selbstbestimmung, die Eigenständigkeit, das eigene freie Denken. Das wird bekämpft. Und das erleben wir weltweit. Wir als Demokraten müssen uns wirklich bemühen und Sorgen machen und uns dafür einsetzen, dass die Demokratie nicht immer mehr angegriffen wird. Sie ist nicht immun. Das haben wir vor zwei Jahren am 6. Januar erlebt, als das Kapitol angegriffen worden ist, angeheizt von einem ehemaligen amerikanischen Präsidenten.«

DIE KUNST GIBT DER DEMOKRATIE IHRE STIMME

Claudia wuchs in Babenhausen auf, der Vater war Zahnarzt, die Mutter Lehrerin. Am Abendbrottisch wurde heftig und ganz selbstverständlich über Gesellschaft und Politik diskutiert und gestritten. Zusammen mit Oma und Hund ist die Familie Roth auf Demonstrationen für die Kunstfreiheit gegangen. Claudia war selbstverständlich Schulsprecherin am Gymnasium, hat dann Theaterwissenschaften in München studiert. Früh schon hat sie sich Gedanken gemacht, wie man Menschen dazu bringen kann, sich um ihre eigenen Angelegenheiten zu kümmern.

»Ich habe gedacht, das kannst du mit einer Oper, das kannst du mit einem tollen Schauspiel, einem Gedicht oder einem Brecht-Slam – mit Kunst kann man so unglaublich viel erreichen.«

Ohne fertig zu studieren, wurde sie zur Dramaturgin ins Schauspielhaus in Dortmund berufen. Dort lernte sie Rio Reiser und seine Band Ton Steine Scherben kennen. Kurz darauf ging sie mit ihnen auf Tour und wurde Anfang der Achtziger deren

Managerin. Bei Rio hat sie gesehen und gelernt, wie man Menschen von der Bühne aus verstärken und mobilisieren kann, welche Macht Kunst und Kultur haben. Dass sie zu einer Zeit Kulturstaatsministerin wurde, in der Künstler und Künstlerinnen das Gefühl vermittelt bekamen, nicht systemrelevant zu sein, könnte man fast als schicksalhaft bezeichnen.

»Kunst und Kultur sind kein Luxusgut, nicht so ein Sahnehäubchen, welches man sich nur in guten Zeiten leisten kann. Wenn es keine Konzerte mehr gibt, wenn die Museen zuhaben, wenn die Theater nicht mehr da sind, wenn das alles nicht mehr da ist, dann fehlt unserer Demokratie ihre Stimme.«

Viele Revolutionen und Weltereignisse, so erklärt Claudia, waren verknüpft mit einem bestimmten Sound. Die Ersten, die ins Visier von Diktaturen und Autokraten geraten, sind Journalistinnen und Journalisten und auch immer Künstler und Künstlerinnen. Das hat Methode. Ende 2021 saßen 293 Journalisten im Gefängnis, die meisten davon in China.

»Was ist der Sound für diesen Krieg?«, will ich wissen.

»Das ist schwer. Das ist extrem schwer.« Zum ersten Mal muss Claudia länger überlegen. Sie schaut aus dem Fenster, ich versuche ein bisschen zu helfen und erinnere an die Hauskonzerte von Igor Levit zu Beginn der Pandemie. Anfangs sendete der Pianist jeden Abend via Twitter.

»Igor war Überleben. Ich bin wirklich ein Mensch, der privilegiert wohnen darf, aber ich habe in der Lockdownphase April und Mai 2020 plötzlich das irritierende, schmerzhafte Gefühl von Einsamkeit erlebt. Ich habe über 30 seiner Hauskonzerte angehört.«

Claudia hat sich für die Konzerte »zumindest obenrum schön angezogen« und sich guten Wein nach Hause bestellt. Gedanklich, das kann ich ihr ansehen, ist sie gerade in ihrer Wohnung in Augsburg, als sie sagt: »Ich glaube, Igor Levit hat

Tausenden von Menschen geholfen. Das war der Sound der Pandemie.«

Wir brauchen noch einen Themen-Schlenker, und dann kommt sie drauf, was der Sound für diesen Krieg ist. Sie erinnert an das Festival »Sound of Peace«, welches Ende März 2022 am Brandenburger Tor stattfand. Viele Musiker und Musikerinnen standen auf der Bühne, es gab zwei Liveschalten in die Ukraine. Eine zu einer Band im Keller in Charkow, in dem die Mitglieder Schutz gesucht haben. Der Leadsänger erklärte, dass über ihnen Bomben fallen. Ein Musiker war schon nicht mehr dabei; ob er noch am Leben war, wussten sie nicht.

»Dann haben sie den Song ›It's my life‹ gespielt. Den Song kennt jeder und jede von uns. Und plötzlich stehen wir da am Brandenburger Tor, und mir laufen nur noch die Tränen runter, weil der Song plötzlich eine Bedeutung kriegt, und du fragst dich, was heißt das eigentlich – ›It's my life‹? Diese Band sitzt im Keller in Charkow und singt jetzt um ihr Leben. Ich glaube, das ist der Sound des Krieges.«

ICH WILL ICH SEIN, ANDERS KANN ICH NICHT SEIN

Eines von Claudias Lieblingsliedern ist »Ich will ich sein« von Ton Steine Scherben. Ein schneller, energetisierender Song. Der Songtitel ist ein Leitbild für Claudia.

»Wann fällt es dir am schwersten, das zu verteidigen? Dieses Ich-Sein mit allen Mitteln?«

»Ehrlich gesagt in meinem hohen Alter fällt es mir gar nicht mehr so schwer, denn ich glaube, die Irritation wäre öffentlich vor allem da, wenn ich es nicht mehr wäre.«

Sie erklärt, dass sie ihre Angst gerade politischen Gegnern nicht schenken will. Das gehört zum täglichen Kampf dazu.

»Wie es mir geht, wenn ich nach Hause komme, die Türe hinter mir schließe und mich abschminke – wie es dann um meine Ängste steht, das ist was ganz anderes. Aber dieses Lied von Rio, das höre ich mir relativ regelmäßig an. Rio singt: ›Ich will singen, was ich singen will, ich will sagen, was ich sagen will, ich will lieben, wen ich lieben will. Ich will ich sein, anders kann ich nicht sein.‹ Ich glaube, das hat sich für mich im allerbesten Sinne ausbezahlt. Eines der größten Komplimente, die ich häufig bekommen habe, ist: Also, Frau Roth, was Sie da sagen, das teilen wir nicht, aber wir glauben Ihnen jedes Wort.«
Das war es auch, was ich bei ihr auf der Bühne zum Wahlkampf gespürt habe und oft bei Politikerinnen und Politikern vermisse. Bei denen habe ich das Gefühl, dass da noch mehr ist, dass da eine Agenda ist, dass Informationen, Meinungen und Gefühle zurückgehalten werden, damit die Umfragewerte weiterhin stimmen. Das empfinde ich nicht als eine angemessene Vertretung des Volkes, sondern als ein Vertreten der eigenen Interessen. Die Authentizität, die Claudia Roth seit fast 40 Jahren Politikbetrieb anbietet, ist deswegen so besonders und auffällig, weil es das so selten in der Politik gibt.
»Man muss es nicht teilen, aber man muss mir unterstellen können, dass ich wirklich versuche, echt zu sein, und dass ich versuche, nicht rumzuschwurbeln, sondern wahrhaftig zu sein und nicht irgendwas zu sagen, was gar nicht stimmt. Das ist in Koalitionsregierungen manchmal nicht so ganz einfach.«

»Viele finden mich ganz furchtbar, aber es hat sich ein bisschen verschoben. Die Leute fangen an zu akzeptieren und anzuerkennen, wenn jemand bei sich bleiben will.«

DER AUTHENTIZITÄTS-VERTRAG

In der Kommune, in der Claudia gemeinsam mit den Mitgliedern von Ton Steine Scherben gelebt hat, war es üblich, lange zu frühstücken und Zeitung zu lesen. In der *TAZ* war neben der Anzeige für das letzte Album der Scherben eine Anzeige der Grünen, die einen Pressesprecher suchten. Sie bewarb sich handschriftlich auf diese Stelle. In ihrem Brief führte sie aus, was die damals junge Partei verbessern könnte. Sie hatte keine Empfehlungsschreiben, keinen akademischen Abschluss, nur ein paar Schallplatten und sich. Zum Bewerbungsgespräch erschien sie nicht in Birkenstocks – dem damaligen Öko-Bild der Grünen entsprechend –, sondern in Strass und Leder. Den Job hatte sie danach, aber auch eine große Befürchtung: Sie hatte Sorge, in der Politik abzuheben. Daher traf sie gleich zu Beginn eine sehr spezielle Sicherheitsvorkehrung, um das zu vermeiden. Mit zwei engen Freunden, einem Schlagzeuger und einem Keyboarder, hat sie einen schriftlichen Vertrag aufgesetzt.

»Ich habe gesagt, passt mal auf, ihr müsst mich kontrollieren. Ihr müsst mich regelmäßig begleiten, ihr müsst mir sagen,

wenn ich nur blödes Zeug daherrede, wenn ich mich nicht mehr dafür interessiere, wie es euch geht. Ich gebe euch das Recht, dass ihr mich verwarnt. Ihr könnt mir erst die Gelbe Karte geben, aber wenn es die Rote Karte gibt, dann müsst ihr mich rausholen aus der Politik.«
Im Vertrag ist festgehalten, dass die beiden sie unangekündigt besuchen kommen müssen. Keyboarder Martin hat von der Gelben Karte zweimal Gebrauch gemacht, als er bemerkte, seine Freundin Claudia interessiert es nicht, wie er seine Miete bezahlen soll und wie anstrengend die Nächte sind, weil sein Kind Zähne bekommt. Sie hatte den Blick für das Alltägliche verloren, eine große Herausforderung für alle Menschen, die in der Öffentlichkeit stehen und sich um die vermeintlich wichtigen Belange kümmern. Der Vertrag sollte dafür sorgen, dass Claudia das Leben der anderen genauso wichtig erachtet wie die vermeintlich große Politik.
Es kann in jedem Leben passieren, dass man die Bodenhaftung verliert und die eigenen Probleme als wichtiger empfindet. Ich erinnere mich daran, dass ich die Single-Probleme meiner Freunde nicht mehr ernst genommen habe, als unser Sohn noch ein Baby war, denn schließlich, so dachte ich, sind unsere Probleme doch viel wichtiger. Und ich kenne es auch, wenn ich gestresst bin, dass ich dann weniger offen bin. Eine Gelbe Karte habe ich bisher nicht bekommen, aber ich habe bisher auch noch keinen Vertrag.

Wir hätten beide Lust, den ganzen Montag im Hotel zu verbringen, das merke ich, aber draußen gibt es gerade viel, wofür Claudia kämpfen muss.
»Wenn du heute noch mal einen Brief an die Grünen schreiben müsstest, so wie damals bei deiner Bewerbung, was würde drinstehen?«

»Ich würde heute schreiben, dass die Partei versuchen muss, jung zu bleiben, und zwar jung im Denken und jung im Herzen. Und dass sie sich vornehmen muss, immer anders zu denken, was für mich wirklich ein wichtiger Maßstab war. Der Philosoph Ernst Bloch hat gesagt, dass eine Vision das noch nicht Seiende ist. Das bedeutet, ich brauche Visionen: Wo will ich hin, damit auch die kleinen Schritte, die mich dorthin bringen, Akzeptanz finden? Und auch um eine Absicherung zu haben, dass ich nicht vergesse, wo ich hinwill.«
Claudia Roth ist sehr weit gekommen und dennoch bei sich geblieben.

Das Gespräch fand im Mai 2022 statt.

BENJAMIN VON STUCKRAD-BARRE

ÜBER DIE LIEBE

Es war abgemachte Sache. Ende 2020 saß Benjamin von Stuckrad-Barre bereits zum zweiten Mal bei mir im Hotelzimmer. Wir hatten wieder komplett die Zeit vergessen, waren von den vielen Abbiegungen erschöpft und bereit, das Jahr nun wirklich abzuschließen. Jedoch nicht ohne uns für das Ende des nun kommenden Jahres wieder zu verabreden. So etwas sagt sich in euphorischen Momenten schnell: Klar, nächstes Jahr wieder! Aber dann kommt was dazwischen, oder schlimmstenfalls kommt nicht mal etwas dazwischen. Bei mir ist es merkwürdigerweise so, dass ich an solchen kleinen Verabredungen hänge, meistens weil es das Gegenüber auf so schöne Art verblüfft.

Anfang September meldete ich mich also bei Benjamin, und da war ich es dann, der verblüfft war, denn Benjamin konnte sich an die Verabredung erinnern. »Von MIR aus jederzeit!«, schrieb er, dazu ein blaues und ein rotes Emoji-Herz. Mitte November wollte ich es dann konkret machen, aber da kam keine Antwort und kein Herz. Im Dezember noch mal – wieder nichts. Die beiden verräterischen Häkchen im WhatsApp-Chat ließen keinen Zweifel daran, dass er die Nachrichten erhalten haben musste, aber anscheinend kam nun doch was dazwischen. Zum Beispiel eine Insel in der Sonne, die Arbeit am neuen Buch, die Tagesform. Und so nahm ich die letzte Folge des Jahres mit Anke Engelke auf. Drei Tage vor Weihnachten, wir waren zu Hause gerade fertig mit dem Abendbrot, kam der Anruf. Ein paar Stun-

den vorher war Benjamin in Berlin gelandet und fragte nun, über was wir denn reden wollen. »Ich würde mit dir gern über die Liebe sprechen«, antwortete ich. Stille am anderen Ende. Ich erklärte ihm, dass er für mich ein großer, liebender Autor sei, dass die Liebe meiner Meinung nach das zentrale Thema seines Werkes sei. In seinem ersten Roman *Soloalbum* geht es um eine verflossene Liebe. Im letzten Roman *Panikherz* ist die romantische Liebe derartig abwesend, dass man sich die ganze Zeit fragt, wo sie denn hin ist. Stattdessen ist es eine Liebeserklärung an seine Vaterfiguren Udo Lindenberg, Helmut Dietl und Bret Easton Ellis. Nicht nur in seinen Büchern, auch in Artikeln und auf Social Media schickt Benjamin gerne Herzen. Voller Begeisterung, Hingabe, ja Liebe spricht und schreibt er über Menschen, deren Kunst und deren Persönlichkeit ihn berühren. Wenn man jedoch etwas über ihn liest, geht es meistens um den Rausch, die Drogen, die Defekte.
»Wie wäre es mal nur mit Liebe?«
»Ja, das wäre gut.«

Ich habe von Benjamin von Stuckrad-Barre erfahren, woran seine Freundin erkennt, dass sie etwas Besonderes ist, warum seine Ex-Frau seine beste Freundin ist und was von der Liebe bleibt, wenn sie endet.

DIE LIEBENDEN UND DIE HASSENDEN

Am 27. Dezember 2021 befreit sich Benjamin etwas ungelenk aus dem Taxi. Er trägt eine wirklich riesige Daunenjacke, die als komplette Ablehnung für diese Jahreszeit zu verstehen ist, dazu wie üblich eine weiße Hose und nicht zufällig die gleichen Schuhe, die ich heute auch trage.

Wir haben uns seit einem Jahr nicht gesehen, zögern kurz, welche Begrüßungsform erlaubt ist, und entscheiden uns gegen das RKI und für eine herzliche Umarmung. Vor der Aufnahme sprechen wir wenig. Der Schirach-Aschenbecher steht bereit, alles ist Material.

»Wie wirst du dein Silvester um 0 Uhr verbringen?«, will ich wissen.

»Ich werde in Bonn sein und reinknutschen.«

»Bist du verliebt?«

»Sehr verliebt. Lange schon.«

Schon da wird es interessant, denn verliebt ist man meistens gar nicht so lang, was der Verliebtheits-Profi Stuckrad-Barre natürlich weiß. Fürs erste Abtasten im Herzbereich reicht das schon mal. Es ist selten, dass ich vor einem Gespräch ein übergeordnetes Thema festlege, und ich bin gespannt, ob es funktionieren wird. Viele Jahresendgespräche drehen sich selbstredend um das Jahr, und da gäbe es 2021 einiges zu bereden. Aber heute soll es nicht um Kurvendiagramme, Inzidenzen, Wahlausgänge und wie-jetzt-weiter gehen. Denn »die relevante Kunst muss immer das Gegenangebot machen«, findet Stuckrad-Barre. »So wie in der vordergründig friedfertigen Zeit Ende der Siebziger der Punk entstehen musste.«

Zur Einordnung möchte ich nur einen kurzen Abriss über die letzten zwölf Monate machen, die nicht gerade voller Liebe waren. Ich teile Benjamin meine Beobachtung mit, dass ich das letzte Jahr als eher hasserfüllt wahrgenommen habe.

»Ich weiß nicht, ob die Welt tatsächlich so hasserfüllt ist oder ob man das nur in bestimmten Probebohrungen so empfindet«, widerspricht er mir. »Man sieht das an der Diskussionsführung, die unwirscher, ungeduldiger geworden ist. Zugleich aber hat man während der Pandemie in engen

Freundschaften und in der Familie fast notwendigerweise eine größere, tiefere Liebe erlebt und selbst auch ausgestrahlt.«
»Glaubst du, dass dem Hassenden das fehlt? Glaubst du, dass es deswegen so hochkocht?«, frage ich.
»Klar, Hass kann aus Zurückweisung entstehen. Aber ich würde eigentlich gar nicht sagen, dass wir die Liebenden sind und die anderen sind halt die paar Bösen. Man muss ja auch sich selbst als den Hassenden erkennen, sonst ist es falsch. Man selbst hat ja auch Meinungen, die nicht okay sind und anderen Menschen gegenüber ungerecht sein können.«
Da ist sie wieder, die Vereinfachungsfalle, und ich bin voll reingetreten. Mein liebstes Sprichwort besagt, wer mit einem Finger auf andere zeigt, zeigt mit dreien auf sich. In diesem Moment habe ich das vergessen. Jeder Mensch hat die gleichen Gefühle, empfindet Freude, Überraschung, Angst, Wut, Ekel, Trauer und Verachtung, nur in unterschiedlicher Verteilung. Wir sind immer auch die anderen. Benjamin ist hellwach, und ich bin es jetzt auch.

DER GELEBTE GEFÜHLSAUSBRUCH

Wenn man ihn ein bisschen kennt – und dafür ist kein persönliches jährliches Treffen notwendig, es reicht schon ein Blick auf seinen Instagram-Kanal –, dann sieht man, dass bei Benjamin meistens viel los ist. Wenn er etwas liebenswert findet, dann soll es bitte die ganze Welt erfahren und bitte auch so fühlen wie er. Er weiß natürlich, dass es manchmal auch zu viel des Guten ist, wenn er tagelang überdreht sendet.
»Starke Gefühle werden von mir eingefordert, ja. Das möchte ich haben vom Leben. Ich möchte viel fühlen. Und deshalb gibt's natürlich pausenlos was auf die Fresse vom Leben.«

»Inwiefern?«
»Man rennt mit offenen Armen und mit offenem Herzen rum, und dann gibt es Aua. Ist ja klar. Das eine geht einfach nicht ohne das andere. Zu lieben, sich zu öffnen heißt ja auch, sich des Schutzes zu entledigen. Und das kann schiefgehen, sonst ist es nichts.«
So, wie Benjamin seine Kunst betreibt, bleibt ihm nichts anderes übrig. Er muss ganz nah ran, an sich und an die anderen, das geht nicht im Schutzanzug auf Distanz. Kein Spiel ohne Risiko.

» Das Innehaben einer Meinung ist oft ein Zeichen starker Dummheit. Es gibt ja so viele Meinungen. «

DIE FORMEN DER LIEBE

Bei so viel Liebe will ich wissen, ob es überhaupt Unterschiede zwischen der romantischen, der freundschaftlichen und der künstlerischen Liebe gibt.
»Eigentlich nicht«, antwortet er knapp.
»Liebe ist Liebe?«
»Ja. Auch wenn das jetzt ein bisschen aufdringlich klingt, aber nimm zum Beispiel uns. Dass wir uns hier einmal im Jahr treffen. Wir schreiben uns auch manchmal, aber im Wesentlichen ist der Austragungsort unserer Beziehung das *Hotel Matze*.

Und ich bin heute extra in meine verhasste Wohnung gefahren, um noch die Turnschuhe zu holen, die ich trug, als wir uns Ende 2018 zum ersten Mal trafen.«
Sein Name war einer der ersten drei, die ich auf eine Wunschliste geschrieben habe, als ich vor sechs Jahren darüber nachdachte, einen Podcast zu starten. Unsere erste Begegnung in Hamburg lässt sich als »Erfahrung« bezeichnen und zählt zu den intensivsten Folgen im Hotel. Benjamin sagte danach, dass es sich angefühlt hat, als hätten wir zusammen den Mount Everest bestiegen. Das beschreibt es sehr gut. Das Entledigen jeglichen Schutzes habe ich damals, obwohl wir uns überhaupt nicht kannten, selbst erlebt. Nach unserer Begegnung bin ich ins Schuhgeschäft gegangen und habe mir als Belohnung und Erinnerung die Sneaker nachgekauft, die Benjamin an dem Tag trug. Ich wusste, er würde es nicht peinlich finden. Für mich sind es die *Stucki*-Schuhe, für ihn die *Hotel Matze*-Schuhe. Ganz süß.
»Die romantischen Gesten betreibe ich sehr exzessiv. Schön ist Liebe dann, wenn sie keine Gegenleistung will. Nur dann ist das romantische Tun wirklich frei, denn dann ist es eine Großzügigkeit und keine Bedürftigkeit. Wenn ich jetzt also diese Schuhe anhabe und ich wäre enttäuscht, wenn du sie nicht anhast, das wäre doch blöd. Das ist dann einfach nur Erpressung. Aber ich habe die Schuhe doch an, um dir eine Freude zu machen und um diese Verbundenheit zu zeigen, die ich spüre. Und am Ende hat alles auch damit zu tun, wie ich dieses Gespräch heute führen möchte. Wenn ich etwas nur für eine Gegenleistung tue, hat es keinen Zweck, dann muss man es nicht machen.«
Ich fand gegenseitiges Aufrechnen schon immer schwierig. Meine Mutter notiert sich immer, was sie zum Geburtstag von Verwandten und Freunden bekommt, und schenkt dann im genauen Gegenwert zurück. Lange dachte ich, dass das etwas

ist, was nur sie macht, doch dann habe ich gemerkt, dass das einige Menschen so handhaben. Für mich unbegreiflich. Aber zurück zum Thema: »Du sagtest, dass du keinen Unterschied zwischen romantischer Liebe, freundschaftlicher Liebe und Liebe zur Kunst machst. Wie ist das mit deiner Freundin, hat sie einen besonderen Stellenwert?«, frage ich.

»Jeder hat eine besondere Stellung. Sie zeigt sich in der gemeinsamen Sprache. Es gibt eigene Spitznamen, ironisch verwandte Wörter, Anlässe, aus denen man sich schreibt. Intimität findet dadurch, dass man einander im Denken berührt, Ausdruck in einer Sprache. In einem Soziolekt sozusagen. Und das ist was sehr Schönes, das habe ich wahnsinnig gern. Wo es eine schöne Verbindung gibt, schlägt sich das in Wörtern nieder, die nur uns beiden etwas Bestimmtes bedeuten und die die anderen nicht verstehen können.«

Seine Freundin, ich nenne sie im Gespräch »Silvester«, erkennt wie alle anderen, dass sie einen eigenen Platz hat, weil es auch für sie so etwas wie die Sneaker gibt, aber in Worten. Später verrät er, welche genau das sind.

EINE LIEBE UND VIELE FREUNDE

Es dauert bei uns merkwürdigerweise nie lange, bis wir die Zeit vergessen. Bei manchen Gästen habe ich das Gefühl, dass eine Begegnung gereicht hat, dass es keine weiteren Fragen geben muss. Bei Benjamin von Stuckrad-Barre hat sich mein ursprüngliches Fantum schon bei der ersten Begegnung in eine große Faszination verwandelt. Ich kann nicht wirklich sagen, ob wir Freunde sind. Es ist eine therapeutenähnliche Beziehung, bei der ich mit meinen Fragen auf der Couch liege und er mit den Antworten daneben.

»Es gibt echt viele Menschen in meinem Leben, zu denen ich eine ganz tiefe Freundschaft empfinde. Manchmal sieht man sich ein paar Jahre nicht, aber sie bleiben trotzdem meine Familie, da gibt es eine gegenseitige Großzügigkeit, eine Verbundenheit, die sich nicht immer beweisen muss. Auch da gibt es natürlich mal Zu- und Abgänge.« Traurig erzählt Benjamin, dass in diesem Jahr zwei sehr enge und langjährige Freundschaften zu Bruch gegangen sind, die möglicherweise nicht zu reparieren sind.
Ich merke, dass er darüber nicht viel mehr sagen möchte. Ich frage vorsichtig nach: »Endet für dich die Liebe, wenn etwas zu Bruch geht?«
»Die Traurigkeit ist eine Beschreibung der Liebe. Die Traurigkeit, aber auch die Unerbittlichkeit darüber, was da vorgefallen ist. Der Schmerz ist noch Teil der Liebe.«
Während er die Liebe zu seinen Freunden, seiner Freundin und der Kunst in einen Topf wirft und sich deren jeweilige Einmaligkeit in der Sprache wiederfindet, bleibt eine Bindung doch außen vor: »Die Liebe zu meinem Sohn ist natürlich etwas völlig anderes, das ist eine Liebe, die nicht aufhören, die nicht kaputtgehen kann.«
Sein Sohn ist neun Jahre alt, Benjamin nimmt immer noch seine Hand beim Überqueren der Straße. »Weil ich so gern diese kleine Hand in der Hand halte. Er kann viel umsichtiger über die Straße gehen als ich, aber ich weiß, wenn jetzt ein Auto käme, würde ich ihn auf den Bürgersteig werfen und selbst draufgehen, auf jeden Fall.«
Er möchte auf Sachen achten, die er anders machen möchte als seine Eltern. Wie bei so vielen Gästen (und Nicht-Gästen) ist die Eltern-Kind-Beziehung kompliziert. Benjamin wuchs in Göttingen auf. Sein Vater ist Pfarrer, was seine Mutter macht, weiß ich gar nicht. Ich weiß nur, dass es zwar bei den meisten

nicht einfach ist, aber trotz allem eine Verbindung besteht. Ich erzähle, dass es zwischen meinen Eltern und mir auch kompliziert zugehen kann, ich mir aber immer ihrer und sie sich immer meiner Liebe bewusst sind.

»Spürst du das auch, diese Liebe zu deinen Eltern?«, frage ich.

»Mhm, na ja. Das ist sehr intim jetzt. Aber nein.«

Vermutlich dürfte ich weiterfragen. Aber hier höre ich auf. Das Wort »intim« ist ein unabgesprochenes Codewort. Es reicht aber auch, um zu erahnen, warum er Freunde und Freundinnen als Familie bezeichnet, warum er in Hotels statt an einem festen Wohnsitz lebt und warum er sich zu Udo, Helmut und Ferdinand so hingezogen fühlt. Es sind – beziehungsweise in Helmuts Fall waren – Vaterfiguren, die etwas erfüllen, was sein Zuhause ihm nicht geben konnte. Ja, die relevante Kunst muss immer das Gegenangebot machen. Benjamins Angebot ist Liebe.

» Die Traurigkeit ist eine Beschreibung der Liebe. Der Schmerz ist noch Teil der Liebe. «

WARUM ER DIE MUTTER SEINES KINDES SO NICHT NENNEN WILL

Ich bin seit elf Jahren verheiratet, und ich sage mit Stolz, dass Stephanie und ich zusammen sehr glücklich und damit nur leicht in der Überzahl sind. In Deutschland leben rund 38 Prozent Ehepaare getrennt, knapp 20 Prozent der Kinder wachsen bei einem alleinerziehenden Elternteil auf. Benjamin ist mit »der Mutter seines Sohnes« nicht mehr zusammen. Hier folgt prompt Einspruch, mit Sprache nimmt es mein Gast sehr genau.

»Diesen Terminus finde ich grauenhaft. Ich würde sie niemals die ›Mutter meines Sohnes‹ nennen. Sie ist meine Frau«, sagt er vehement.

»Ihr seid noch verheiratet?«

»Wir sind nicht mehr verheiratet, aber sie ist meine Frau. Das ist so. Und wir sind nicht für immer verbunden durch das Kind, nein, nein, nein. Wir sind für immer verbunden, und Ausdruck und Ergebnis davon ist unser Kind. So rum ist das.«

Ich freue mich. Genau das war meine Hoffnung vor dem Gespräch, dass man mit ihm über so etwas reden kann und dass dabei auch neue Sichtweisen zutage kommen. Ich höre weiter zu: »Verheiratet zu sein und zusammenzuwohnen, das war nicht unsere Form, wir haben das heldenhaft versucht, aber es hat überhaupt nicht geklappt.«

»Hast du gedacht, das ist jetzt für immer, als ihr geheiratet habt?«, frage ich etwas unbeholfen.

»Tja, auf keinen Fall habe ich gedacht, das ist jetzt eine von vielen Ehen oder so«, antwortet er patzig, aber er verzeiht mir meine etwas doofe Nachfrage auch schnell.

»Dramatisches Verliebtsein oder riskantes Verliebtsein kennt auch den Gedanken: Das wird nichts, das ist nichts, das endet. Aber es war absolut richtig, dass wir geheiratet haben, und es

war wahnsinnig schön. Im Abgleich mit dem Leben hat es nicht funktioniert. Aber wir sind trotzdem für immer zusammen, und ich nenne sie tatsächlich meine Frau.«
Es klingt sehr warm, wie er über die Beziehung spricht. Oft wird nach Trennungen das *Ex* besonders betont, dazu wird mit den Augen gerollt, aber in dieser Beziehung machen die Augen was anderes. Sie zwinkern.
»Sie ist mir der nächste Mensch, und wir haben für immer so eine Zwinkerebene. Wir kennen uns wahnsinnig gut, wir lieben uns einfach. Es gibt überhaupt keinen Grund, diese vielen schönen Jahre, die wir uns schon kennen, 15 Jahre sind es, abzubrechen. Wir teilen tatsächlich alles miteinander, auch Wohl und Weh von irgendwelchen romantischen Geschichten, wir lachen dann auch darüber. Das ist Familie. Sie ist meine beste Freundin.«
Es ging nicht sofort. Die oberflächlichen Verletzungen mussten erst verheilen, der eigene Blick freier werden, damit die Komik wieder Platz finden kann.
»Es gibt Grundzüge an einem, die man nicht verändern kann, und genau darin muss man die absolute Lächerlichkeit seiner selbst sehen. Und das gelingt meiner Ansicht nach besser, wenn man nicht mehr in dieser Eins-zu-eins-Bürgerkriegssituation steht, sondern wenn der Pulverdampf verzogen ist, man in die Totale geht und fragt: Wer sind wir eigentlich? Und dass man wieder unterscheidet zwischen ›*Ich* bin verletzt‹ und ›*Du* hast mich verletzt‹. Und dass man am Ende einsieht, dass es keiner von beiden böse gemeint hat.«
Die meisten seiner engen Beziehungen hatten einmal Risse, die gekittet werden mussten. Wo intensiv geliebt wird, geht auch mal was kaputt. Vielleicht ist das eine Form, wie sich seine Beziehungen beweisen müssen.

WHAT IS LOVE?

In der Vorbereitung auf unser Gespräch habe ich ein paar Liebeslieder gehört. The Cure »Lovesong«, Adele »Easy on me« und ganz oben auf der Liste natürlich »Fix You« von Coldplay. Und irgendwie musste ich auch an einen Dancehit aus den Neunzigern denken. Das One-Hit-Wonder Haddaway fragte im gleichnamigen Hit »What is love?«, hatte aber selbst keine Antwort. Hat mein Gast sie?

»Die Frage ist natürlich viel größer als die Antwort«, sinniert Stuckrad ein bisschen übertrieben und zieht an seiner Zigarette. »Die Frage danach ist die Antwort darauf und so weiter. Es wäre im Grunde dumm, das zu beantworten, da sind wir im Bereich der Ratgeberliteratur. Im Editorial der *Bunten*, die weiß die Antwort. Die Kunst nicht. Deshalb muss es immer wieder erzählt werden.«

»Was Liebe ist?«

»Ja, natürlich. Deshalb muss jeder, der es ernst meint, darüber singen, darüber einen Film machen, obwohl es das alles schon in perfekter Form gibt.«

Wahrscheinlich hat er recht. Jede ernst zu nehmende Künstlerin und jeder ernst zu nehmende Künstler hat sich wohl schon mit der Liebe beschäftigt. Oftmals ist sie sogar der Grund für einen Song, ein Bild oder einen Film, weil man irgendwo hinmuss mit seinem gebrochenen Herzen. Allerdings braucht es den passenden Zeitpunkt, findet Benjamin: »Über die Liebe zu schreiben, wenn man gerade verliebt ist, passt nicht, da hat man was anderes zu tun. Außerdem wird's dann zu kitschig. Und darüber zu schreiben, wenn es gerade zerbrochen ist, geht auch nicht, da hat man dann auch wiederum anderes zu tun. Wenn man wirklich keinen Kitsch, sondern wahre Kunst kreieren will, dann braucht es Autorität über den Stoff und Dis-

tanz. Und das geht am besten, wenn es vorbei ist.«
Über die zerbrochene Beziehung in *Soloalbum* konnte er schreiben, als er längst in einer anderen Stadt war, seine Drogenjahre konnte er, erst zehn Jahre nachdem er nüchtern war, in seinem Buch *Panikherz* verarbeiten. Die letzten Wochen hat er auf einer Südseeinsel über etwas geschrieben, was vor Jahren in Berlin passiert ist. Für sein Leben braucht er maximale Nähe, für seine Kunst maximalen Abstand.

SEINE FREUNDIN HEISST HÄKCHEN

Wir sprechen schon wieder einige Stunden, haben die Liebe zu seinem Kind, zur Kunst, zur Frau besprochen, und natürlich muss es auch um seine Freundin »Silvester« gehen. Es fällt mir allerdings nicht so leicht, nach ihr zu fragen, weil man diese Art von Gespräch eher aus dem Boulevard – aus der *Bunten* – kennt. Aber Benjamin hat selbstverständlich keine Berührungsängste.
»Mein Spitzname für sie ist Häkchen. Bevor wir uns zum ersten Mal getroffen haben, haben wir uns monatelang geschrieben. Nachts hat sie das Handy immer auf Flugmodus gestellt; wenn neben meiner Nachricht an sie nur ein Häkchen zu sehen war, wusste ich, dass sie schon schlief. Sie nennt mich auch so. Wir sind die Häkchen.«
Okay, hier wird die eigene Sprache wirklich sehr deutlich. Auf der Liste von ungewöhnlichen Kosenamen ist Häkchen ziemlich weit vorn. Silvester (oder Häkchen) war bei einer seiner Internetquatsch-Sachen auf Instagram dabei.
»Wir hatten beide eine riesige Freude daran, immer neuen Unsinn zusammen zu machen. Erst Monate später haben wir begriffen, dass wir uns dabei ineinander verliebt haben.« Es

ging ihnen wie Kindern, die sich auf dem Spielplatz kennenlernen und beim Spielen merken, ob es passt oder nicht.
Die Philosophin Simone de Beauvoir sagte, dass sich ein verliebter Mensch so zeigt, wie er immer sein sollte. Am Anfang präsentiert man sich von der besten Seite, spielt die Koketterie-Hits, und alles, was gegen einen spricht, lässt man weg. Das Serotonin hilft noch ein bisschen nach. Je älter man wird, je mehr Beziehungen man eingeht, desto anstrengender wird das. Meine älteren Single-Freunde und -Freundinnen kennen das, Benjamin kennt es auch, aber hier war es anders.
»Wir sind wahnsinnig weit gegangen, bevor wir uns das erste Mal gesehen haben. Ich haue sonst sehr schnell ab und versinke in mir. Und zwar gar nicht zwangsläufig, weil die andere Person, sondern weil *ich* mir langweilig werde. Wir haben mit dem Kram angefangen, der gegen uns spricht. Wir haben unsere Neurosen dargelegt und was furchtbar an uns ist. Wir hatten sofort eine wahnsinnig gute Ebene, konnten über uns selbst lachen und merkten, wir haben ähnliche Defekte.« Er spielt mit der Kette, die er von ihr bekommen hat, und lächelt.
»Ab einem bestimmten Kenntnisstand über sich selbst und die Welt und ab einem bestimmten Grad Therapiertseins erkennt der Mensch die Summe seiner Defekte als Stärke an. Wir sind beide viel in Therapie gewesen, das verbindet sehr.«
Vor ein paar Augenblicken hat er sich geweigert zu beantworten, was Liebe ist. Fürs späte Verliebtsein fällt ihm ganz beiläufig die schönste Erklärung ein: »Wenn man sich verliebt, ist das jedes Mal ein Skandal. Mit voranschreitendem Alter denkt man doch, dass einen nichts mehr überraschen kann. Ich dachte das lange, auch ich selbst konnte mich nicht mehr überraschen. Wenn man sich dann noch einmal neu verliebt, lernt man sich plötzlich selbst noch mal anders kennen – das ist das Tollste, was es gibt.«

Nach diesem Jahr, das für mich und ziemlich viele Menschen ziemlich düster angefangen hat, ist es wirklich wohltuend, so ausführlich über die Liebe zu sprechen. Gerade dass die Defekte dafür sorgen, dass hier am Jahresende ein glücklicher, für seine Verhältnisse ungewöhnlich ruhiger Benjamin von Stuckrad-Barre sitzt, ist ein großartiges Zeichen. Es ist das ultimative Gegenangebot für die Menschen, die sich bekriegen. Make love, not war. Nach dreieinhalb Stunden drücke ich die Stopptaste. Wir verabreden uns wieder für das nächste Jahr und wissen beide schon, was wir anziehen werden.

Das Gespräch fand im Dezember 2021 statt.

MARIE BÄUMER

ÜBER DIE GELASSENE PRÄSENZ

Eine leise Welle der Euphorie rollt durch meinen Körper. Die vorderen Fenster des Kleinwagens sind unten, ein warmer Nachtwind weht hindurch. Mein Fahrer versteht mich nicht, ich verstehe ihn nicht. Er tippt in sein Handy, während er sowieso schon zu schnell fährt, und lässt von Google seine Frage an mich übersetzen: »Bist du zum ersten Mal hier?« – »Nein, zum dritten Mal.«

Für diesen Austausch haben wir beinahe einen Unfall riskiert. Geht ja gut los. Ich lese die französischen Namen auf den Schildern und verstehe kein Wort. Der Fahrer hat die Orientierung verloren, das Handy hat kaum Netz, man sieht nur einen blauen, pulsierenden Punkt, darum herum baut sich die Umgebung so langsam auf, als würde ein Computerspiel-Programmierer diesen Ort in diesem Moment erfinden.

Ich war lange nicht unterwegs. Zwei Jahre ist es her, dass ich allein gereist bin. Dazwischen liegen lange Monate des Lockdowns, Monate, in denen ich mir angewöhnt habe, dass es zu Hause nicht nur am schönsten, sondern auch am sichersten ist. Ich habe mich eingerichtet in der Gemütlichkeit, im Rhythmus des Ewiggleichen. Vor Corona war ich Vielreisender. Beruflich in verschiedenen Städten, um Menschen zu treffen, privat überall, um Abenteuer zu erleben. In den letzten zwei Jahren ist das abhandengekommen, es gab fast nur noch meine Familie und mich, von ein paar unspektakulären, vorsichtigen Deutschlandreisen einmal abgesehen.

Die Handytaschenlampe zeigt uns den Weg. Wir haben meine Unterkunft im Nirgendwo gefunden. Über Kieselsteine führt der Weg zu meinem Zimmer. An der spartanischen Einrichtung kann man sofort erkennen, dass sich das Leben hier draußen abspielt. Und das ist doch immer ein gutes Zeichen, finde ich.
Meine Gastgeberin Marie Bäumer schickt mir eine Nachricht: »Wenn es draußen dunkel ist, schau in die Sterne.«
Ich schaue nach oben in den Nachthimmel. Auf Reisen wird man zu dem, der man sein könnte. Zum Beispiel zu einem, der minutenlang in den Himmel schaut, tief ein- und ausatmet und die Schönheit dieses Augenblicks wertschätzt.

Der nächste Tag. Links und rechts schauen die Pferde aus den Boxen. Weiß und wunderschön. Ihre Felle glänzen, manchen wurde die Mähne zu ordentlichen Zöpfen geflochten. Sie sehen aus, als würden sie gleich zu einem Schönheitswettbewerb auf den Laufsteg müssen – und gewinnen.
Im Gegenlicht kommt mir Marie entgegen. Sie trägt einen Cowboy-Strohhut und ist kleiner, als ich sie mir vorgestellt habe. So ist es häufig bei Menschen, von denen man viel hält – aus der Ferne wirken sie größer. Marie geht langsam und aufrecht, scheint voller Energie für das, was kommt, zu sein. Im Laufe der nächsten drei Tage werde ich feststellen, dass das ihre Grundenergie ist. Sie begrüßt mich, gibt mir ein *Bisou*. Sie fragt, ob ich die Sterne gesehen habe und genug zu essen hatte. Dann schreitet sie voran. Keine Zeit für Small Talk.

Anfang des Jahres hat sie mir geschrieben und mich gefragt, ob ich sie nicht interviewen möchte. Ich habe mich darüber gefreut, weil ich sie auch schon auf meiner Wunschliste hatte. Während des ersten Telefonats war klar, dass sie mein Hotelgast sein soll, und ich überlegte gerade noch, wie wir das online am geschicktesten hinbekommen würden, als Marie beiläufig fragte: »Oder du kommst nach Frankreich, und wir verbringen ein paar Tage mit den Pferden, und ich zeige dir, was ich hier mit ihnen mache?«

»Du musst wissen, dass ich ziemliche Angst vor Pferden habe«, entgegne ich.

»Das ist kein Problem. Da wärst du nicht der Erste.«

Ich habe schnell gelernt, dass »gewöhnlich« nicht zu Marie passt. Und weil man ihr auch schwer einen Vorschlag abschlagen kann, habe ich mir ein Zugticket nach Avignon gebucht. Und weil alles, was dort passiert ist, nicht gewöhnlich war, fällt dieses Kapitel auch aus der gewohnten Fassung.

Ich habe von Marie gelernt, wie man seinen eigenen Raum verteidigt, wie man in eine gelassene Präsenz kommt und dass Pferde Antworten auf die wesentlichen Fragen des Lebens haben können.

DER EIGENE RAUM

Marie Bäumer ist Schauspielerin, vermutlich eine der besten Deutschlands. Bekannt wurde sie Mitte der Neunziger durch den Film *Männerpension* von Detlev Buck. Sie war Mitte 20 und hat sich wenig von der Glitzerwelt beeindrucken lassen, dennoch war sie auch schon damals eine der wenigen deutschen Schauspielerinnen, die über einen roten Teppich gingen und direkt den Duft von Glamour versprühten. Nein, sie ist nicht die Schauspielerin von nebenan, Vergleiche zu den großen Filmdiven des Landes – meistens Romy Schneider und Hildegard Knef – kommen nicht von ungefähr, dennoch trägt

Marie immer die Möglichkeit des Abenteuers in sich. Es folgten viele weitere Kinofilme, Filmpreise, internationale Produktionen und dann 2016 *Drei Tage Quiberon*, ein Film über Romy Schneider, mit Marie in der Hauptrolle. Ihre Darstellung ist so mitreißend, dass man nicht wegschauen kann. Auch dafür gab es alle möglichen Preise, doch seitdem habe ich sie nicht mehr auf der Kinoleinwand gesehen. In der Zwischenzeit hat sie eine Art Seminar entwickelt. Sie nennt es »Atelier Escapade«, darin geht es um Persönlichkeitsentwicklung mit Unterstützung von Pferden. Die drei Grundpfeiler sind Raum, Verbindung und Bewegung. Es geht darum, den persönlichen Raum zu definieren, ihn einzunehmen und zu halten. Es geht um die Verbindung zu einem selbst und der Umwelt und darum, sich in Bewegung zu setzen und andere zu bewegen. Das klingt erst einmal ein bisschen abstrakt, aber ich bin nun hier, um teilzunehmen und zu erfahren, was Marie damit meint.

Ich begrüße die anderen beiden Teilnehmenden Luisa und Julia. Gemeinsam tragen wir einen kleinen Holztisch in einen umzäunten Auslauf. Wir setzen uns auf Plastikstühlen um den Tisch und lauschen Marie, die uns erzählt, wie sie auf der Steinmauer vor ihrem Haus saß, welches ganz in der Nähe ist, und wie sie dort das Atelier entwickelte.
»Unser Körper ist unser stärkstes natürliches Instrument. In unserer Gesellschaft droht dieses Geschenk jedoch in Vergessenheit zu geraten. Sobald wir uns unserer Blockaden im Körper bewusst werden und lernen, sie zu lösen, ist der erste Schritt zur persönlichen Freiheit bereits getan.«
Am Ende, so das Versprechen, werden die Teilnehmenden ihrem Wesenskern näherkommen und einige dieser Blockaden gelöst haben. Ich verstehe noch nicht so viel, habe mich aber dafür entschieden, meinen inneren Kritiker in Deutschland

zu lassen und mich ganz darauf einzulassen, was hier passiert. Auch darauf, dass wir uns nun auf dem kleinen Platz verteilen. Marie bittet uns, die Beine schulterbreit aufzustellen, die Augen zu schließen und zu atmen. Warum geht es bei solchen Sachen immer ums Atmen, frage ich mich, während ich an nichts denken sollte. Ich atme ein und aus, so lange, bis nichts mehr in der Lunge ist, und wiederhole es, bis mir ein bisschen schwindelig wird.

»Und nun malt mit dem Fuß einen Kreis um euch herum. Der Kreis soll im Abstand einer Armlänge um euch herum verlaufen. Das ist euer Raum.« Marie erklärt weiter, dass die meisten Menschen nur das als ihren persönlichen Raum empfinden, was vor ihnen liegt, alles, was sich hinter ihnen befindet, vergessen sie. »Wenn wir Menschen als charismatisch empfinden, sind sie in der Lage, den Raum hinter ihnen zu aktivieren.«

Sie macht es vor und läuft zweimal über den Platz. Beim ersten Mal »schaltet« sie den eigenen Raum an, beim zweiten Mal lässt sie ihn aus. Es ist faszinierend. Tatsächlich sieht man den Unterschied deutlich. Ein Schein, ein Stolz umgibt die »eingeschaltete« Marie – ihr würde man auf der Straße definitiv hinterherschauen und sich fragen, wer sie ist, während die andere wohl nur einen flüchtigen Blick bekommen würde. Marie besucht uns in unseren neuen Räumen und richtet uns auf. Sie drückt meine Schulter nach unten, denn die ziehe ich immer hoch, wenn ich mich aufrichten soll. Der untere Rücken soll leicht nach hinten, als würde er sich anlehnen, und die Brust nach oben, als würden Marionettenschnüre daran ziehen. Den Blick soll ich Richtung Horizont lenken. Es ist ein ganz anderer Stand als sonst. Durch einen kleinen Spalt zwischen meinen Lidern beobachte ich heimlich die anderen. Erhaben stehen sie da. Aus den schlaksigen Teilnehmenden werden

Wachsfiguren – noch ein bisschen zu steif, um viele Blicke auf uns zu lenken, aber definitiv würde man uns nun bemerken.

DEN RAUM VERTEIDIGEN

Marie fragt, ob es für uns in Ordnung wäre, wenn sie ein Pferd dazuholt. Mein Puls geht prompt nach oben. Ich weiß nicht, was es ist, aber etwas in mir wirft sofort den Angstapparat an. Weil ich mich aber darauf einlassen wollte, sage ich Ja und stelle mich an den äußersten Rand des Platzes. Marie geht nach draußen und kommt mit dem 14-jährigen weißen Jao zurück. »Der alte Herr hat immer große Lust auf das Atelier. Er ist ein neugieriger, aber auch etwas frecher Herr.«

Es leuchtet schnell ein, dass Maries Hengste in ihren Augen tatsächlich Partner im Atelier sind. Meine Schultern lockern sich etwas, ich bleibe dennoch am Rand stehen. Ich lasse den anderen beiden den Vortritt für die erste Pferde-Übung. Marie sieht meine Angst und lächelt mir beruhigend zu. Es geht nun darum, dem Hengst durch Körpersprache zu signalisieren, dass er nicht »in den Raum tritt« – also nicht zu nahe kommt. Luisa und Julia bekommen das ganz gut hin. Eine halbe Stunde später bin ich an der Reihe. Ich stelle mich zurück an meinen ursprünglichen Platz, ziehe den Kreis noch einmal nach und richte mich leicht breitbeinig in meinem persönlichen Raum ein. Jao kommt neugierig zu mir getrabt. Meine Angst ist nicht mehr ganz so groß. Ich bilde mir sogar ein, dass ich eine energetisch undurchdringliche Mauer errichtet habe. Doch schwuppdiwupp steht Jao mir fast auf den Füßen.

»Nun sorge dafür, dass er wieder rausgeht«, sagt Marie. Kein Problem, denke ich sarkastisch und sehe mich mit meinem zertretenen Fuß schon in der Notaufnahme. Ich fuchtele mit den

Armen rum, Jao schaut mich neugierig an und bewegt sich keinen Zentimeter. Die menschliche Kommunikation besteht zu 80 Prozent aus Körpersprache. Wenn dem wirklich so ist, dann spricht das Pferd eine andere Sprache als ich. Aber was sage ich überhaupt? Meine Angst verfliegt und wird durch Frust ersetzt. Immer wieder richte ich mich neu ein, um meine imaginäre Superman-Mauer um mich herum aufzubauen, doch immer wieder tritt der Gaul ganz charmant über meine Grenze. Hätte ich nicht bei den anderen Teilnehmenden vorher gesehen, dass es geht, hätte ich an der Stelle gesagt: »Du, Marie, das geht gar nicht.«
Mir kommen Bilder von zu Hause in den Sinn, wenn unser Sohn überhaupt nicht annimmt, was meine Frau Stephanie und ich sagen. Auch an die Arbeit denke ich. Jahrelang saß ich im Großraumbüro und konnte mich nur durch den Rückzug in ein Einzelbüro abgrenzen, denn immer wieder kamen Kollegen und Kolleginnen an meinen Tisch und wollten etwas von mir, was ich nicht wollte. Ich wollte wie so oft nur: meine Ruhe. Hengst Jao läuft seelenruhig herum. Neuer Versuch. Langsam werde ich sauer, richte mich auf. Jao kommt wieder. Wie bei einem Magier gehen meine Hände nach vorn, die Hüfte schiebt sich hinterher, und plötzlich bleibt er stehen. Marie ruft: »Bravo!« Ich freue mich, bin ganz aufgeregt, und da steht Jao auch schon wieder in meinem Raum.
Marie hat vorab per Mail gefragt, ob wir ein Thema haben, dem wir im Atelier nachgehen wollen. Ich habe geschrieben, dass ich Angst habe, allein auf einer Bühne vor Menschen zu sprechen. Jetzt merke ich, dass mein Thema ist, mein Innen mit meinem Außen zusammenzukriegen, dass es mir häufig nicht gelingt, das, was ich meine und sage, bewusst auch mit meinem Körper gleichzusetzen. Oft gibt es ja diese Begegnungen, bei denen jemand etwas eindeutig sagt, man jedoch eine Irritation

in sich spürt, merkt, dass es nicht authentisch ist, und wenn es nicht authentisch ist, dann glaubt man dem Gegenüber nicht wirklich. Doch dafür gibt es keine Beweise. Es ist nur ein diffuses Gefühl in einer faktischen Welt.
Marie sagt: »Das ist tatsächlich dramatisch. Wir haben unsere energetische Pyramide auf die Spitze gestellt anstatt auf den Grund. Wir stehen nicht breitbeinig auf dem Boden, sondern wir stehen eigentlich auf dem Kopf. Diesem hoch entwickelten Kopf vertrauen wir. Wir wissen, was wir denken, aber nicht, was wir fühlen, und Pferde glauben nur das, was wirklich ist.«
Mein Selbstbild bis hierhin war, dass ich sehr klar in dem bin, was ich nach außen kommuniziere. Aber nun steht ein 600 Kilogramm schweres Feedback vor mir und sagt: »Nö.« Es wackelt ein wenig mit dem Kopf, geht zu einem Stück Gras am Rand und frisst gänzlich unbeeindruckt von mir. Ich bin jedoch beeindruckt von ihm.
Es ist faszinierend, dass Jao hier mit uns rumhängt. Wie wir von Juli Zeh wissen, sind Pferde Fluchttiere, die uns Menschen überhaupt nicht brauchen, sie würden ohne Probleme in der Wildnis überleben. In Hengst Jao sehe ich jetzt das Angebot, welches er und seine Kollegen uns Menschen machen. Auch davon hatte Juli mir erzählt. Wir Menschen versuchen, alles über den Verstand zu lösen, ein Pferd hat einen vollkommen intakten Instinkt. Ganz freiwillig dreht es mit uns eine Runde auf der Koppel, oder aber es wahrt den Raum, wenn wir uns klar und konsequent verhalten.

Ein paar Stunden später, zurück in der Unterkunft, schreibe ich und versuche, das zu fassen zu kriegen, was ich heute erlebt habe. Einerseits fühle ich mich aufgerichtet, innerlich gestärkt, auf der anderen Seite total verwirrt und vom Glauben abgefallen. Mein Selbstbild ist angekratzt, Zeit für ein Status-Update.

Meine kleinen inneren Programmierer sind am Werk und machen eine Nachtschicht. Ich wälze mich im Bett, träume wirr.

DAS WESENTLICHE

Der nächste Tag. Ich öffne meine Augen und stehe wieder auf dem Paddock. Die anderen Teilnehmenden hatten auch wilde Träume. Die nächste Übung steht an. Ich fühle mich gut und innerlich aufgeräumt. Wieder verteilen wir uns auf dem kleinen Platz. Es ist windstill, kaum ein Geräusch ist zu vernehmen. Es fühlt sich an, als wären wir auf einem einsamen Planeten gelandet. Marie bittet uns, wieder die Augen zu schließen, wieder bewusst alles aus- und einzuatmen und uns »mit dem Erdkern zu verbinden«. Mein innerer Jan Böhmermann taucht kurz auf und grinst über die Aussage, ich schicke ihn nach Hause und versuche, ganz bewusst dahin zu spüren, wo die Schuhsohlen den Sandboden berühren. Nach einer Weile, ich kann nicht sagen, wie viel Zeit vergangen ist, steigt in mir eine Wärme auf, als würde sie direkt aus der Erde durch die Füße in meinen Körper gelangen. Mit der Wärme steigen Gedanken auf und verschwinden wieder. Ich höre Marie mal aus der Ferne, mal näher an mir dran. Mein Instinkt ist voll eingeschaltet, gleichzeitig bin ich in dieser Situation mit den geschlossenen Augen komplett im Vertrauen. Ein Bild taucht vor meinem geistigen Auge auf.

In den letzten Monaten ist viel passiert. Ich bin im Umbruch, stehe auf einer Schwelle. Vor elf Jahren habe ich mit meinem Freund Pierre *Mit Vergnügen* gegründet. Wir beschäftigen fast 40 Mitarbeitende in vier Städten in Deutschland. Ganz natürlich sind wir gewachsen, immer der Neugierde und den Möglichkeiten nach. Aber je größer *Mit Vergnügen* wurde, desto weniger Zeit hatte ich für meine eigenen kreativen Bedürfnisse. Als Feierabendprojekt begann ich meinen Podcast *Hotel Matze*. Auch der wurde schnell größer, nimmt heute viel Zeit in Anspruch und ist längst kein Feierabendprojekt mehr. Pierre habe ich vor anderthalb Jahren gesagt, dass ich mich aus der Firma zurückziehen möchte, um mehr Zeit für meine eigenen Sachen zu haben. Er hat es gut aufgenommen, doch ich habe mich in den letzten Monaten immer wieder gefragt, wohin es nun für mich gehen soll. Ich habe komplizierte Gedankengänge verfolgt, versucht, meine innere Stimme zu verstehen, doch die brabbelte ständig etwas Neues. In mir wohnt eine permanente Aufbruchstimmung, ständig kommen neue Ideen, und von jeder bin ich begeistert, will dauernd meinen Koffer packen und gleich losfahren.

Jetzt stehe ich hier, und die Erde scheint mir eine Nachricht zu senden. Ich sehe mich, wie ich in meinem spärlich beleuchteten Studio sitze. Mir gegenüber ein gesichtsloser Gast. Das Interessante ist, dass ich das Bild in Schwarz-Weiß sehe. Es ist ganz klar, ganz reduziert. Meine innere Stimme sagt: »Konzentriere dich auf das Wesentliche, nimm alles andere weg und lass daraus alles entstehen.«

In diesem Moment spüre ich den Atem eines Pferdes auf meinem Arm. Es riecht an mir, und ich rieche an ihm – wie ein Lehrer, der einem während der Prüfung über die Schulter schaut und mit einem Wimpernschlag signalisiert, dass man auf der richtigen Fährte ist. Dieses beruhigende Gefühl bekomme ich jetzt von Bacara, einem Lusitanohengst. Das ist doch echt irre. Ich entspanne mich, öffne langsam die Augen und fühle mich, als käme ich gerade frisch aus dem Krankenhaus.

DIE GELASSENE PRÄSENZ

Marie fragt, mit welchem Pferd wir uns besonders verbunden fühlen. Ich sage Bacara, weil er sich am Morgen für meine Kamera interessiert hat und mir eben so schön über die Schulter geschaut hat.
Nachdem wir gestern das Thema *Raum* bearbeitet haben, geht es nun um die *Verbindung*. Marie erklärt, dass Pferde Meister der Verbindung sind. Als Herdentier sucht das Pferd immer nach Anschluss und kümmert sich um die Schwachen in der Herde. Eine leichte Übung für mich, ist doch die Verbindung mein Kerngeschäft im Alltag und bei den Interviews. Immerhin steht hier Deutschlands einfühlsamster Interviewer, denke ich schon wieder etwas zu selbstsicher.
Dieses Mal bin ich der Erste, der mit dem Pferd arbeiten darf. Marie führt Bacara zu mir. Meine Aufgabe ist es, ohne Worte eine Verbindung zum Hengst herzustellen, dafür muss ich erst einmal in eine innere Entspannung kommen. Kein Problem für mich, schließlich meditiere ich täglich. Doch hier will es einfach nicht funktionieren. Bacara interessiert sich überhaupt nicht für mein Angebot. Von Minute zu Minute komme ich mehr von meinem eigenen hohen Ross runter. Ich merke, dass ich ein bisschen sauer auf den Hengst werde, doch das ist der größte Fehler, wie ich inzwischen weiß, denn Pferde wollen einen nicht ärgern, sie brauchen Klarheit. Also wieder Schultern runter, ausatmen, bis es nicht mehr geht, den unteren Rücken wieder nach hinten strecken. Marie nennt es »gelassene Präsenz«. Und da hebt Bacara den Kopf und trabt auf mich zu. Ich streichle seine riesigen Wangen und versuche, in seinen tiefen braunen Augen etwas zu lesen. Seine Mähne hängt ihm ins Gesicht, es macht Spaß, sie ein wenig zu frisieren.
Ich höre Marie sagen: »Nun überlege dir, wohin du mit ihm

gehen willst. Gehe in die Anspannung, sei absolut klar.« Ich fixiere ein Ziel, lade Bacara mit einer Schulterbewegung ein und laufe langsam los. Nach zwei Sekunden merke ich, dass das Pferd mitkommt. Es ist meiner Einladung gefolgt. Ich bin ganz begeistert. Wir drehen ein paar kleine Runden, und ich verstehe alle Pferdemädchen und -jungs der Welt, die tagelang in der Box stehen, die Hufe säubern, das Fell bürsten, Stroh über das Gatter werfen und ausmisten, während sich ihre Freunde und Freundinnen ein Eis kaufen. All die Mühen nimmt man nicht in Kauf, um auf dem Pferd zu sitzen und zu reiten – am Anfang vielleicht schon –, es geht um die Beziehung zwischen Mensch und Tier. Man merkt, dass diese Verbindung auf Gegenseitigkeit beruht und die Bedingungen klar sind. Was für ein warmes Gefühlsbad!
Nach den Sessions spiegeln wir uns immer gegenseitig. Julia und Luisa sagen mir, dass ich echt stolz auf mich sein kann, denn gestern hatte ich noch Angst vor Pferden, und heute war ich schon viel unbefangener und irgendwie größer.

SICH VOM LEBEN ÜBERRASCHEN LASSEN

Wir machen noch weitere Übungen, aber für mich ist der Tag im Grunde vorbei. Diese Bindungserfahrung arbeitet in mir. Die inneren Programmierer machen wieder Überstunden. Beim gemeinsamen Abendessen bin ich nur halb anwesend. Meine Gedanken sind auf Reisen. Ich beobachte die Kellner, wie sie bewusst die Gäste ignorieren und sich einen Spaß daraus zu machen scheinen. Mein Zuhause ist gerade ganz weit weg. Ich bin kein Ehemann, kein Vater, kein Unternehmer, kein Podcaster, kein Freund. Ich bin einfach hier und sitze, lasse das Innere arbeiten und bin.

Neben mir sitzt Marie. Im Zug habe ich *Drei Tage in Quiberon* noch einmal gesehen. Marie alias Romy Schneider befindet sich dort in einem Wellness-Hotel in Frankreich und bekommt Besuch von zwei Journalisten vom *Stern*. Es ist ein extrem eindringliches Kammerspiel, in Sekunden wechseln die Emotionen zwischen Anspannung und Entspannung, als Zuschauer ist man wie hypnotisiert davon. Es ist wirklich ein unglaublicher Film und Marie eine ungewöhnliche Schauspielerin. Ihr Name steht für eine selten gewordene Qualität im Film. Was sie macht, ist ausgewählt, und darum weiß man, dass allein ihre Teilnahme Qualität verspricht. Nur selten sieht man sie in den Medien und wenn doch, erscheint sie mit einer ihr eigenen französischen Eleganz und Würde, die man mit Arroganz verwechseln könnte. Doch es ist die innere Aufrichtung, deren Flaschenzug die Leidenschaft für das ist, was sie macht. Vier Jahre ist der Dreh nun her, und Marie hat alle Preise abgeräumt, die man so abräumen kann. Ich frage sie, warum sie nicht den nächsten Film macht und worauf sie wartet. Sie lacht mich an, dann wird ihr Gesicht etwas strenger: »Ich warte nicht.«

Ich muss lachen. Mit 17 Jahren ist sie zum ersten Mal hergekommen. Sie ist mit dem Zug von Hamburg nach Paris gefahren und dann mit einem rosa Sportrad bis hier runter in die Provence. Allein. Weitere 16 Jahre später ist sie hergezogen. Im Grunde ist sie irrtümlicherweise Schauspielerin geworden. Bei ihren Eltern gab es keinen Fernseher. Auf der Leinwand im Programmkino um die Ecke hat sie Pippi Langstrumpf gesehen, sie wollte zu ihr, wollte auf diese Leinwand. Darum ist sie Schauspielerin geworden. Doch eigentlich wollte sie nicht den Beruf, sie wollte Pippis freies, unangepasstes Leben. Diesen Irrtum hat sie erst in den letzten Jahren erkannt. Ich beobachte, wie sie mit den anderen spricht, den ganzen Tisch unterhält. Sie erzählt, dass sie mit Pferden und einem Musiker auf Europatour gehen will. Sie ist eine ansteckende Träumerin, die sich nicht nur erlaubt, groß zu träumen, sondern entschieden hat, ihre Träume auch zu leben. Im Interview sagt sie später: »Die Imaginationskraft ist so groß in uns, so besonders und schön und auch gerade in schweren Phasen absolut notwendig. Ich berufe mich nie auf Fakten, Theorien oder Zahlen, sondern auf die Zwischenräume, auf das Überdimensionale, auf das Außergewöhnliche, auf das, was mich heraushebt und mich wieder Dinge erleben lässt. Und all das mit der Quintessenz, die Bereitschaft zu haben, sich permanent vom Leben überraschen zu lassen.«

EIN KNOTEN WIRD GELÖST

Der letzte Tag. Es ist ein bisschen regnerisch. Wir sitzen wehmütig im Stall. Marie möchte sich als Erstes um meine Bühnenangst kümmern. Sofort geht mein Puls wieder hoch, denn ich ahne, dass ich etwas vor den anderen Teilnehmerinnen machen soll. Maximal unangenehm. Wenn ich mit anderen Menschen auf der Bühne stehe, dann ist das für mich weniger ein Problem, wenn ich aber exponiert bin, dann bekomme ich feuchte Hände und einen trockenen Mund, vor Ansprachen in der Firma renne ich stundenlang immer wieder auf die Toilette. Gemeinsam treten wir auf eine größere Koppel vor dem Stall. Marie bittet mich, zum anderen Ende zu laufen und mir meinen Raum einzurichten.
Ich weiß natürlich, was sie damit meint. Ich zeichne um mich herum einen Kreis und stelle mich in die Mitte. Meine Mitstreiterinnen kommen in meine Richtung, bleiben aber ein bisschen zu weit von mir entfernt stehen. Mein Puls rast,

meine Handflächen werden feucht. So ausgestellt zu werden, fühlt sich für mich nicht gut an. Marie sagt, dass ich mir einen Überblick verschaffen, den Raum erkunden und mich dann verankern soll. Ich verbinde mich mit der Erde, so fest, als würden meine Beine wie Zaunpflöcke darin stecken. Gefühlt kann ich mich selbst nicht fortbewegen. Marie leitet mich an. Ich soll mich aufrichten, die Schultern runterziehen, den Blick heben und den Raum hinter mir mit Energie füllen. Ich habe keine Zeit, darüber nachzudenken, und folge den Anweisungen. »Und jetzt erzähl uns etwas. Vielleicht eine Geschichte, die du gern erzählst.«

Ich atme ein, schaue in die Runde und atme ganz lange aus. In meinem Kopf suche ich nach Geschichten, mir fällt nichts ein, mein Blick geht zum Boden, ich betrachte meine Schuhe, und wie von selbst beginne ich: »Ich bin nicht so gut im Geschichtenerzählen, ich bin auch nicht so gut darin, in der Vergangenheit zu wühlen. Aber mir ist in den letzten Tagen aufgefallen, wie ähnlich wir uns sind, obwohl wir uns überhaupt nicht kennen. Nach außen geben wir ein Bild ab, welches gar nicht viel mit unserem Inneren zu tun hat. Wir sind verwirrt, wenn uns jemand beurteilt, weil das Außenbild für uns nicht stimmt, und das Gegenüber ist dann ebenso verwirrt, meinte es doch, uns zu kennen. Und dann ziehen wir uns zurück, und das Außen wird zur Fremde.« Meine Arme werden langsam lockerer und lösen sich vom Oberkörper. Ich habe keine Ahnung, woher das, was ich gerade sage, kommt, es sprudelt ganz von alleine heraus. Ich höre mich sagen: »Mir ist in den letzten Tagen immer wieder aufgefallen, wie universell dieser Zustand ist, und allein darum fühlt es sich jetzt besser für mich an. Ich fühle mich nicht mehr allein damit, denn ich nehme an, dass es fast allen Menschen so geht. Ich danke euch dafür.«

Das war eigentlich ganz leicht. Woher kam denn das jetzt?,

frage ich mich. Ich blicke zu Marie, sie fragt mich, wie ich mich fühle, und ich sage, dass es ganz leicht für mich war.
»Was du gesagt hast, kam aus dir selbst heraus. Das hat man gespürt, und darum hat es uns berührt.« Ich erzähle den anderen von verpatzten Reden vor den Mitarbeitenden und auf Konferenzen, über den Kopf, den ich mir vorher gemacht habe, weil ich Angst hatte, etwas Falsches zu sagen.
Marie schaut mich an, zuckt mit den Schultern: »Wir haben doch gemerkt, wie gut du frei sprechen kannst. Das ist ein großes Talent. Sprich einfach frei. Jeder kann sich drei Sachen merken. Diese drei Punkte überlegst du dir, und damit trittst du vor dein Team oder auf die Bühne.«
So einfach, so gut. Es fühlt sich an, als hätte sich ein Knoten in mir gelöst.

EINE BINDUNG OHNE VERBINDUNG

Im letzten Teil des Ateliers geht es um Bewegung. Ich habe mich schon gefragt, was ich bewegen soll, und hätte darauf kommen können, dass es das Pferd ist, denn Pferde sind Meister der Bewegung. Wie anmutig sie dabei aussehen, habe ich als Kind in unzähligen Filmen gesehen. Sie tun es aus Freude am Spiel, natürlich für die Futtersuche und auch um die Hierarchien in der Herde zu klären. Marie führt Jao auf die Koppel. In der Mitte zieht sie im Sand eine Linie. Nun soll ich Jao ohne Führstrick von meiner Seite auf die andere bewegen. Zur Unterstützung habe ich nur meine Klarheit und die damit entstandene Energie. Nachdem ich mich mit Jao verbunden habe, bittet Marie mich, mich mit zwei Metern Abstand hinter ihn zu stellen, leicht in die Knie zu gehen und aus dem Becken heraus, »da, wo alle Energie herkommt«, Jao anzuschieben.

Ich schiebe mich nach vorn, meine Armfuchteleien ins Leere sehen aus, als wäre ich ein verpeilter Magier. Nur mit der Luft versuche ich wortlos, Jao zu bewegen. Wie bei den anderen Übungen braucht es mehrere Anläufe, doch dieses Mal bin ich nicht frustriert, sondern schiebe und schiebe, und plötzlich, ohne dass er sich umgedreht hat, trabt der Hengst ziemlich schnell zur anderen Seite los, dreht sich um und schaut mich an.

Marie ruft: »Nimm deinen Raum ein.« Jao galoppiert nun auf mich zu, im Kopf male ich schnell einen Kreis um mich, stelle mich gerade hin, halte meine Magier-Arme vor mich. Mein Herz springt mir gleich aus der Brust, denn wenn diese 600 Kilogramm nicht anhalten, dann fahre ich nicht mit dem Zug zurück nach Berlin. Jao sprintet wie ein freudiges Kind auf mich zu und bleibt genau da stehen, wo ich meine imaginäre Linie gemalt habe. Ich breche fast zusammen. Ich umarme den Hengst. Vor zwei Tagen habe ich mich nicht mal getraut, meine Hand vor seine Schnauze zu halten, weil ich dachte, er könnte sie mir abbeißen, und jetzt lasse ich ihn auf mich zurennen. Ich würde die Übung nicht Bewegung, sondern Loslassen nennen. Wirklich selten habe ich so sehr losgelassen wie in diesem Moment. Als Nächstes öffnen wir den Auslauf, und ich darf mit Jao ein bisschen spazieren gehen. Wir trappen auf einem kleinen Weg Richtung Unterkunft. Ab und zu hält er an, weil er grasen will, kommt aber immer wieder mit. Jao ist es egal, wer ich bin, was ich mache, was ich erreicht habe, was ich vorhabe; solange ich klar in meinen Intentionen und meiner Körpersprache bin, sagt er sich: »Super, der Typ weiß, was er will. Da kann ich mich entspannen und gehe einfach mit.«

Ich setze mich auf einen Stein, ruhe mich aus und schließe die Augen. Jao steht vor mir. Diesen Moment des Einklangs zwischen uns werde ich nie vergessen – eine Bindung ganz ohne Bedingungen. Ich stehe auf und bringe ihn zurück in seine Box. Ich bin durch und durch erwärmt.

DIE INNERE AUFRICHTUNG

Am Abend treffe ich mich mit Marie, um den Podcast aufzuzeichnen. Die Sonne geht gerade unter, die Wärme des Tages verdampft in den Nachthimmel. Wir schieben die Sessel so hin, dass wir durch die Terrassentür nach draußen blicken können. Gestern hatte sie mich gefragt, was mich glücklich macht, und nun frage ich sie dasselbe. Sie antwortet: »Es ist wirklich genau das, was ich gerade erlebe. Dieses *einfach sein*. Diesen Blick hier zu haben, zu wissen, dass in 30 Meter Luftlinie die Pferde in ihren Boxen mümmeln, und dieses Leben, das ich hier lebe und immer mehr mit anderen teile. Das macht mich unglaublich glücklich.«

Man sieht es ihr an. Das weiße Shirt ist ein wenig schmutzig, die Haare vom Tag durcheinander. Zufrieden und müde sitzt sie im Sessel und sinkt noch etwas tiefer ein. Ich kann verstehen, dass sie dieses Leben gerade dem Leben im Rampenlicht vorzieht.

»Ich erlaube mir, jeden Tag aufs Neue zu sagen: Ich gestalte mein Leben genauso, wie ich es möchte, wie es mir entspricht und wie es mir guttut. Und ich lasse mich auch immer wieder von dem, was ich erlebe, inspirieren und anregen.«

Sie erzählt mir vom Prinzip des »Baugerüsts auf Rollen«. Mit diesem beweglichen Gerüst kann sie an jedes innere Gebäude heranfahren, es neu anstreichen, renovieren und weiterentwickeln. Vor einigen Jahren war sie für einen Dreh in Amerika. Wochenlang ritt sie durch Arizona, saß abends mit ihrer kleinen Familie und den Ureinwohnern des Landes zusammen. Dort fällte sie die Entscheidung, sich wieder Pferde zu holen und ihr Leben neu anzustreichen.

»Während dieser Reise habe ich neu erfahren, dass ich sehr gut damit leben kann, nicht in eine gewohnte Fassung zu passen. Dass ich mich sehr wohlfühle, meine ganz eigene Fassung immer wieder neu zu formen. Das ist ganz stark an mein tiefes Glücksgefühl gebunden.«

Marie kreiert ihr Leben und baut sich die Welt, wie sie ihr gefällt. In den letzten Tagen ist mir immer wieder aufgefallen, dass sie mit einer großen Portion Stolz durch den Tag geht. Sie geht immer kerzengerade, immer mit erhobenem Haupt, aber es wirkt nicht abgehoben, sondern anmutig und anziehend. Ich meine in ihrer Haltung keinen Unterschied zwischen rotem Teppich und Pferdestall erkennen zu können. Wie macht sie das?

»Ich finde es schön, wenn Menschen um mich herum eine innere Aufrichtung haben, die aus der Verbundenheit kommt. Wenn ich etwas aufsetze, nicht mit meinem Inneren verbunden bin, dann wird es schwierig. Dann wird es widersprüchlich und missverständlich.« Ich denke an meine erste Begegnung mit Jao und wie meine Ungenauigkeit ihn kein Stück bewegen konnte. »Man muss gar nicht sagen, dass man toll ist, man fühlt es einfach.«

Sich gut zu fühlen, andere damit anzustecken und darauf auch stolz zu sein – das hat Marie kultiviert. Wenn sie zum Beispiel einen Preis für ihre schauspielerische Leistung bekommt, dann feiert sie das: »Ich habe richtig bewusst angefangen, zu genießen und mich zu freuen, Preise anzunehmen. Mittlerweile ist es so, dass die Leute mir anscheinend manchmal auch deshalb gern Preise verleihen, weil sie wissen, dass dann eine Welle von Freude kommt.«

Ich habe das Genießen und Annehmen nie gelernt. Ich bin ein Tiefstapler und Abwinker und stelle immer schnell fest, was nicht so gut war. Hier in Frankreich wird Erfolg, wird Kreation anders geehrt, auch die Künste selbst werden anders bedacht. Schauspielerinnen und Schauspieler werden bewundert.
»Als Schauspielerin nehme ich die Menschen in einen Traum mit hinein. Schließlich ist es auch für mich ein Traum, in unfassbaren Kleidern über rote Teppiche zu wandern oder in den schönsten Hotels unterwegs zu sein und so viele Reisen zu machen.«
Draußen ist es mittlerweile stockdunkel, im Raum wird es kühler. Marie hat zwei Ponchos dabei, die wir uns überwerfen. Sie hat mir gestern erzählt, wie gern sie unter freiem Himmel schläft. Mit Hund, Pferd, Freundin und warmen Decken. Ich mache solche Sachen immer nur, wenn ich reise. Marie trennt das nicht ab. Für sie ist alles Leben, für sie geht es immer darum, das Leben so zu kreieren, wie es gerade sein muss.
»Würdest du sagen, dass es so etwas wie einen Wesenskern gibt?«
»Ich bin vollkommen überzeugt davon, dass wir mit einem Wesenskern auf die Welt kommen und dieser Wesensstimme, diesem Urkern in uns. Irgendetwas ist schon da, es kommt einfach so mit in die Welt. Wenn wir diese Stimme zu fassen kriegen, wenn wir ihr zuhören und ihr vertrauen, vielleicht gegen alle möglichen Argumente von außen – das ist das Schönste der Welt.«
Eindeutig ist ihr das gelungen. Sich nach so einem Erfolg wie *Drei Tage in Quiberon* zu entscheiden, Menschen dabei zu helfen, auf ihre innere Stimme zu vertrauen, statt in aufwendigen Kostümen am Set zu sitzen, ist gelebtes Lernen. Ich habe früher häufig Pro- und Contra-Listen geführt, habe Münzen geworfen und unendlich viele Meinungen eingeholt, wenn eine wich-

tige Entscheidung anstand. Doch wenn ich mich hinsetze und wirklich versuche zu hören, was mein Körper sagt, dann weiß die innere Stimme, was ich mit dem Kopf erst noch übersetzen muss. Genauso bin ich hierhergekommen. Ich habe nicht darüber nachgedacht, dass ich zwei Tage im Zug sitzen werde und dass es schon ganz schön aufwendig ist, für ein Podcast-Interview so eine Reise anzutreten.

Wir sprechen, bis uns die Augen zufallen. Der neue Tag hat schon angefangen, als ich Marie zu ihrem Auto begleite. Ich laufe zurück über die Kieselsteine und schaue noch einmal in den Nachthimmel.

Das Gespräch fand im September 2021 statt.

BENEDICT
WELLS

ÜBER SEIN GEDANKENKARUSSELL

Hat jemand bemerkt, dass ich gerade geweint habe? Ich schaue in den Raum und übertrete die Schwelle zurück in die Realität. Das Geräusch der tobenden Kinder drängt sich wieder in den Vordergrund. Ich beobachte, wie mein Sohn Anlauf nimmt und ins Wasser springt. Die Liegen links und rechts neben mir sind leer. Niemand hat es gesehen. Mit dem Handtuch trockne ich mein verheultes Gesicht ab. Ich atme einmal tief ein und richte mich auf. Ich bin wieder hier. Was war das gerade?

Das war ein Buch, ein Buch von Benedict Wells. Im Roman *Hard Land* starb gerade die Mutter des Protagonisten, und es fühlte sich an, als wäre mir persönlich ein naher Mensch abhandengekommen. Es ist nicht das erste Mal, dass ich in eins seiner Bücher hineinweine. Der Erfolg dieses Autors misst sich nicht nur an den extrem hohen Verkaufszahlen seiner Bücher, sondern auch in den Tränen, die zwischen den Seiten gelandet sind.

Eine halbe Ewigkeit versuche ich schon, ihn ins *Hotel Matze* zu bekommen. Sein Verlag Diogenes, sein Cousin Ferdinand von Schirach und unser gemeinsamer Freund Jacob Brass haben mich dabei unterstützt. Er hat immer wieder abgesagt. Ende 2021 bekomme ich eine Mail, dass er es sich doch gerade noch mal überlegt und ob wir miteinander telefonieren können.

Ich rechne mit einem schüchternen, zurückhaltenden Autor am anderen Ende der Leitung. Aber Benedict sprudelt gleich los. Mir fällt sein rollendes, fränkisches »R« auf. Wir sprechen über Musik, Italien, Brandenburg. Dann kommen wir zum Punkt. Benedict erzählt mir, dass er sich als Autor für eine Weile aus der Öffentlichkeit zurückziehen will und dass unser Gespräch das vorerst letzte sein soll. Er hat noch nie einen Podcast gemacht, ohnehin gibt er sehr wenig Interviews, ist sehr vorsichtig mit allem, was er in der Öffentlichkeit sagt. Er bittet mich, das Gespräch nicht zu senden, wenn es nicht funktioniert. Zum ersten und letzten Mal stimme ich dieser Bitte zu. Aber es ist nicht das Einzige, was ungewöhnlich ist.

Ich habe von Benedict Wells erfahren, was ihn nachts wach hält, wie es ihm gelingt, dass seine Bücher so berühren, und dass es – Achtung, Spoiler – kein Ende der Einsamkeit gibt.

FAST ERWACHSEN

Benedict betritt das Studio. Meine Kolleginnen schauen neugierig zur Tür. Auch ihre Tränen kennen seine Bücher, und sie wissen um seine Schüchternheit. Er grüßt nett in den Raum hinein, dann wandert sein Blick nach unten. Wenn man angespannt ist, hilft ein süßer Hund. Ich habe meinen Hund Brinkmann heute zur Unterstützung dabei. Und tatsächlich wirkt es sofort. Benedict streichelt ihn, attestiert ihm Niedlichkeit, sagt, wenn er einen Hund hätte, dann so einen. Ich sehe, wie seine Anspannung langsam verfliegt. Guter Brinkmann! Dafür gibt es später ein Leckerli.
Auf dem Tisch steht ein kleines Geschenk für meinen Gast. Benedict hat heute Geburtstag. Na ja, fast. Es ist der 28. Februar, und am 29. wurde er geboren. Es passt so gut zu diesem Autor,

dass es *seinen* Tag nur alle vier Jahre gibt. Er erzählt, dass er immer eine Sekunde um 0 Uhr feiert. Auch das passt. Ich drücke die Record-Taste und bin noch dabei, mich innerlich einzurichten, während ich etwas beiläufig frage, ob er sich mit seinen fast 38 Jahren erwachsen fühlt. Und schon geht es direkt los.

»Ich fühle mich in vielerlei Hinsicht sehr erwachsen. In anderen Bereichen dann aber auch wieder gar nicht. Es ist eher so, dass ich immer wieder Schein-Erwachsen-Zustände hatte, die ich im Nachhinein ein bisschen genervt entblättere.«

»Welche sind das?«

»Ich weiß gar nicht, wie ich das erklären soll. Ich habe sehr oft Gedankenspiralen beziehungsweise Abwärtsspiralen. Und innerhalb dieser Spiralen klammere ich mich an Sachen.«

»Sachen von früher?«

»Das spielt keine Rolle. Ich liege dann nachts wach und denke mir: Ah, hier könnte ich was falsch gemacht oder mich falsch verhalten haben oder jemanden enttäuscht oder verletzt haben. Das passiert mir sehr oft. Diese Situationen, wegen denen ich mich dann schlecht fühle, können auch 20 oder 30 Jahre her sein, oder ich kann mich auch schon mehrmals entschuldigt und die Leute x-mal ›Alles okay‹ gesagt haben, das spielt keine Rolle.«

Kerzengerade sitzt er vor mir und schaut mich direkt an. Seine Unterarme liegen auf dem Tisch und werden sich in den nächsten Stunden kaum bewegen. So, wie er jetzt guckt, kann ich mir sehr gut vorstellen, wie er mit weit geöffneten Augen wach in seinem Bett liegt und an die Decke starrt.

»Es ist das Schönste, die Welt oder sich selbst zu hinterfragen, Momente nicht einfach vorbeigehen zu lassen, sondern zurückzukehren, sie noch einmal zu betrachten. Aber wenn es in diesen Spiralen endet, dann ist es natürlich schrecklich. Vielleicht habe ich mich zu früh für erwachsen gehalten. Jetzt merke ich, da muss ich noch mal zurückkehren, ich muss den Hut und den angeklebten Bart wegnehmen und sagen: Du bist ja immer noch ein Kind in diesem Bereich, das gibt es ja gar nicht.«

Ich will gerade weiterfragen, da fängt er an zu lachen. »Ich bin so ein Anfänger, direkt rein in die schweren Themen, ich wusste, dass das passiert! Ich hatte so Schiss davor.«

Zugegeben, ich bin auch überrascht, wie tief es gleich losgeht, dafür, dass er so ungern Interviews gibt. Er sieht mir meine Verblüffung an. Grinst. Seine Empathie hat sich früh entwickelt. Mit sechs ist er aufs Internat gekommen und musste schnell selbstständig werden. Die Kindheit bezeichnet er als *bumpy road*. Er hatte keine Zeit, selbst Kind zu sein, musste sich um sich und seine Eltern kümmern. Ein Teil in ihm wurde daher zu schnell erwachsen, etwas Wesentliches blieb auf der Strecke: er selbst.

»Geht es für dich darum, die holprige Straße auszugleichen?«, will ich wissen.

»Natürlich. Es geht einfach um ein bisschen Zufriedenheit, Gelassenheit und dass man das Leben ein bisschen erträglicher gestaltet. Das Schöne ist ja, dass man nie allein mit diesen Sachen ist. *Crazytown* ist wirklich groß. Es gibt viele Straßen dort, und es gibt leider auch welche, die zum dunklen See der Depression führen. Ich muss aufpassen, die ganze Zeit. Aber man ist wenigstens nicht allein. Eine Errungenschaft dieser Zeit ist, dass andere so offen über ihre Erfahrungen reden. Das ermutigt mich.«

DIE ÖFFNUNG DER SCHLEUSEN

Benedict und ich gehören zur gleichen Generation. Die Generation unserer Eltern ist um einiges verschlossener als wir.

Sie tragen einen Panzer nach außen, verstecken das Innere. Nur nicht auffallen, was könnten die Nachbarn denken? Gerade wenn es um psychische Unzulänglichkeiten geht. Zu den meisten großen Schritten in meinem Leben haben mich andere Menschen ermutigt. Es waren Sängerinnen, Autoren, Unternehmer und Mitmenschen, die mich inspiriert haben, eine Band, eine Firma und einen Podcast zu starten. Es waren Freundinnen, die mir beigebracht haben, meine Gefühle zu verstehen und auch dazu zu stehen. Meiner Meinung nach trägt man die Verantwortung, diese Öffnung auch im Außen zu zeigen. Benedict sieht es ähnlich. Es gilt, die Türen aufzumachen und voranzuschreiten. Denn »Gemeinsamkeit schlägt Privatheit«, dadurch entsteht Nähe und im Umkehrschluss wiederum Gelassenheit. Es ist einer der Gründe, warum Benedict trotz innerer Widerstände hier im Hotel sitzt.
»Ich will zeigen: Das ist mein Sprung in der Schüssel, das ist deiner, und das ist völlig in Ordnung. Und ist es nicht schön, dass man nicht wie früher vereinzelt und stigmatisiert rumläuft, sondern eben Walt-Whitman-mäßig losgeht und sagt: Schraubt die Schlösser von Türen los, schraubt die Türen selbst von ihren Pfosten los?«
Meistens vermitteln verschlossene Menschen Unnahbarkeit. Doch Benedict möchte nicht als dieser Typ gesehen werden, der sich verschanzt. Er braucht den Schutzraum aus einer anderen Notwendigkeit heraus: »Ich will nicht unnahbar sein. Das Verrückte ist, es geht mir alles viel zu nahe.«

VOM BEOBACHTER ZUM BEOBACHTETEN

Wir sprechen über Benedicts Pläne, sich für eine Weile aus der Öffentlichkeit zurückzuziehen. Im letzten Jahr ist der Roman

Hard Land erschienen, er zählt zu den erfolgreichsten Büchern des Jahres 2021. Viele Interviews gab es dazu allerdings nicht, mit dem Musiker Jacob Brass war er auf einer überschaubaren Lesereise. Ich begreife noch nicht so richtig, warum er sich dem entziehen will, auf mich wirkt es, als machte er sowieso nur das Allernotwendigste.

»Ich beobachte gerne, und ich stehe gern ein bisschen am Rand, im Halbschatten an die Tür gelehnt, und schaue mir das an. Wenn man eine gewisse Größe und Aufmerksamkeit erreicht hat, wird man vom Beobachter zum Beobachteten.«

Benedict hat immer versucht, seine Bücher für sich sprechen zu lassen, doch diese Bücher fangen unweigerlich auch an, etwas über den Autor zu erzählen. Als ich *Vom Ende der Einsamkeit* gelesen und ebenfalls voll geweint habe, habe ich mich oft gefragt, wer dieser Autor ist. Viel gibt es ja nicht über ihn zu lesen. Im Buch geht es um einen Jungen, der seine Eltern verliert und im Heim landet. Da, wo es eine offensichtliche Parallele zwischen Geschichte und Autor gibt, baut sich der innere Detektiv in mir noch ein paar mehr. Und dann sind da diese emotionserzeugenden Sätze. Immer wieder habe ich erstaunt darauf geblickt. Wie geht das? Wie kann man so schreiben? Und so wurde der Sockel, auf dem er als Autor steht, den ich zusammen mit den anderen Lesenden errichtet habe, immer höher. Doch Benedict fühlt sich gar nicht groß, im Gegenteil:

»Der Idiot fehlt natürlich völlig in den Büchern. Die sind ja nur die halbe Wahrheit. Es fehlen ja die ganzen schrecklichen Bücher, voller dummer Sätze und bescheuerter Sachen, die ich wieder gelöscht habe.«

Die meisten meiner Gäste vereinen mehrere Berufe, sie sind Comedians, Autorinnen und Produzentinnen. Benedict Wells ist nur Autor. Aus dieser einen Protagonistenrolle möchte er nun heraustreten. Und dann sagt er einen sehr wichtigen Satz, der auch mich durch mein berufliches Leben trägt: »Nur weil ich mit dem, was ich tue, erfolgreich bin, möchte ich nicht mein Leben lang das Gleiche machen. Das Leben ist groß und kurz und vielfältig, und ich möchte zumindest schauen, was es noch gibt.«

ÜBERS SCHREIBEN

Mein Gast ist also im Hotel, damit wir das schiefe Bild vom Wunderkind ein bisschen geraderücken. Das kriegen wir hin. Ich möchte nun erfahren, wie er zum Schreiben gekommen ist.

»Die Pubertät war nicht gerade die großartigste Phase meines Lebens. Ich hatte ja keine sichtbaren Talente. Ich war ein unscharfer Charakter. Nur dass ich schreiben möchte, war kristallklar, auch wenn ich in Deutsch nie besonders gut war. Ich wollte Geschichten erzählen. Das habe ich schon immer gemacht. Schon als Kind hatte ich Einschlafschwierigkeiten, dann lag ich nachts im Schlafsaal im Heim und habe mir Sachen ausgedacht.«

Er betont, wie schlecht seine Texte anfangs waren, erinnert sich an eine viel begabtere Mitschülerin und erzählt, wie er sich überambitioniert vorgenommen hat, in den Sommerferien seinen ersten Roman zu schreiben, während die anderen im Freibad waren. »Er ist so schlecht, man könnte mich damit erpressen.«

Ich merke, wie gerne er davon spricht. Es passt aber auch zu gut zu seinen Figuren, deren Außenseitertum, dem Trotz und dem Scheitern. Es passt zu den Coming-of-Age-Filmen, die er gerne schaut. In diesem ersten Schreib-Sommer hat Benedict festgestellt, dass er die Disziplin hat, sich jeden Tag vor ein weißes

Blatt zu setzen. Eine unglaublich wichtige Qualität für Autoren und Autorinnen.
»Spätestens während dieser Sommerferien habe ich gemerkt, dass ich wider aller Erwartungen doch der Typ bin, der sich kontinuierlich an einen Text setzen kann. Und mit diesem Wissen konnte ich auch nach Berlin ziehen.«
Heute wollen alle in die Hauptstadt, Anfang der Zweitausender war Berlin allerdings noch weit entfernt von seiner heutigen bunten Offenheit. Die Stadt war grau und nicht gerade einladend. Einige Jahre hing Benedict am Schreibtisch seiner Einzimmerwohnung in der Schönhauser Allee fest. Ein großer Vorteil war, dass die Eltern ihn nicht finanziell unterstützen konnten, wodurch es keine Abhängigkeit und keinen Druck gab, etwas zu schaffen, etwas zurückzugeben. Sein ehemaliger Deutschlehrer und der Ex-Freund seiner Schwester Ariadne haben ihm geholfen, die ersten guten Sätze in seinen Texten zu finden. Die Tage glichen sich, täglich grüßte das Murmeltier.
»Um 14.20 Uhr dachte ich: Ich kann gar nichts, alles ist schlecht, vielleicht sollte ich aufhören. Und dann um 21.11 Uhr: Wenn ich jetzt diese Änderung mache, dann könnte ich das eine Kapitel noch besser machen. Um 4 Uhr morgens wurden dann wieder große Pläne geschmiedet.«
Lange Zeit hielt er sich mit einem Nebenjob als Nachtportier über Wasser. Als die ersten Freunde schon den Studienabschluss in der Tasche hatten, hatte er nur einen Haufen Word-Dateien auf dem Computer, die niemand wollte. Anfangs galt das Schriftstellerdasein natürlich als cool, doch dann fing er an, den Nachfragen auszuweichen. Das wiederholte sich so lange, bis das Manuskript seines zweiten Romans *Becks letzter Sommer* beim Diogenes Verlag landete. Der Anruf vom damaligen Verleger war seine Rettung. Zumindest fürs Erste.

ERFOLGREICH, ABER NICHT GLÜCKLICH

Becks letzter Sommer erschien 2008 und wurde ein Erfolg, der Stubenhocker verwandelte sich zum Bestsellerautor. Später wurde die Geschichte mit Christian Ulmen in der Hauptrolle als Lehrer auf Abwegen sogar verfilmt. Ein Jahr darauf erschien der Roman *Spinner*, den Benedict noch in der Schublade hatte. Normalerweise stellt sich, nachdem man so lange versucht hat, einen Fuß in die Tür oder zwischen zwei Buchklappen zu bekommen, eine Art Zufriedenheit ein. Man zieht in eine etwas größere Wohnung, traut sich, neuen Bekanntschaften zu erzählen, was man beruflich so macht, und vor allem ist man endlich mal draußen vor der Tür und nicht mehr einsam am Schreibtisch. In der Vorbereitung habe ich ein Interview gefunden, in dem Benedict in einem Nebensatz erwähnt, dass sich dieses Gefühl bei ihm nicht eingestellt hat. Ich will wissen, warum.

»Der Mensch verschwindet hinter so Begriffen wie Bestsellerautor oder Jungautor. Ich glaube nicht, dass man Einsamkeit wegbekommt, man kann sie nicht besiegen. Man kann seine Attitüde gegenüber der Einsamkeit und seinen Umgang damit ändern. In meinem Fall war sie ein Kompass. Ich habe gemerkt, nach außen ist alles super, ich bin veröffentlicht, alles wunderbar. Aber nachts im Hotelzimmer, nach den Lesungen, hat sich die Einsamkeit wieder gezeigt. Ich merkte, irgendwas stimmt hier nicht, ich bin überhaupt nicht so glücklich, wie ich sein sollte. Und ich bin auch nicht so dankbar, wie ich sein müsste.«

»Hattest du erwartet, dass sich dieses Gefühl der Einsamkeit durch so eine Buchveröffentlichung verändern kann?«

»Ja, total. Ich bin komplett in diese Falle getreten. Dachte, dass Veröffentlichen nicht reicht, dass es der Erfolg ist, der die Türen in ein neues, glückliches Leben aufspringen lässt. Das werfe ich mir wirklich vor, dass ich dachte, dass Erfolg alles ändern kann.«

Zum ersten Mal ändert sich die Tonlage seiner tiefen Stimme. Für seine Verhältnisse redet er sich in Rage, die natürlich gegen ihn selbst gerichtet ist. Ich meine, darin auch seine Kopfstimme, die nachts im Gedankenkarussell spricht, zu erahnen.

»Ich weiß nicht, wie man auf so eine blöde Idee kommt, da sind schon so viele Menschen vor einem gewesen, man hätte ja nur lesen und sich umschauen müssen.«

Ich versuche, die Wogen ein bisschen zu glätten: »Ich glaube, das ist wie mit der *bumpy road*, von der wir vorhin sprachen. Man weiß, dass sie da ist, und man weiß, wo die Löcher sind, aber das heißt noch lange nicht, dass man nicht ständig wieder reinfährt.«

In einer dieser einsamen Nächte sah Benedict den Film *L'auberge espagnole* im Hotelfernseher. Der Feelgood-Movie erzählt von einem französischen Studenten, der für ein Jahr nach Barcelona geht. Benedict wurde sofort klar: Genau nach diesem Leben hat er sich gesehnt. Das bereits geplante nächste Buch wurde verschoben, er zog für ein Jahr nach Barcelona in eine WG und priorisierte den Strand statt seines Erfolgs. Wie schön! Die Macht der Kunst.

DU MUSST DIR MEHR MÜHE GEBEN

Benedicts Zeit in Barcelona war auch dafür da, sich zu fragen, was er zukünftig für ein Autor sein wollte.

»Wie hast du diese Frage beantwortet?«

»Ich habe mir bei meinen ersten Veröffentlichungen zu wenig Mühe gegeben, das muss ich einfach mal so sagen. Ich war

so geflasht davon, dass ich veröffentlicht werde, ich habe gar nicht begriffen, dass es dafür Arbeitsethos braucht. Ich habe hart gearbeitet und dachte, damit ist der Job getan. Nein. Man kann noch viel mehr Zeit investieren. Man kann noch viel mehr emotionale Arbeit leisten, sich mehr in die Figuren einfühlen. Ich war zu schludrig mit meinen ersten Büchern.«
Dass man sich solch eine Frage, nachdem man jahrelang unentdeckt und abgelehnt in einer Einzimmerwohnung im Prenzlauer Berg versauert ist, so beantwortet, verblüfft mich total. Aber es erklärt auch die Qualität der Bücher, die danach erschienen sind. An *Fast genial, Vom Ende der Einsamkeit* und *Hard Land* hat er jeweils viele Jahre geschrieben. Ein befreundeter Autor erzählte mir mal, dass er Benedict Wells nicht lesen kann, weil er neidisch auf dessen Talent wird. Hier zeigt sich, dass es nicht nur Talent, sondern auch harte Arbeit ist. Eine weitere Ungewöhnlichkeit ist, dass Benedict seine ersten beiden Romane nach Veröffentlichung noch einmal überarbeitet hat. Wenn ihm bei Signierstunden ein altes Exemplar von *Spinner* oder *Becks letzter Sommer* hingelegt wird, möchte er am liebsten das Geld zurückgeben.
Zurück zum Schreibprozess: Von jedem Roman gibt es vor Abgabe unzählig viele Fassungen, immer wird geschrieben, gestrichen und neu zusammengesetzt. Stundenlang, nein monatelang spaziert Benedict die Torstraße rauf und runter, hört dabei den Soundtrack, den er sich für das jeweilige Buch zusammengestellt hat, und denkt sich beim Hören Szenen aus. Er nimmt es hin, dass auch mal zwei Jahre ohne Ergebnis vergehen, am Ende zählt das fertige Buch. In diesen langen Schreibphasen kann es passieren, dass er sich in den Figuren verliert, statt sich im eigenen Leben zu orientieren. Er sieht die Welt dann nicht, wie sie ist, er sieht sie, wie sie in seinen Büchern ist. Der Autor ist am selben Ort, an den sich der

Lesende später hinflüchten wird. Im Gegensatz zu Benedict können wir das Buch jedoch zuklappen und zurück ins Leben gehen.

DAS MEER DER SPRACHLOSIGKEIT

Warum macht er das? Warum tut er sich das an? Das jahrelange Schreiben ohne einen Hauch von Erfüllung durch den Erfolg. Es ist, als würde die Kunst ihn rufen. Keine Frage, diese Kunst folgt einer Notwendigkeit, er kann nicht anders.
»Was war deine Not?«
»Meine Not war es, Worte zu finden, die ich nicht hatte. Und damit bin ich eigentlich immer noch beschäftigt. Ich war meine ganze Jugend über einer großen Sprachlosigkeit ausgeliefert, hatte für meine Situation zu Hause keine Worte. Heute noch kehre ich immer wieder dahin zurück und suche nach der Sprache.«
»Und die Sprachlosigkeit hat dazu geführt, dass du dich nicht richtig unterhalten konntest?«
»Nein, es war, wie es so oft ist: Die äußere Stimme war auf maximale Lautstärke gedreht, aber die innere Stimme war komplett aus. *Numb,* alles war auf stumm gestellt. Ich habe vieles gar nicht begriffen.« Da ist wieder der Kontrast zwischen dem, wie sich jemand zeigt und wie jemand ist. Hier sehen wir ihn wieder, den angeklebten Bart vom jungen Benedict. »Ich bin jahrelang in einem Meer der Sprachlosigkeit getrieben. Und nicht mal beim Schreiben habe ich das kapiert.«
Fünf Jahre lang ist er an *Vom Ende der Einsamkeit* verzweifelt, dieses Buch wollte nicht gelingen, aber er konnte nicht davon lassen und schrieb noch zwei weitere Jahre daran, bis es endlich fertig war.

»Es war, als würde mir mein jugendliches Ich von der anderen Seite aus etwas zurufen. Das war der Grund, warum ich geschrieben habe, und ich bin immer noch dabei. Ich muss nach wie vor die Masken meiner Figuren tragen. Ich muss meine Geschichte in anderen Geschichten spiegeln. Und ich suche immer noch nach Worten. Ich konnte immer noch nicht meine Geschichte erzählen.«

»Hast du eine Idee, woran und warum sie so verschüttgegangen ist?«, frage ich.

»Ich bin traumatisiert, würde ich sagen. Das ist ein Klassiker, dass man das gar nicht begreift, weil die Mechanismen der Verdrängung so stark sind. Das ist ja das Teuflische, dass man nicht mal weiß, dass man traumatisiert ist.«

Über seine Eltern spricht er nur als »Elternteile«, ordnet Vater und Mutter nicht zu. Ein Elternteil, so erzählt er, war bipolar und immer wieder in Psychiatrien, beim anderen ging die Firma den Bach runter, der Gerichtsvollzieher stand häufig vor der Tür, mit seiner Schwester war es ebenfalls schwierig.

»Das waren Zustände der Verwahrlosung, in denen wir beide aufwuchsen, die ich eigentlich kaum beschreiben kann. Zu Hause funktionierte einfach gar nichts. Mahnungen wurden nicht aufgemacht, Medikamente nicht genommen, alles zugemüllt, Drogen, was weiß ich. Ein ständiges Gefühl von Angst.«

Er musste die Rolle des Erwachsenen, des Vernünftigen einnehmen, sich den Bart ankleben. Wenn ein Elternteil wieder in der Klinik war, ein anderes nicht in der Lage, Mahnungen zu öffnen, dann will man auf keinen Fall derjenige sein, der noch mehr Probleme obendrauf packt.

»Da ist ganz viel meiner Energie hingeflossen, aber deswegen gab es nie so wirklich Platz für mich und meine Bedürfnisse. Und deshalb habe ich eben nie gelernt, dass ich auch mal selbst was falsch machen darf. Ich konnte ja nicht gegen meine Eltern rebellieren, wenn sie mein Internat nicht zahlten, die Medikamente nicht nahmen oder die einfachsten Sachen nicht auf die Reihe kriegten.«

Ich höre keinen Vorwurf, keine Bitterkeit, nur Tatsachen, die sich über die Jahre in immer schwerer werdende Gewichte verwandelt haben – unmöglich, damit zu schwimmen. Es fällt ihm sichtbar schwer, darüber zu sprechen.

»Ich liebe meine Familie und hatte den großen Wunsch, dass alles irgendwie wieder zusammengebogen wird und harmonischer ist. Darauf habe ich meine ganze Energie verwendet. Aber für meine eigenen Positionen in diesen Fragen hatte ich überhaupt keine Worte.«

Ich höre aufmerksam zu. Falls er morgen anruft, so denke ich, und mich darum bittet, die Aufnahme nicht zu veröffentlichen, könnte ich es verstehen. Ich könnte gut damit leben, hier der Fremde an der Hotelbar zu sein, vor dem man sein Leben ausbreitet. Im Gegenüber spiegelt man sich auch immer selbst. Benedict wird immer leichter, und auch ich verliere an Gewicht. Ich empfinde große Dankbarkeit dafür, dass er hier seine Türen von ihren Pfosten losschraubt.

»Das ist für mich ein totaler Sprung, dass ich jetzt, mit Ende 30, darüber rede. Vor vier Jahren noch hätte ich das niemals gekonnt, vor zehn hätte ich Witze darüber gemacht. Ich zwinge mich einfach dazu, weil ich selbst so viel davon lerne, wenn andere Menschen sich öffnen. So kann ich etwas zurück- oder weitergeben.«

Die Gefühle, die Benedict mit seinen Romanen erzeugt, sind alle selbst durchlebt. Doch während er die Leben von Sam, Jules und Francis erschaffen kann, fällt es ihm schwer, die Worte für sein eigenes zu finden. Sein Cousin Ferdinand von Schirach hatte mir im Gespräch gesagt, dass es einen Unterschied zwischen Alleinsein und Einsamkeit gibt. Menschen, die alleine sind, haben es sich ausgesucht, Menschen, die einsam sind, nicht. So wie es kein Ende der Einsamkeit gibt, gibt es auch kein Ende der Vergangenheit. Seinen Umgang damit und den mit der eigenen Einsamkeit möchte Benedict jetzt verändern.

KEIN ENDE IN SICHT

Ein großes Thema bleibt noch, und das ist die Familiengeschichte. Benedict hat seinen Großvater Baldur von Schirach nie kennengelernt, der Kriegsverbrecher ist, bevor er auf die Welt kam, verstorben. Benedict hat seinen Familiennamen als Zeichen der Abgrenzung geändert. Es ist sein Umgang damit. Für ihn als Autor spielt es keine, für ihn als Mensch die größte Rolle. Sämtliche Interviews dazu hat er abgelehnt, auch weil er keine Bücher damit verkaufen will. Vor unserer Aufnahme hat er mir signalisiert, dass er darüber sprechen möchte, weil es in sein Bild gehört. Ich habe mich entschieden, diese Passage hier allerdings auszulassen. Man sollte es nicht verkürzen, dafür ist dieses Thema zu groß. Und es geht, das macht Benedict sehr deutlich, sowieso nicht um ihn, sondern um die Opfer. Bemerkenswert ist, dass alle drei Enkel des Kriegsverbrechers Kunstschaffende sind. Benedict, seine Schwester Ariadne von Schirach und Ferdinand von Schirach zählen zu den erfolgreichsten Autoren und Autorinnen unserer Zeit.

»Was kann Kunst?«, will ich wissen. »Welche Macht oder welche Möglichkeit bietet sie?«

»Kunst hat zumindest die Chance, Empathie zu stärken. Du erkennst dich im anderen. Du erkennst dich in den Geschichten von anderen Menschen. Du merkst, es sind alle gleich. Wenn du dir einen Film wie *Moonlight* anschaust, dann bist du dieser Junge. Und wenn du ein Buch liest, dann schlüpfst du in die Haut des Protagonisten und merkst, es gibt keine Grenzen, außer wir machen sie uns selbst. Natürlich sind wir alle einzigartig. Wir haben einzigartige Geschichten, aus denen wir entspringen. Aber am Ende des Tages sind alle Menschen gleich. Und es spielt keine Rolle, woher jemand kommt. Es spielt keine Rolle, welche Hautfarbe jemand hat. Es spielt keine Rolle, welcher Religion jemand anhängt. Wir sind gleich. Und das ist vielleicht das Einzige, von dem ich sagen kann, das versuche ich auch bewusst beim Schreiben zu machen. Natürlich mit meinen Mitteln, mal besser, mal schlechter. Aber das ist ein Gedanke, den ich auch in der Kunst ganz tröstlich finde: Man wird verstanden und reißt im besten Fall Grenzen ein.«

DER MUT KOMMT UNTERWEGS

Benedict wird ab April für ein paar Monate nach Frankreich gehen, um Philosophie zu studieren. Er möchte Sachen ausprobieren.

»Ich mag Radio sehr gern, vor allem Musik, vielleicht moderiere ich etwas.« Mit einem Freund will er Filmabende in Zürich veranstalten, vielleicht auch mal für ein paar Wochen nach Italien ziehen. Im Grunde möchte er das Leben, das er mit 20 an seinem Schreibtisch über dem Manuskript von *Becks letzter Sommer* verpasst hat, nun nachholen.

»Als was oder wer möchtest du wiederkommen?«, frage ich, bevor wir das Gespräch beenden.

»Das weiß ich ehrlich gesagt nicht, das ist ja das Spannende. Jetzt hinaus in die *unknown zone* zu gehen, ganz ohne Plan. Ich möchte mich wieder ein Stück weit aufs Spiel setzen und Vertrautes verlassen. Und das fällt mir nicht leicht, ich muss mich dazu immer zwingen. Ich bin eher ein Schisser, ein Stubenhocker, aber ich habe gemerkt, wenn man es macht, der Mut kommt unterwegs.«

Am nächsten Tag bekomme ich keinen nervösen Anruf, dafür spaziert der Autor noch ein zweites Mal gut gelaunt ins Studio. Das hatten wir so verabredet, falls es noch etwas hinzuzufügen gibt oder wir das ganze Gespräch noch einmal machen müssen.
In der Nacht hat sich sein Gedankenkarussell jedoch verhältnismäßig wenig gedreht, was ich schön finde. Er erzählt mir von seinem Einsekundengeburtstag und möchte dem Gespräch von gestern nur eine Sache hinzufügen: Es ist ihm wichtig, dass die Leser und Leserinnen wissen, dass seine Bücher und das, was sie daraus machen, auch ihnen gehören. Stellen, die er nicht gelungen findet, empfinden andere vielleicht ganz anders. Und mit den vermeintlich falschen Sätzen, die er in Gesprächen vor Jahren gesagt hat und wegen denen er nachts wach liegt, verhält es sich ähnlich: »Im Gedankenkarussell sitzt man immer alleine und blendet das Gegenüber aus. Man weiß ja gar nicht, wie sie das empfinden, vielleicht empfinden sie den Satz gar nicht als so schlimm.«

Seine Reise ins Ungewisse ist ein Ausstieg aus dem Karussell. Es wird höchste Zeit, denn während der Aufnahme ist Benedict ja 38 geworden. Erwachsene dürfen in die Achterbahn umsteigen, meistens gibt es dort einen Doppelsitz. Und wenn ich was gelernt habe in diesem Gespräch – nein, im ganzen Buch: Zusammen fühlt man sich weniger einsam und »das Entscheidende ist immer das Miteinander«. Gute Reise!

Das Gespräch fand im Februar 2022 statt.

HUND

BRINKMANN

ÜBER MEINE VERÄNDERUNG

Ich lief die Straße von meinem Elternhaus Richtung Wald, vorbei an der Arztpraxis auf der rechten Seite, vorbei am Haus von Cindy auf der linken. Wie aus dem Nichts fiel mich ein paar Hundert Meter vor dem Wald ein mittelgroßer schwarzer Hund an. Er sprang auf mich zu und biss sich sofort in meiner Wade fest. Ich schüttelte das Bein, schrie laut, wollte weg, wusste aber nicht, wie. Der Besitzer rief nach dem Tier, das gehorchte irgendwann, und ich stand allein auf der Straße. Mein Herz schlug, mein Bein blutete, ich weinte und humpelte nach Hause. Das Nächste, an was ich mich erinnere, sind die ewigen Autofahrten, die mein Vater und ich zum Arzt machen mussten. Es waren Sommerferien, ich war neun Jahre alt, mehrmals die Woche fuhren wir nach Herzberg, einem großen Ort, 40 Kilometer entfernt. Dort bekam ich Anti-Tollwut-Spritzen direkt in den Bauch, was höllisch wehtut, wie man sich vorstellen kann. Auf den Fahrten überlegte ich mir, wie ich den Hund entführen könnte, und versuchte, meinen Vater zu überreden, dem Besitzer eine zu knallen. Hat beides nicht geklappt.

Um das Haus mit dem Hund machte ich danach einen großen Bogen, was doppelt bitter war, weil ich dann auch Cindy nicht mehr zufällig begegnen konnte, und Hunde mied ich künftig generell auch. Es war lange eine Mischung aus Angst und richtiger Abneigung. Ich hatte Angst vor Wadenbissen und Tollwutspritzen und eine große Abneigung gegen diese hängenden,

mit Speichel überzogenen Riesenzungen. Dazu die Hundebesitzer und Hundebesitzerinnen, die ihre Stimmen verstellen, wenn sie ihre Kira, Luna, ihren Max oder CouCou rufen und sich ihr Gesicht ablecken lassen. Ekelhaft.
Als ich Ende 20 war, trat ein stattlicher weißer Kater in mein Leben. MishMish war vollkommen unbeeindruckt von allem, er lag den halben Tag auf seinem Sonnenplatz am Fenster und ärgerte die andere Hälfte ein bisschen die Nachbarn. Wenn ich Glück hatte, kam er zur Tür, wenn ich nach Hause kam. Nachts legte er sich an meinen Bauch, schnurrte und senkte auf magische Weise meinen Puls. Leider hat er auch ziemlich oft das Sofa vollgepinkelt, weshalb ich über die Jahre sehr viel Geld ausgeben musste. Neun Sofas waren es am Ende. Knapp ein Jahr nach seinem Tod steht bei uns noch immer ein hässliches Ledersofa rum. Trotzdem war ich MishMish nur ganz selten böse und sehr traurig, als er neben mir für immer eingeschlafen ist. Wir waren Gefährten. Ich fühlte, dass mich dieses Wesen besser als jeder Mensch kennt, denn er hat mich wirklich in allen Lebenslagen gesehen.
Ein paar Monate vor seinem Tod sprach meine Frau Stephanie zum ersten Mal an, dass sie als Nächstes gerne einen Hund haben möchte. Ich blockte sofort ab: »Du weißt doch, dass ich mit Hunden nichts anfangen kann.« Erneut erzählte ich ihr meine Tollwutgeschichte. Darauf entgegnete sie: »Und du weißt, dass ich nichts mit Katzen anfangen kann, und trotzdem habe ich zehn Jahre mit einer zusammengelebt.« Und als ich mich aus dem Zimmer schlich, um das Gespräch auf feige Art zu beenden, rief sie »trotz meiner Katzenhaarallergie« hinterher.
Leider war auch mein Sohn von ihrer Idee begeistert. Als Kompromiss schlug ich vor, dass wir uns zuerst die Hunde unserer Freunde ausleihen sollten, um mal zu sehen, wie das ist, wenn man mit ihnen Gassi gehen muss. Stephanies Begeisterung

wurde dadurch nur noch größer, unser Sohn hingegen verlor komplett das Interesse – somit hatte ich eine Mehrheit in der demokratischen Republik Hielscher.
Und da fing Stephanie an zu weinen. Ich war verblüfft, weil sie das sonst nur bei traurigen Filmen tut. Ein paar Tage später saßen wir zu dritt am Küchentisch – das machen wir immer, wenn es etwas Wichtiges zu besprechen gibt – und hielten eine Hundekonferenz ab. Alle Wünsche und Bedenken wurden ausgesprochen. Ich gab zu Protokoll, dass ich sicherlich weiterhin wenig mit Hunden anfangen kann, aber mein Bestes geben werde. Immerhin war ich ja ein Katzenmensch und ein militanter Anti-Hunde-Mensch.

Ein halbes Jahr später liegt, während ich das hier tippe, unser Hund Brinkmann neben mir. Ich schaue nach unten, sein Kopf liegt auf der linken Pfote. Er starrt wie bekifft in den Raum. Keine Ahnung, was er da sieht. Brinkmann ist jetzt fast immer bei mir. Weil er die ersten Wochen keine Treppen laufen wollte, habe ich ihn die Treppe runter- und wieder raufgetragen. Den strengen Vorsatz, dass er nicht mit ins Bett darf, habe ich nach zwei Stunden am ersten Tag gestrichen und sämtliche anderen vorher aufgestellten Regeln auch. Ich stehe nun auf Hundeplätzen, kenne die Namen aller Vierbeiner, aber selten die der Besitzer. Ich rege mich darüber auf, dass Hunde so wenig Freiraum in der Stadt bekommen, obwohl wir sogar eine Hundesteuer bezahlen. Ich kaufe ein Designer-Hundebett und überteuerte Leckerlis. Neulich schrieb mir Stephanie, dass sie beim Tierarzt ist, sofort habe ich mich gemeldet, was ich, wie sie später anmerkte, nicht mache, wenn sie mit dem Sohn beim Arzt sitzt. Freunde schicken mir Memes, auf denen »Dad doesn't want a dog« steht, und dann sieht man einen Vater, der wie ich komplett sein Herz (und seinen Verstand) an den Hund ver-

loren hat. Das Internet ist voll davon, auf TikTok war das lange ein riesiger Trend. Immerhin bin ich nicht allein.
Vielleicht fragst du dich jetzt, was das alles mit meiner Akademie und den prominenten schlauen Menschen zu tun hat, über die ich dreihundert Seiten geschrieben habe. Ziemlich viel. Denn auch Brinkmann ist für mich ein wichtiger Lehrer.

Ich habe von Brinkmann gelernt, klar Nein zu sagen, dass Grenzen wichtig für die Freiheit sind und dass ich eben doch was mit Hunden anfangen kann.

Gute Lehrerinnen und Lehrer findet man überall. Sie bringen einem nicht nur etwas bei, sondern sie helfen einem auch, die Kompassnadel auszurichten, wenn es wieder etwas undurchsichtig wird. Für Juli Zeh und Marie Bäumer sind es die Pferde, für Campino ist es sein Bruder, für Thilo Mischke kann es sogar ein IS-Kämpfer sein, und für Maja Göpel ist es die verstorbene beste Freundin. Für mich waren es lange Menschen, oftmals die, zu denen ich aufgeschaut habe. Aber ich habe gelernt, dass man sogar noch ein bisschen mehr lernt, wenn man sich auf Augenhöhe begegnet. Und ich habe gelernt, dass es auch ein Hund sein kann.

Das Erste, was Brinkmann morgens macht, ist, sich zu strecken und zu gähnen. Mein Tag beginnt jetzt auch mit einem Down Dog à la Brinkmann – es tut mir gut, mich mit einem Sonnengruß in den Tag zu dehnen. Dann geht es weiter mit einem langen Spaziergang. Neugierig schaut Brinkmann überall rum, bleibt stehen, schnüffelt, und das mache ich auch. In unserer Straße, in der ich seit 15 Jahren lebe, habe ich auf diese Art eine bewegende Gedenktafel entdeckt. Auf einem großen Klingelschild, an dem man nicht mehr klingeln kann, stehen die Namen der 83 jüdischen Bewohner und Bewohnerinnen, die in der Zeit des Nationalsozialismus deportiert und ermordet wurden. Das Schild habe ich vorher nie bemerkt. Und ich merke durch Brinkmann, wie selten man einfach irgendwo rumsteht und sich die Umgebung mal ganz genau anschaut. Wir spielen viel, eine weitere Sache, die ich fast verlernt hatte. Ich krieche auf allen vieren durch die Wohnung, werfe Bälle, oder wir springen uns gegenseitig an. Mein Sohn und meine Frau lachen sich kaputt. Ich habe gelernt, weniger zu sagen und gleichzeitig klarer zu sagen, was ich will. Er mag das. Und die meisten Menschen tun das überraschenderweise auch. Ich habe mich lange nach Einfachheit gesehnt, aber jetzt begreife ich, dass es eigentlich um Klarheit ging. Mit Brinkmann kann ich das trainieren – den Effekt der Wiederholung kann ich mir täglich bei ihm abschauen. Er hilft mir, mich aufs Wesentliche zu konzentrieren: schlafen, essen, spielen, kuscheln und neugierig bleiben. Seit Brinkmann da ist, achte ich noch viel mehr auf Körpersprache, weil er ja leider nicht mit mir sprechen kann: Wie geht er, wie schaut er? Und diesen Blick übertrage ich auf meine Mitmenschen. Der Hundetrainer Martin Rütter sagte mal, dass man den Hund bekommt, den man braucht. Daran glaube ich inzwischen auch.

Brinkmann ist für mich das beste Beispiel dafür, dass sich ein Mensch ändern kann, denn ich sehe es täglich bei mir selbst. Dreiunddreißig Jahre lang habe ich mir und allen anderen erzählt, dass ich nichts mit Hunden anfangen kann, und jetzt habe ich in meiner Hosentasche immer ein paar Leckerlis. Wenn mir mein Gegenüber sagt, ich bin eher so der Katzen-, Hunde-, Winter-, Sommer-, Sonst-was-Typ, dann werde ich hellhörig. Nein, wir sind nicht fest, und unser Gegenüber ist es auch nicht. Wie beim Computer vergessen wir nur manchmal, ein Update unseres eigenen Betriebssystems zu machen.

So wie ich jahrelang behauptet habe, ein Katzenmensch zu sein, und mich von Hunden abgegrenzt habe, so geht es mir mit vielen Dingen. Ich habe mich lange damit identifiziert, Musiker zu sein, und habe sehr viel im Leben darauf ausgerichtet. Später habe ich versucht, Geschäftsführer eines Medienhäuschens zu sein, dann kamen die Podcasts, ein Sohn, zu volle Tage und zu kurze Nächte. Und jetzt? Jetzt bin ich Matze. Ich bin Katzen- und Hundemensch, ich mag entgegen jahrelanger Behauptung doch Tomaten und Oliven, ich wähle grün, aber handle nicht immer danach. Ich bin Vater, Ehemann, guter und schlechter Freund, ich liebe den Trubel der Stadt und die Ruhe auf meinen kleinen Inseln, ich mache Sport und esse danach eine große Pizza. Ich bin 42 Jahre alt und fühle mich manchmal zehn Jahre jünger und dann wieder 20 Jahre zu alt für den Scheiß. Ich bezeichne mich als Vegetarier und esse manchmal Fisch, ich trinke keinen Alkohol, genieße aber den Geruch von Rotwein, ich schlafe gern im Zelt und danach im Fünfsternehotel, ich liebe das wilde Meer, die Bergluft am Morgen, Spaghetti mit Tomatensoße, Podcasts, Filme, Serien, Bücher und Musik von den Ärzten und den Hosen, von den Beatles und den Stones, Oasis und Blur, Kanye West und Nirvana. Nichts schließt sich aus. Das Leben ist so voll, es wäre tragisch, würde man es vereinfachen.

Ich hätte nie gedacht, dass ich mal so auf den Hund komme, dass ich sogar ein Buch mit ihm beende. Nachdem du und ich nun ziemlich lang zusammen unterwegs waren, gehe ich jetzt mit Brinkmann noch eine Runde in den Wald. Falls ich mich verlaufe, kennt er den Weg zurück. Schön, dass du da warst.

Dein Matze

DANKE

Mein größter Dank gilt meinen Hotelgästen. Ich danke euch für eure Offenheit, das Vertrauen und dass ich das hier mit euch machen darf.
Danke an meine Frau Stephanie und meinen Sohn für die Liebe und die Freiheit.
Mein Dank gilt meiner Lektorin Isabella Jaross, die mit mir durch den Wald gestiefelt ist und eine gute Säge dabeihatte.
Dank an Anne Stadler, Anja Hänsel, Felicitas von Lovenberg und die sympathischen und entspannten Menschen vom Piper Verlag.
Danke an Katja Born und Lena Rocholl für das Transkribieren der Gespräche, das Gut Wendgräben, Phela und Robert für die wunderbaren Schreiborte. An Pablo Lütkenhaus für das Coverdesign, EyeCandy für das Foto und Benedict Wells für den kleinen Rotstift.
Grüße und Dank für die Unterstützung beim Podcast gehen raus an Lena Rocholl, Annie Hoffmann, Torben Becker, Maximilian Frisch, Jan Köppen, Maxi Stumm, Lisa Golinski, Zora Neumann, Tobias Wallenstein, Victoria Kempter, Nils Höfert, Pierre Türkowsky und die *Mit Vergnügen*-Gang.
High five an meine Dorfältesten, die immer eine offene Leitung haben.